马克思主义政治经济学青年论丛

Marxist Political Economy

YOUTH THEORY

基于资本时空限度视角的贸易摩擦研究：

理论与实践

陈姝兴 著

中国财经出版传媒集团

经济科学出版社

Economic Science Press

总序

党的十八大以来，习近平总书记高度重视马克思主义政治经济学的学习、研究和运用，提出一系列新理念、新思想、新战略，在理论上不断拓展新视野、作出新概括、形成新学说。2020 年 8 月 24 日，习近平总书记在经济社会领域专家座谈会上强调，"面对错综复杂的国内外经济形势，面对形形色色的经济现象，学习领会马克思主义政治经济学基本原理和方法论，有利于我们掌握科学的经济分析方法，认识经济运动过程，把握经济发展规律，提高驾驭社会主义市场经济能力，准确回答我国经济发展的理论和实践问题"。把握这一重要讲话的精神实质和深刻内涵，需要深入思考领悟习近平总书记治国理政新理念、新思想、新战略，以改革发展进程中的重大问题为导向，不断进行理论观点、学科体系和研究方法的创新与发展，不断产出体现继承性和民族性、原创性和时代性、系统性和专业性的经济研究成果，不断形成充分体现中国特色、中国风格、中国气派的中国经济学理论体系。

这就需要我们坚持从中国实际出发，坚持马克思主义的基本立场、观点和方法，吸收和借鉴人类一切优秀文明成果，坚持以人民为中心的发展思想，坚持落实新发展理念，坚持和完善社会主义基本经济制度，坚持社会主义市场经济改革和对外开放基本国策，提炼和总结我国经济发展实践的规律性成果，把实践经验上升为系统化的经济学说。以新时代为逻辑起点，开展百年未有之大变局下的重大理论和实践问题研究。系统研究当代马克思主义经济学中国化的最新成果和独创性观点；系统梳理中国特色社会主义政治经济学的思想来源、理论进程和阶段特征；系统提炼中国特色社会主义政治经济学的内涵属性、逻辑主线、方法原则、理论结构，从而不断推进马克思主义政治经济学的中国化，不断书写中国特色社会主义政治经济学的新篇章，不断开拓当代中国马克思主义政治经济学新境界。

政治经济学是西南财经大学的传统优势学科。西南财经大学政治经济学团队一直瞄准国家重大需求，着力推动重大理论创新、重大决策研究、高层次人才培养、话语传播和国际交流，着力构建具有"中国气派、西部特色、西财风格"的中国特色社会主义政治经济学理论体系和话语体系。为了大力推进当代马克思主义政治经济学的发展与创新，西南财经大学全国中国特色社会主义政治经济研究中心组织了一批政治经济学青年学者聚焦研究马克思主义政治经济学的基本理论，以及城市化、农村土地问题、产融结合、贸易摩擦和新型经济全球化等重大理论问题和重大现实问题，陆续产出了一批重要研究成果，形成"马克思主义政治经济学青年学者论丛"系列丛书，由经济科学出版社陆续出版。

刘诗白

庚子年九月于光华园

进入 21 世纪，特别是 2008 年金融危机以来，美国在贸易领域奉行单边贸易保护主义，形成广泛的贸易摩擦。美国曾是国际贸易规则的主要设计者，而当前的做法却带有明显"破坏者"性质。美国采取了多种贸易保护主义和霸凌主义的措施，不仅没有起到预期效果，反而在世界范围引发了广泛的贸易争端，同时也证伪了贸易保护主义促进一国产业发展的命题，动摇了全球对资本主义贸易体系的信心。从贸易史角度来看，美国贸易保护主义也是对主导发达国家几个世纪的自由贸易政策的背离，那么，我们不禁要思考，推动一国贸易发展的根本机制是什么？在中心国家主导的贸易体系中，大规模贸易摩擦能否避免？

结合当前国内外学者对贸易摩擦的研究发现，主流经济学将关注点更多地停留在摩擦的过程和结果层面上，并没有对导致贸易摩擦的深层次原因进行理论和制度分析，因此，并不能从根本上解释和解决贸易摩擦问题。有鉴于此，本书坚持马克思主义政治经济学的立场，从资本积累的时空限度的视角进行分析，探讨资本在时空拓展陷入困境（特别是存在发达国家的资本过剩）以后走向贸易摩擦的必然性，指出推动全球贸易发展的并不是自由贸易思想，而是发达国家主导的世界体系，当该体系面临挑战，贸易摩擦成为赋予解决资本扩张矛盾的暂时性和强制性形式。要想深入理解这一形式，我们应明确以下几方面内容。

第一，资本的空间性。一方面，资本的增值本性决定了资本内在地具有空间性。无论是从资本增值的产生即从生产方面来说还是从资本增值的实现即交换方面来说，空间的扩张都是资本最大限度增值本性得以实现的客观基础与前提。资本必须在运动中不断改变自己的形式并使自己增值，资本一旦停止运动，就丧失了它的生命力。资本依次经历货币资本循环、生产资本循环和商品资本循环三个阶段，当一国范围内的商品资本在价值实现陷入困境，将阻碍资本运动，因此必须开辟新的运动空间。另一方面，资本的物质性和流动性使资本具有向空间转化的潜在可能性。资本主义经济是一种交换经济，资本的存在和发展离不开流通领域，只有通过交换资本才能实现自身本性。"不断扩大产品销路的需要，驱使资产阶级奔走于全球各地。它必须到处落户，到处开发，到处建立联系"。① 于是，空间本身成了财富和权力的象征与表现。空间不再是单纯的场所或容器，其本身是影响社会生活状况的结构性因素。各种空间形式的形成与特定的社会结构、生活方式及思想观念息息相关。空间的建构不单纯是技术问题，同时也是一个社会问题，空间产品不仅具有功能性的使用价值，也会带来相应的社会关系后果。

第二，资本积累的空间限制。资本能否无限积累？答案是否定的。资本积累的矛盾内在上表现为剩余价值生产与剩余价值实现的永恒对立，外在上表现为资本的无限扩张和有限的经济地理空间的矛盾。"资本的发展程度越高，它就越是成为生产的界限，从而也越是成为消费的界限"。② 马克思认为资本生产在空间领域表现为一种无限制扩张运动，包括地理空间、社会空间和思想空间三个层次。从地理空间上看，资本生产的扩张意味着长达数世纪的资本国际化、全球化进程，是资本贸易扩张的最直接形式，但面临包括自然、地理条件的绝对限制和区域差距、南北差距的相对限制；从社会空间上看，资本生产不断入侵、改变甚至支配社会诸多领域，出现了从商品交易到各种要素、制度的"资本化"的现象和趋势，也面对包括部族制、封建主义、逆全球化等挑战；从思想空间上看，资本生产向思想空间的扩张表现为自由贸易思想、新自由主义等，但贸易保护主义、对新自由主义的批判等也形成思想制约，贸易摩擦正是资本无限扩张

---

① 马克思恩格斯选集（第1卷上册）[M]. 北京：人民出版社，1995：276.
② 马克思恩格斯全集（第46卷上册）[M]. 北京：人民出版社，1979：414.

现实制约矛盾的结果。

第三，国际贸易在解决资本限度中的重要作用。贸易是资本的产物，自由贸易是吸收资本主义社会过剩资本与劳动的主要方式，也是资本进行全球价值掠夺的"标准配置"。货物和服务（包括劳动力）的交换几乎总是涉及地点的改变。从最开始，它们就明确描绘出一系列相互交叉的空间运动，后者创造出了一种不同寻常的人类交往的地理学。这些空间运动被距离的阻力所限制，并因而始终如一地在土地上留下了记录这些阻力影响的轨迹，更多时候则使经济活动以降低这种阻力的方式在空间中聚集起来。从这些跨越空间的相互交换过程中，产生了劳动的地域和空间分割。因而，资本主义活动造成了不均衡的地理发展，即便在资源禀赋和物质可能性方面的地理差异并不存在的情况下也是如此，而这些资源禀赋和物质可能性把它们的权重加在了地域的和空间的差异性与特殊性之上。受竞争的驱动，单个的资本家在空间结构中寻求竞争的优势，因而总是趋向于或被逼迫着向那些耗费更少或利润率更高的地区转移。

第四，自由贸易是否为推动资本空间生产的原始架构？自由贸易的理论和实践本身反映了资本的时空扩张和时空压缩。例如，自由贸易的理论依据是绝对优势理论、比较优势理论和要素禀赋理论，这些理论都拓展了资本积累的空间。亚当·斯密认为各国都应按照本国的绝对优势形成国际分工格局，各自提供交换产品，产生国际贸易，该理论拓展贸易往来的绝对空间。大卫·李嘉图提出各国在不同的产品上具有比较优势，使国际分工和国际贸易成为可能，进而获得比较利益，他的理论进一步支持不具备技术优势的国家进行自由贸易的合理性，拓展了资本扩张的相对空间。赫克歇尔—俄林提出了要素禀赋论，用生产要素的丰缺来解释国际贸易产生的原因，并且要素的禀赋会随着生产力提高而改变，说明贸易空间拓展的动态过程。但实践上，所有发达国家都是在资本时空压缩的基础上推行自由贸易的，表现为推行贸易保护主义以保护本国的制造业、服务业及农业，当它们累积了足够财富以确保可以从自由贸易获益，便开始积极推行自由贸易政策。英国在 18～19 世纪中期曾推行保护性的工业政策，当英国在经济上拥有领先地位，便开始支持自由贸易。李斯特提出了幼稚产业保护理论，当某个国家的一个新兴产业还处于最适度规模的初创时期时，可能经不起外国的竞争。如果通过对该产业采取适当的保护政策，提高其竞争能力，将来可以具有比较优势，能够出口并对国民经济发展做出贡献的，就应采取过渡性的保护、扶植政策。因此，自由贸易是有利于资本主义国际价值分配的方式，而不是国际贸易的前提条件。

第五，中心国家主导的世界体系是资本空间生产的支柱。世界市场建立以后，在自由贸易框架下的资本的空间积累逐渐陷入困境。推动贸易体系的动力，建立在中心国家主导的世界体系上。世界体系理论是美国社会学家沃勒斯坦首次提出的。他认为，世界体系是资本主义生产内在逻辑充分展开的结果，当今国际事务、国家行为和国际关系都是这一逻辑的外在表现。资本主义的延续性质是由它的深层社会经济结构的基本因果联系所决定，并规定世界面貌的形成。世界体系的形成同世界范围的资本积累有密切关系。国家互相作用体系是世界范围资本积累的政治结构。当原有的结构不能容纳世界商品生产和剩余价值分配的规模时，就会发生国家之间的冲突。世界体系的构建过程是资本积累的空间拓展过程，但也产生了固化资本积累空间的矛盾，全球价值链是固化这种矛盾的主要力量。资本创造和使用从地方扩大到国家和全球范围，然而全球市场新的空间有限，资本和市场已基本分割完毕，经济全球化无法继续开拓空间，加之这是一种"层级"分明的体系，价值链上土地、劳动、资本、知识等创造的财富不是共赢的，产业分工建立在发达资本主义国家所塑造的经济格局和制度环境之下，现有的体制无力解决空间桎梏矛盾，必然会固化原有分利机制。例如，在以美国为首的全球价值链体系中，资本会选择全球产业链中利润率较高的行业，在全球产业链分工中主导了设计、研发、营销和售后服务等环节，通过维持在价值链"微笑曲线"两端获取大量附加值，在此导向下，美国政府热衷于用贸易保护主义来获取更多的时空价值，以缓解资本主义发展的内部矛盾。

第六，去工业化严重削弱资本的物质性，导致贸易摩擦加剧。中心国家依赖全球价值链体系实现资本掠夺性积累。20世纪70年代初起，美国进入了一个长达数十年的去工业化时期。所谓去工业化，就是从制造业转向服务业，特别是向金融业的转变成为经济发展中的新常态。进入21世纪，美国制造业的衰落不仅限于传统制造业，而且蔓延到了那些一直被视为是美国经济实力"堡垒"的技术密集型产业。与此同时，资本谋求经济金融化积累，正如福斯特等（2007）所言，"全球化、新自由主义、金融化三者中，金融化是主导力量，全球化与新自由主义的本质是金融化的垄断资本在全球的扩张"。一方面，经济金融化相对于发达国家是一个去工业化的过程，是原有实力的弱化，逐渐失去对现有价值链的控制；另一方面，对于外围国家，新自由主义主要推进市场自由化改革，使资本在国际上自由流动，过剩资本不经过贸易体系，而是直接经过资本市场榨取剩余。但是中心国家依然想通过贸易手段榨取全球剩余价值，必然导致贸易保护和贸易摩擦。

毫无疑问，在此背景下，随着中国全球产业链地位的提升，将导致作为世界上最大的发展中国家的中国与世界最大的发达国家美国之间产生贸易摩擦问题。美国举动会损害中国利益，也会损害美国自身利益，更重要的是损害全球价值链。中美作为全球产业链的重要环节，一旦双方贸易摩擦升级，全球商品的成本、流通、价格都会发生不可预测的变化，并加剧世界经济的脆弱性。美国抓住第二次工业革命的机遇，成为世界上最大的经济体，从而使美国在第二次世界大战后的25年处于霸权鼎盛时期。要想从根本上解决中美贸易摩擦，真正建立起以协调、合作、稳定为基调的中美关系，中国必须抓住第四次工业革命的机遇，实现从全球产业链的中低端转向中高端的发展。

第七，解决贸易摩擦不能依靠资本的"时空固化"，而是要尊重空间生产的差异性。贸易摩擦正是资本生产由"时空修复"向"时空固化"阶段转化的产物，反映了中心国家贸易优势的逐步丧失与试图固化优势的内在矛盾。美国企图采用资本的"时空固化"手段来维持贸易霸权地位以及借此解决国际贸易争端问题，注定要被资本本身的矛盾与特性所否定，也从根本上排除其在世界范围内解决贸易摩擦问题的可行性。资本主义社会推行的不管是自由贸易还是贸易保护政策都建立在资本空间生产非正义的基础上，这就决定中国解决贸易争端的机制不能是对"自由贸易"的回归。中国倡导构建人类命运共同体的理念，尊重资本空间生产的差异性，而不是强制塑造差异，通过共同发展突破资本的内在限度，不断开辟更大承载力的国际经济空间，缓解资本过剩困境，符合资本生产的相对性与动态性规律，是改善全球贸易治理的有效方案。

目　录
CONTENTS

第 *1* 章

导　论

1.1　研究的背景和意义

1.1.1　现实背景

进入 21 世纪，特别是 2008 年金融危机以来，美国在贸易领域奉行单边贸易保护主义，引起广泛的贸易摩擦。2018 年，中美贸易摩擦再次成为世界的焦点。尽管中美之间近期达成了第一阶段贸易协定，但美国对中国高科技产业发展进行遏制、阻止中国全球分工地位上升及压制中国发展的意图不会变化。美国曾是国际贸易规则的主要设计者，而当前的做法却带有明显“破坏者”性质，其目的是寻找各种方式来构建和保护其地位。从贸易史角度来看，美国贸易保护政策明显是对主导发达国家几个世纪的自由贸易政策的背离。

单边主义、贸易保护主义和逆全球化行为是美国国内制造业衰退和民粹主义回潮的真实写照，“重塑贸易规则”“美国例外论”“美国优先论”“美国退群”等行为将对中国的发展提出更严峻的挑战。

1.1.2　理论背景

中美经贸关系是当今重要的双边关系，对中美贸易摩擦问题的研究，一时间成为学界的焦点话题。学者们运用一般国际贸易理论、产业经济学、地理经济学、制度经济学、西方经济学等理论从不同视角阐释中美贸易摩擦出现的原因。

具体来看，主流经济学关于自由贸易的理论依次经历了古典国际贸易理论、新古典国际贸易理论、国际贸易的当代理论——新贸易理论及新兴古典贸易理论等几个阶段，这些理论的相继提出对拓展国际贸易空间具有重要意义，普遍都认为自由贸易、跨国投资和生产技术的进步与扩散可以提高国际分工效率，促进世界经济增长，但很难解释 2008 年全球金融危机以后愈演愈烈的贸易摩擦。相比之下，西方马克思主义理论对理解贸易摩擦有一定的借鉴意义，早期的主要代表有劳尔·普雷维什和多斯桑托斯等提出的"依附理论"，伊曼纽尔·沃勒斯坦提出的"世界体系理论"，考克斯运用葛兰西的历史唯物论和政治霸权理论来分析世界政治经济体，并对其他主流国际关系理论进行批判，谋求通过分析目前的全球政治经济体系的矛盾来探索建立公正的世界新秩序的途径。

梳理既有国内外文献和著作发现，当前有关贸易摩擦的研究缺乏马克思政治经济学的分析。从本质上看，不论是从自由贸易理论还是新自由主义理论的视角探究贸易发展的根源都具有片面性，而且自由贸易绝不意味着公平贸易。因此，仅从这些理论出发，不利于追根溯源，回归贸易本质，运用马克思国际贸易理论，同时结合西方马克思主义理论有助于从本质上解读中美贸易失衡问题，是理性审视中美经贸关系、有效推进中美贸易关系的最佳途径。

1.1.3　研究意义

1. 理论意义

本书坚持马克思主义政治经济学的立场，以马克思主义经济学资本空间生产为理论基础，从资本的空间限度、资本的空间扩张性及资本空间固化三个维度探寻资本主义社会自由贸易思想转为贸易保护主义的必然性，从而揭示隐藏在贸易摩擦背后的资本矛盾根源性问题，是正确分析当前贸易摩擦成因并寻找解决机制的关键。研究资本的空间建构中这种带有神秘色彩的丰富内容并用以分析当前的贸易实践，成为当代理论发展的必然逻辑。在此逻辑下，要从国际的角度来研究资本主义生产所反映的政治经济关系、关于自由贸易与保护关税的争论、关于世界市场的理论、关于世界货币的理论、关于现代殖民地的理论等，从而丰富国际贸易理论。

2. 现实意义

在针对中国的贸易摩擦中，中美贸易摩擦的形式最为多样化，也最为典型。在中美贸易摩擦中，几乎所有的矛盾都是美方一手挑起的。由于美国在全球经济中具有举足轻重的影响力，美方在贸易摩擦上的种种作为很具示范效应。其他国家会纷纷效仿美国，在与中国的贸易中挑起类似的摩擦事端，从而进一步扩大了中外贸易摩擦的频度和范围。

中美贸易摩擦的原因错综复杂，既有贸易、投资、知识产权等经贸因素，亦内含美国对于中国崛起的忧虑与恐惧。因此，研究中美贸易摩擦，探究中美贸易摩擦的原因，找出相应的解决对策，将成为消除或减少中美贸易摩擦，维持和发展良好的中美政治经济关系，改善中国全球政治经济地位的一个关键性问题。同时，也对全方位建立我国的贸易摩擦预警和反应机制具有指导作用。

1.2　研究结构

1.2.1　基本思路

首先，本书对贸易摩擦的现实背景进行研究，指出以美国为代表的中心国家在理论上主张自由贸易而在现实中奉行贸易摩擦政策悖论。接着通过文献综述发现，当前的研究重视考察贸易摩擦原因、具体机制以及具体影响的量化等方面，而缺乏对贸易摩擦所反应的资本关系、国际生产关系的透视。之后本书对马克思有关资本限度的理论进行阐释，指出国际贸易的展开是对资本平均利润率趋于下降的空间修复，而这种修复建立在国际分工和自由贸易的基础上，但单独的贸易手段并不足以维持资本的高利润，资本的空间生产同时包括地理空间、社会空间、思想空间等层次，这必然决定资本主义中心国家所主导的国际价值分配体系是不公平的。大卫·哈维在经济地理方面的论述，补充了资本积累的非均衡性、资本空间生产的必须性、资本的时空修复手段、资本的时空压缩以及掠夺性积累，两者的研究证实贸易摩擦在所难免。接下来，本书系统阐述了自由贸易理论的主要内容，其理论演进过程反映了资本对民族国家的"领土的空间限制"的消除过程，但在历史上，各国并未按照自由贸易理论推进贸易发展，越发精确而严密的国际贸易理论只不过是发达国家占据贸易优势的产物。那么，中心国家所主导的贸易体系究竟是怎样形成的？紧接着本书引入依附理论和世界体系理论，资本主义国家主导的贸易体系从开始都是建立在资本依附的关系上，当前，从具体形式来看，跨国公司主导的全球价值链分工体系尽管细化了分工领域，拓展了贸易空间，但其分工的不平等性，也决定资本的时空扩张将面临巨大的阻力和挑战，新兴力量的崛起，会冲击旧全球价值链分工的固化体系。此外，技术修复也是资本利润率修复的重要手段，三次产业革命使资本"经由时间消灭空间"成为可能，极大地改变了贸易生态系统，但是随着中心国家去工业化和经济金融化的加剧，支撑其贸易优势的物质基础正逐步丧失，贸易保护成为获取高额利润的重要手段。以中美贸易摩擦为例，中国在全球价值链体系中处于不利地位，但随着中国大力发展科技和开拓海内外市场，中国逐渐摆脱价值链中的依附关系，势必与旧贸易体系中的美国产生贸易摩擦，对两国经济都产生不利影响，对中国而言，势必抓住第四次工业革命的机遇，实现从全球产业链的中低端转向中高端的发展，是破解中美贸易摩擦困局的根本方式。最后，提出本书主要结论及有益启示。

本书具体研究框架结构如图 1-1 所示。

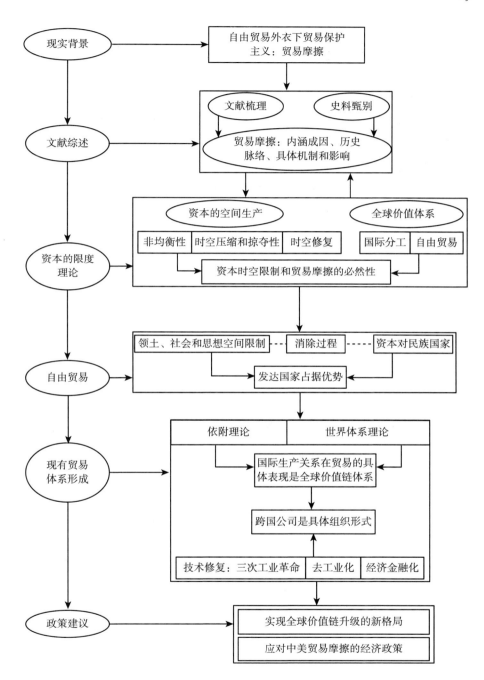

图 1-1 本书研究框架

1.2.2　主要内容

本书共分为八章。

第1章，导论。主要介绍本书的研究背景、意义、内容思路以及创新点和不足。

第2章，文献综述。主要阐述一般贸易摩擦的原因、中美贸易摩擦的具体原因、贸易摩擦的福利效应、贸易摩擦对经济发展的影响以及贸易摩擦对全球价值链的影响等。

第3章，资本的空间生产与国际贸易。本章内容主要包括两部分。一方面，从马克思主义资本积累和国际贸易理论出发，阐述资本积累存在空间界限，而长期以来国际贸易是资本尝试破解利润率下降规律的重要手段，分工是构建国际贸易的具体方式，马克思赞成自由贸易，但认为资本主义主导的"自由贸易"并不是"公平"贸易，资本的逐利性要求不断进行技术创新，占领空间并消灭空间，必然导致矛盾激化，在此过程中，形成的国际价值分配对发达资本主义国家更为有利；另一方面，大卫·哈维认为资本积累在区域范围内并不均衡，资本利用各种手段实现空间生产，但资本积累存在限度，为维持资本积累的可持续性，要不断地实现空间修复，但新一轮的修复会导致时空压缩，产生新的矛盾，就资本积累而言，解决矛盾的最佳方式就是剥夺性积累。

第4章，自由贸易理论的建立与实践。主要阐述自由贸易理论的演进过程，依次经历古典国际贸易理论、新古典国际贸易理论、国际贸易的当代理论——新贸易理论以及新兴古典贸易理论等几个阶段，这些理论的相继提出对拓展国际贸易空间具有重要意义，但是从主要资本主义国家（如英国、德国）的国际贸易史来看，对贸易政策是自由贸易还是贸易保护具有选择性，其根据是国家利益。

第5章，资本主义世界体系对贸易空间的拓展与固化。探讨资本主义世界开展自由贸易的具体依据，从国际生产关系、具体形式、组织方式三个角度进行研究。指出中心国家主导的自由贸易不过是资本依附关系、资本主义世界体系主导下的产物，从开始就无公平性可言。而这种生产关系具体表现为全球价值链体系，中心国家处于微笑曲线的两端，外围国家处于底部，同时跨国公司是推动全球价值链的组织方式。随着外围国家的崛起，对中心国家企图固化的全球价值链体系形成冲击，必然导致贸易摩擦的产生。

第 6 章，工业化、去工业化、经济金融化与贸易摩擦。主要介绍三次产业革命对资本空间拓展的重要作用，出于自身固有矛盾，主要资本主义国家在经济上奉行去工业化政策，将会弱化其对全球价值链的控制，也减缓对资本空间的开辟。同时，企图利用经济金融化的手段解决资本的限度问题，更加剧了资本主义的脆弱性，这些都将削弱主要资本主义国家贸易的物质基础，迫使其不断提高贸易门槛，激化贸易摩擦。

第 7 章，中美贸易摩擦实证分析。基于以上章节对贸易问题的理论的、历史的分析，实证分析了中美贸易摩擦现状、根源、影响及应对措施。

第 8 章，主要结论与政策建议。

1.3　研究方法

1.3.1　唯物辩证法对贸易摩擦理论研究的根本性指引作用

贸易摩擦是资本内部矛盾多维演变的产物，需要一种科学的分析方法加以考察。本书研究所采取的方法论原则是马克思主义唯物辩证法。不仅因为唯物辩证法是马克思在《资本论》研究中采用的根本方法，更是因为唯物辩证法深刻剖析了资本主义世界的一切矛盾的根源，生动地展示了资本主义生产本身包含的自我矛盾与自我否定过程，具有科学的指引意义。具体而言，资本主义的自我矛盾表现在使用价值与价值的对立、具体劳动与抽象劳动的对立、私人劳动与社会劳动的对立、剩余劳动与必要劳动的对立、个别资本家生产的有序与资本主义世界生产的无序性对立、生产社会化与生产资料私人占有的对立等方面。"资本主义生产的真正限制是资本本身"①，资本主义发展面临"（1）必要劳动是活劳动能力的交换价值

---

① 　马克思 . 资本论（第三卷）［M］. 北京：人民出版社，2004：397.

的界限；（2）剩余价值是剩余劳动和生产力发展的界限；（3）货币是生产的界限；（4）使用价值的生产受交换价值的限制"①等问题。资本主义发展必然是突破资本限度的过程，货币作为特殊的商品，实现商品使用价值向价值的转化，劳动力成为商品，促使货币转变成资本。资本的限度表现为资本本身的逐利性，这决定了资本始终无法突破自身的桎梏。劳动力成为商品也产生了无法调和的阶级对立关系，劳动者收入相对降低，资本主义世界产品无限堆积，资本一般利润率终将趋于下降。尽管资本尝试在不同生产力层次上实现对这些限度的动态突破，但客观上促使资本有机构成的快速提高，剩余价值率（利润率）趋于降低。资本要想保证利润在绝对量上的增长，加速资本积累成为必然选择。

贸易摩擦问题归根到底仍是资本积累问题，其产生、发展与影响并没有超出马克思资本理论研究的范畴，恰恰相反，正如孟德尔（1991）所言："今天的西方世界远比写作《资本论》时的世界更接近《资本论》中的'纯粹'模型"，"资本的发展程度越高，它就越是成为生产的界限"②。因此，贸易摩擦不过是资本无法从正面调节资本主义生产与价值现实矛盾的一次现实尝试，是资本主义世界在更高层次上的一次自我修复。以马克思主义唯物辩证法作为本书的一般性研究方法，可以抽象概括出资本主义世界贸易摩擦复杂现象背后隐藏的一般性矛盾，从根本上探索贸易摩擦的本质。

1.3.2　具体研究方法

1. 文献分析法

文献研究法是经济学研究最常用的方法之一。根据一定的研究目的，通过查阅相关文献资料，从而全面地、系统地了解所要研究的问题。文献研究法的具体作用包括：第一，了解研究问题的历史脉络和现状特征；第二，掌握较为全面的现实资料；第三，寻找研究问题的突破口和聚焦点。本书根据文献研究法对贸易摩擦的内涵、成因、运行机制以及影响过程等

---

① 马克思恩格斯全集（第30卷）[M]．北京：人民出版社，1995：297．
② 马克思．资本论（第三卷）[M]．北京：人民出版社，2004：278．

进行了大量的文献梳理，为后续写作提供有益思考。

2. 历史归纳法

经济事件通常是诸多矛盾共同演绎的结果，要想系统地探究经济发展规律，就必须既要以一定的时间截面为依据，尽可能全面地掌握该时间维度下的经济特征，又必须把对问题的思考拓展到纵向的历史序列，追踪考察不同时间维度下的演变规律。关于这一点，历史归纳法拥有独一无二的优势。历史归纳法是从个别到一般的分析方法，从过往一组个别历史中总结出共性知识和结论。它将横向对比和纵向演绎有机结合，能够客观、全面地揭示经济运行的本质及规律。

3. 规范分析与实证分析相结合的方法

在经济学上，规范分析是基于一定的价值判断，评判某一经济矛盾的优劣好坏。与规范分析相对应的是实证分析，规范分析侧重于在一定的前提假设条件下，利用经济数据，得到经济现象的影响过程、影响结果以及发展趋势等一系列结论。马克思所主张的历史与逻辑相统一的分析方法，就是规范与实证有机结合的分析方法。

4. 多学科交叉、系统分析的方法

贸易摩擦是一个复杂的过程，不仅是一个经济学命题，还是政治学、地理学、社会学、伦理学等学科研究对象。本书在研究过程中不可避免地涉及相关学科的理论，尽可能地达到多角度分析经济贸易摩擦的目的。

1.4　主要创新与不足

1.4.1　本书的创新点

1. 从资本的角度阐释贸易摩擦的根源

传统理论在研究贸易摩擦问题时，注重研究贸易双方在商品和服务领域中的矛盾，而本书认为贸易摩擦本质是国际生产关系的反映，具体体现

在资本空间积累的矛盾上。在现实生活中，资本总是表现为一定的物，如货币、机器、厂房、原料、商品等，但资本的本质不是物，而是体现在物上的生产关系。贸易现象尽管纷繁复杂，但其本质依然为一种生产关系，是资本积累的外在表现形式。资本是一种支配权，是对物的支配权。在资本主义生产资料与生产者分离后，也就是在资本原始积累的过程中，出现了大量无产者之后，这种对物的支配权就是资本获得了对劳动力的支配，在国际贸易中反映为分工，是资本对世界范围内劳动力的支配。资本必须在运动中不断改变自己的形式并使自己增值，资本一旦停止运动，就丧失了它的生命力。资本依次经历货币资本的循环、生产资本的循环和商品资本的循环三个阶段，当一国范围内的商品资本在价值实现陷入困境，将阻碍资本运动，因此必须开辟新的运动空间，而贸易摩擦归根到底是资本时空扩张与时空压缩矛盾的结果。因此，由于资本唯利是图的本性从而决定了以资本为工具的自由贸易是无法实现的，它注定了是一个混乱的世界，也就是摩擦不断的世界，自由贸易和保护关税都是国际资本斗争的武器。

2. 提出关于贸易摩擦的资本空间积累限度理论

根据马克思主义资本积累限度理论和大卫·哈维资本的空间生产理论，分析资本希冀通过国际贸易在从空间上突破一般利润率下降难题，但主要资本主义国家建立的自由贸易体系，以及在此基础上不断深化的自由贸易理论，本身建立在非公平贸易的基础上。在贸易的初始阶段，中心国家尚能利用在空间、社会、思想等领域的积累优势，形成贸易红利，但随着外围国家的崛起，掠夺式贸易注定不能够持久，新兴力量的壮大在一定意义上压缩着中心国家努力维持的、有利于其分配的"贸易空间"，贸易摩擦不可避免。

3. 阐释中心国家主导的贸易体系空间固化与弱化机制

中心国家主导的贸易体系建立在资本依附和"中心—外围"世界体系上，这种体系的建立过程，以全球价值链为具体形式，以跨国公司为组织方式，不断拓展资本空间的层次，但随着各种旧力量的衰竭及新兴力量的崛起，旧体系中蕴藏的资本空间压缩作用不断扩大，正如马克思在《资本论》中强调的，"资本主义生产的真正限制是资本自身"①，资本运动是内在矛盾、对立统一和逻辑发展的辩证过程。三次产业革命从技术修复角度加速了资本"经由时间消灭空间"的历程，但中心国家去工业化和经济金融化也削弱了资本对旧体系的控制。中心国家主导旧贸易体系的强烈意愿和本身孕育的弱化贸易基础的因素日益加剧资本内部矛盾。

1.4.2　本书的不足之处

本书的不足之处可能有以下几点：

第一，本书虽然对马克思主义有关资本积累和国际贸易理论、大卫·哈维经济地理等西方马克思主义理论与自由贸易的西方主流经济学理论进行阐述，但对两种研究范式的把握不够全面，理解不够到位，应用不够全面，尚需认真学习，不断加深理解。

第二，本书努力构建关于贸易摩擦的资本空间限度理论，以期说明国际贸易中资本从拓展空间到固化空间，再到自身激发弱化空间的过程，但该体系涉及的理论、学科较多，本书论述尚欠深度，这也是后续研究改进的重点。

---

① 马克思恩格斯全集（第 46 卷）［M］．北京：人民出版社，2003：278．

第 *2* 章

文献综述

2.1　贸易摩擦的成因分析

贸易摩擦常常被解释为即有贸易收益与该国宏观经济目标发生矛盾时的原因。当前国内外研究硕果累累，传统的国际贸易理论对贸易摩擦可以从微观经济角度和宏观经济角度分析阐述。

2.1.1　贸易摩擦的微观理论

1. 完全竞争条件下不存在贸易摩擦

亚当·斯密的绝对优势理论、大卫·李嘉图的比较优势理论，再到赫克歇尔－俄林的要素禀赋论，这些古典传统的贸易理论都是以完全竞争市场为前提的，假设此时两国在此基础上进行经贸往来，两国的经济就能通过斯密所提出的"看不见的手"进行调节，能够实现资源的最佳配置达到一般均衡的帕累托最优。两国优势互补，各自实现自身福利最大化，这样是不会产生国际贸易摩擦的。

但是当市场失灵的情况发生时，就会引起贸易摩擦。由于市场失灵有许多表现形式，因而相应的贸易摩擦问题的表现形式也有所不同。典型表现为两国之间出现国际贸易扭曲问题。自 20 世纪 50 年代，国际贸易扭曲理论思想萌芽开始出现，其目的主要在于针对第二次世界大战之后，发展中国家如何在对发达国家贸易中采取适当的保护政策。巴格耳蒂（Bhagwati，1971）指出，贸易扭曲理论首先是基于当国际贸易活动中资源配置没有达到帕累托最优时，应当采取何种措施改善其资源配置形式和条件。要想实现帕累托最优，必须满足以下三个必要条件：

（1）交换最优条件即任意两种商品 X 和 Y 的边际替代率（MRS_{XY}）对于每一个参加交易的国家来说都是相同的。

（2）生产最优条件即任意两种生产要素（劳动 L 和资本 K）的边际替代率 $MRTS_{LK}$ 对于使用这两种要素而生产的商品来说都是相等的。

（3）生产和交换的最优条件即任意两种商品之间的边际替代率必须与任何国家在这两种商品之间的边际产品转换率相同。

当消费、生产、贸易或要素市场中任何一个上述条件不成立时，贸易就不能达到平衡状态，受损方往往倾向于主动采取贸易保护措施，从而导致贸易摩擦的出现。为了解决争端，需要将国际贸易尽可能调整到完全竞争市场下进行，通常可以从市场体系的完善入手。在因市场失灵导致的贸易失衡问题的研究中，具有代表性的是贸易与产业调整理论。该理论指出，因为生产要素在短期内具有非流动的特性，在长期中生产要素可以自动流动。所以认为贸易摩擦只能产生于短期，在长期中可以自动消失。技术进步是贸易摩擦发生于完全竞争市场的另一个重要原因，布里奇斯、克鲁格曼和齐登（1993）指出，当技术落后的国家大力发展其技术时，跳跃式的进步可能会超过原先技术领先的国家，所以技术领先的国家为保持其优势地位会设置种种限制，保证其技术不流传至竞争国手中，从而就会造成国际贸易摩擦的产生。胡方（2001）也根据贸易和产业调整理论假设长期内生产要素可以自由流动，如果产业数量和结构能够顺利调整，便不会发生贸易摩擦。

2. 不完全竞争条件下存在贸易摩擦

经济学中的完全竞争市场只是假定的理想状态，现实世界更多表现为不完全竞争市场，现在假定贸易两国国内市场为不完全竞争市场，在此贸易摩擦微观理论涉及两个领域：

领域 1：假定贸易两国的企业均为垄断企业；

领域 2：假定生产活动中存在着规模经济和外部经济。

领域 1 的研究成果归结为战略性贸易政策理论。该理论的解释为：当市场处于不完全竞争状态时，由于部分垄断厂商能够获取垄断利润，所以政府有动机通过本国市场保护的一些措施使厂商的战略行为发生改变，使贸易继续获得额外收益，由此会招致贸易伙伴的反制措施，最终发生贸易摩擦。该理论最早提出者为布兰特和斯宾塞（Brand and Spencer，1985），后经克鲁格曼（Krugman，1988）等人完善形成了一套系统的国际贸易理论。该理论构建了三国参与国际贸易的模型，其中两个国家在供给市场形成寡头形态，并遵守古诺竞争模型，两国均以自身利益最大化为贸易目的。在此框架下，各国既有采取出口补贴政策的合理性，又希望该政策限制在合理范围内以保持获取最大化的经济效益。假定一国当其为出口国时，往往采取出口补贴政策；一国当其为进口国时，往往采取进口保护的政策。国际贸易的总收益在各国不同的贸易政策影响下而进行重新分配，这无疑就会引起贸易争端的发生。通过该理论在分析以美国为首的西方发达国家采取限制进口的措施时，就可以清晰看出它们的目的就在于保护本国优势产业，扶植新兴产业，打压其他国家新兴产业以达到维持自身国际竞争优势的战略目的。例如，日本在日、美两国半导体贸易中就采取了一系列保护措施，最终导致日美两国在半导体贸易领域产生摩擦。关于政府介入的作用，欧文和帕尔尼克（2004）通过对波音和空客两家公司的竞争关系分析指出，两家企业对政府的游说和寻租行为直接导致了双方的贸易摩擦。那振芳（2019）一针见血地指出，任何形式上的政府政策介入导致的利益的重新分配都会引发贸易摩擦问题。

战略性贸易政策理论也在不断发展，日本学者长冈贞男在理论基础上分析了不同国家企业的价格差异问题。另一位日本学者广濑宪三考虑了制度因素，认为国家间的经济制度不同有可能导致国际贸易摩擦。赵瑾（2002）对日美贸易摩擦的研究和阿希恩（Ahearn，2006）对美欧贸易摩擦的研究也表明，国家之间的结构性障碍和制度差异是贸易摩擦产生的重要原因。

对领域 2 进行研究的理论又可分为两种形式：一种形式是专门分析外部效果问题；另一种形式是专门分析规模经济问题。帕那格里亚（Panagariya）、三边信夫和后藤纯一等学者在这个领域做出了卓越贡献。例如，帕那格里亚（1988）首先假设存在外部效应和规模经济，对国家经济封闭和开放两种情况进行讨论，其结果显示，假如在封闭情况下的国家经济形势更好，则该国愿意回到自给自足状态，所以当该国做出这一选择决定后，就会和该国具有重要贸易关系往来的国家发生争端。当市场处于不完全竞争状态时，政府的支持往往会产生规模经济和外部经济效应。该国有动力和需求来支持政府采取某些贸易政策来攫取更多国际贸易利益，但其他国家并不会坐以待毙，也会采取保护行为，从而导致贸易摩擦。

3. 贸易摩擦的货币理论

国际贸易摩擦货币理论是从货币层次来解释国际贸易摩擦的成因及其相关问题。该理论认为，当考虑货币层次的因素之后，影响进出口的货币因素（如货币工资、物价水平及汇率等变动因素的变动范围）将由实物层次的比较优势原理规定。根据比较优势理论，在一定条件下，比较优势的产品、边际产业的产品以及比较劣势的产品可以排成一个序列，此时，货币因素的变动范围也就同时确定。货币因素的变动范围随着和货币因素相关的某种条件变化而发生变化，从而就会影响到上述产品序列，这可能就会导致一些边际产业的产品要么成为边际优势的产品，或者变为比较劣势的产品，此时一国的贸易收支就会发生相应变化。假设其他条件不变时，一国物价上涨率高于其他国家，则该国的出口产品范围缩小，进口产品范围增大，这时就会出现贸易收支不平衡，产生贸易逆差。汇率和货币工资率的变化也会造成贸易相应的变化。这些因素的改变都将影响一国比较优势的产品序列的变化，容易导致国家出现贸易不平衡，从而引起国际贸易摩擦的问题。

2.1.2 贸易摩擦的中观理论

对于贸易摩擦中观层面的理论主要是从产业层面的角度分析。戈莫里和鲍莫尔（Gomory and Baumol，2000）从两个贸易国家对产业角逐的视野解释了国际贸易摩擦的固有性，该研究指出，当两国贸易关系发展到一定阶段时，两国关系会进入"冲突区"，此时当某个国家提高生产力时，通常就会导致其贸易伙伴的利益减少，由此产生贸易摩擦。就具体而言，发展中国家和工业化国家基于自身利益，会分批次建立分工合作的关系。这种关系建立之初，工业化的国家可以从发展中国家发展新兴产业、提高生产率中受益。这种关系会维持一段时间，但当发展中国家的经济不断发展壮大，此时就进入"冲突区"，发展中国家的不断发展会使工业化国家的总体福利不断减少，当利益发生冲突时，贸易摩擦也就不可避免地发生。对于戈莫里和鲍莫尔模型的结论，中国学者胡方和彭诚（2009）运用数理模型进行了验证，得出了相同结论。其他学者如赵建（2004）认为，贸易国之间产业结构静态和动态的不相匹配是贸易摩擦的重要原因。具体解释为产业结构通过市场机制的手段进行调节时，会存在市场失灵的现象，这时两贸易国的产业结构就不会出现完全平衡，此时国家作为追求利益最大化的主体，当两国产业结构矛盾无法通过协商的方式加以解决时，必然挑起贸易争端，导致贸易摩擦的产生。贸易伙伴间产业结构静态上的部分重构和动态上的不相匹配，促使两国间的贸易摩擦形成自我强化。尹翔硕和李春顶（2007）利用南北国家出口产品的市场结构差异分析了贸易摩擦的产生；黄晓凤（2008）则从产业分工的角度出发，认为贸易摩擦产生缘于各国产业结构的趋同；李春顶（2008）从国际贸易技术溢出的角度分析了贸易摩擦的产生，认为发达国家发起贸易摩擦的目的在于防止本国企业的技术溢出。

2.1.3 贸易摩擦的宏观理论

对贸易摩擦的宏观理论研究通常以国际贸易收支和经常收支不平衡两方面来解释。自 20 世纪八九十年代起，美国学者开始就美国国内的这两方面问题进行了关注和讨论。此外小宫隆太郎等日本学者也进行了相关研究。在这种研究视角之下，各贸易国国内的问题，即各国国内的民间储蓄投资行为和政府财政收支行为方面的因素被认为是贸易摩擦发生的根源，要想破解贸易摩擦的问题，必须从各国国内的因素着手分析。胡方和彭诚（2001）认为假如贸易伙伴国试图通过经济协商解决贸易摩擦的问题，那无疑是不懂经济运行规律，毫无作用可言。以需求为起点的进口、进口导致国家利益受损和国家利益引发贸易摩擦被认为是贸易摩擦产生的三个阶段，当进口国总体福利受到损失时，一般情况下该国都会针对某进口产品进行全面限制，贸易摩擦由此产生。

戈莫里和鲍莫尔（2000）则从生产力发展变化的角度来解释贸易摩擦的成因。他们认为，一国生产力的提高通常都会挤压其贸易伙伴国的福利，并非对贸易各国的福利都全面提升，可能会导致各国发生重大的利益冲突。更直接地说，一国生产力提高对本国所带来的福利增加通常是牺牲贸易伙伴国总体福利所得到的。更加详细地说，当贸易开始时，工业化国家通常可以从落后的贸易伙伴国发展新兴产业使生产率提高而获得巨额收益，但当贸易伙伴国发展到一定程度时，此时伙伴国继续发展产业将使工业国的利益受损，此后贸易冲突就会变得不可避免。两位学者的观点和政治学中的"霸权理论"视角非常类似。

目前，国际收支发展阶段学说也值得我们注意。该理论认为：当一国经济处于不成熟发展阶段时，此时国内一方面具有大量的投资机会，而另一方面因为收入较低，储蓄较少，此时就会出现储蓄不足，产生投资多于储蓄的局面。为了解决该问题，该国就会不断引进外来资本，在一定时期内成为债务国。正因为大量输入资本，故资本收支将为黑字，从国外大量进口产品以满足国内的需要，故经常收支将为赤字。所以，从国际收支结构观察，此时该国的资本收支的黑字将等于经常收支的赤字。当该国在此基础上不断发展时，资本得以不断积累，当发展到一定阶段时，经济进入成熟阶段，国内投资机会变少，对外投资需求变大，造成储蓄过多使该国成为资本输出国，又会在一定时期内成为债务国，此时该国的资本收支的赤字将等于经常收支的黑字。该学说是将一国国际收支结构的长期变化形式与一国经济发展阶段相联系，以此为基础的贸易摩擦理论认为：当一国处于成熟阶段时，此时形成大量的经常收支黑字，具有向外投资的旺盛需求，与之相反的是，与该国贸易往来的国家则可能处在不成熟阶段，形成大量的经常收支赤字。在这种情况下，如果该国不进行相应资本输出，则该国大量的经常收支黑字将无法减少，相应的，与该国进行国际经济交易的国家便会出现投资不足，国内经济出现困难。为杜绝这些问题发生，该国常常会采取减少经常收支黑字，增加商品的出口，限制商品进口，从而就可能会导致在与其他国家的贸易中产生贸易摩擦。

2.1.4 贸易摩擦的政治经济学

目前主流经济学家一直倡导各国为实现自身利益最大化应实行自由贸易，但几乎没有一个国家不实行贸易保护政策，理论和现实的背离不得不促使经济学家分析其原因，所以贸易摩擦的成因理论研究逐渐由政治经济学取代早期传统经济学。

1. 国内政治经济学分析

从国内政治经济学分析的角度认为，贸易政策的制定都是结合国内的政治因素和政治力量共同综合作用的结果，并非只是贸易双方国家政府博弈那么简单。

（1）贸易摩擦与政府的公共利益决策。

最早开始研究国际贸易关系的理论认为，政府在制定贸易政策时，不会受到政治压力的影响，政策通常具有慈善性，政府唯一考虑的就是如何实现国民的利益最大化问题。约翰逊（Johnson，1954）通过建立两国关税的非合作均衡模型，分析展示了两国政府间各自施行的政策如何通过双方共同的作用来产生，这个经典的模型解释了两国间的最优出口税和进口税的相互影响与决定。受此方法的启发，迈尔（Mayer，1981）和里兹曼（Riezman，1982）通过研究贸易协定，指出两国政府之间的价格博弈均衡的结果就是贸易协定。其他因素，如威胁是否可信、当事人对未来收益的评价足够高等也会影响博弈的最终结果。

（2）贸易摩擦与利益集团的政治压力。

许多学者认为政府只考虑国民利益最大化，而无任何自利行为，这样的假定是不可靠的，也是不符合实际情况的。早期的学者斯蒂格勒（Stigler，1971）和佩尔兹曼（Pelzman，1976）就直接指出，政府很少制定使公众福利最大化的政策，反而是为了获取政治支持最大化，这些政策往往是为了社会上具有影响力的少数利益集团的福利。正如前文所说，许多学者都论证了战略性贸易政策对本国有利，但迪克西特（Dixit，1987）却通过统计发现，美国政府很少采用这种方式，其原因也是利益集团通过政治献金抑或是游说等方式向政府施加影响力，使政府制定的政策最大化有利于自己。因国内政党和利益集团之间的博弈，政府制定的贸易政策常常会导致贸易摩擦，这种摩擦通常由三方面共同作用产生：一是政策制定者的目标；二是贸易保护的受益者和受害者所施加的影响；三是政策制定的监管者与贸易保护的受损方和受益方三者相互作用。格罗斯曼（Grossman，1994）和赫尔普曼（Helpman，1995）在构建国际贸易研究框架时，将国内政治因素引入其中，假设政府对一般选民的利益和特殊利益集团的政治捐助都进行关注时，一般选民利益和特殊集团之间的博弈进行分析。通过对模型的分析，解释了国内政治对政府的目标所产生的影响和政府将对此采取何种政策，指出可能导致关税水平偏离自由贸易状态的原因在于两国国内利益集团力量不平衡。在此分析模型之后，古尔德等（Gould et al.，1998）又深入考察了贸易保护、贸易摩擦后的动态过程，发现政治博弈是解释外国实施关税报复决策的重要原因。只是最终结果是由两国内部利益集团相互竞争影响，并非由政府的外生目标所决定。布兰斯特和芬斯特拉（Branstter and Feenstra，2002）进一步通过构建新的模型，分析中国贸易和投资自由化的政治关系。结果显示，当政府制定贸易政策时，需要权衡外国投资和贸易所带来的收益与国有企业因冲击所带来的损失大小。在该模型中，中国国有企业被定义为具有影响力的特殊利益集团，制定政策对其保护的同时，也需考虑外国投资所带来的积极影响，如工资上涨、利税增加的收益等。

2. 国际政治经济学分析

国际政治经济学分析贸易保护政策的产生，主要从国际安全或国际关系角度出发，重点关注的是各国之间政治经济利益互动关系，该理论认为，贸易政策的制定无外乎只是对外政策的反映，其根本目的在于通过政策的制定实施，提高整个国家的总体竞争力。"霸权理论"就是其中最具代表性的理论，该理论提出者主要是金德尔伯格（1973）和格尔潘（1975）等人。该理论指出，一国在全球政治体系当中的地位决定了其对外经济政策，假定出现一国在军事、金融和政治方面在全球具有超强实力时，即为"霸权国家"，此时开放的国际贸易体制必定成为其对外经济政策的首要目的。为实现这个目的，通常会利用制裁、贸易报复甚至军事等手段以确保自身的政策制定话语权。吉尔平（Gilpin，1975）从国际体系的结构主义出发指出，处在国际体系边缘地区的国家，伴随着自身的不断发展壮大，当有潜在能力摆脱核心国家的控制时，核心国家就会利用其优势地位，在原材料、技术和资本等各方面加以打压，主动挑起贸易摩擦。

当霸权国家地位受到威胁，并且面临衰落风险时，此时贸易摩擦程度会变得更大、更加激烈，从而完成从自由贸易到贸易保护主义的过渡。所以各国在进行贸易政策制定时，就不是单单从大众福利最大化的原则出发，而是要更多从国家整体利益考虑，对于霸权国家，倘若之前的贸易伙伴发展的程度超过某一临界值，就会触发霸权国家的"底线"，从而会主动实行贸易保护的政策，引发贸易摩擦。例如，彼得·卡赞斯坦（1978）在其研究中指出，无论是在19世纪40年代英国崛起，还是20世纪40年代的美国和70年代的德国、日本霸权逐渐崛起的阶段，全球的国际贸易摩擦无论从数量还是程度上，都相比它们各自前后时期表现更加显著。

早期的国际政治经济学理论偏好于将其他国家行为视为本国决策的既定外生变量，即外部环境。自20世纪90年代以来，普特南（1988）提出的双层博弈模型对此做了大量修正。模型指出，国内因素和外国对政策的反应是政府在制定本国对外经济政策都要考虑的方面。此时政府同时面临着国内的政治博弈和各国政府之间的博弈。就国内而言，各个利益集体为了自身的利益最大化，拼命利用其"政治资源"对政策的制定施加自己的影响，政府也借此与之同盟来确保自身利益最大化；对国外而言，政府则需要首先维持本国利益不受侵犯，尽可能攫取他国利益以分配到本国。

国内的学者也就中国贸易摩擦成因从国际政治经济学的角度进行了研究。例如，在关于中美贸易摩擦成因研究中，李淑俊（2007）通过构建国际体系与官僚政治决策相结合的框架，探究了两国贸易摩擦的政治因素。尹翔硕（2007）认为，中美贸易摩擦中关于对边际产业过度保护的问题，其诱因为美国政府的加权福利计算。

3. 贸易保护手段的政治经济学分析

新古典理论认为，福利效应会随着不同的贸易政策而发生变化。例如，自动出口限制、配额、关税三种贸易保护政策福利效应依次增多。但现实中政府往往会选择配额或自动出口限制的非最优方案。在贸易保护手段的政治经济学理论下分析贸易摩擦时，主要角度是从政府和国内外利益集团之间的博弈来分析保护手段的选择。该理论认为，在国际贸易不确定的情况之下，实行关税措施并没有数量上的限制有效，因为后者能更大程度上减少市场不确定性的影响。罗利、瓦格尼和邵柏克（1995）指出，关税保护具有公共物品性质，对于进入门槛相对较低的行业，行业内现有厂商无法对其竞争者进入进行有效阻拦，自身利益必然受损。所以，如果通过数量的控制阻挡新厂商的进入，则当前的厂商会更多地从政府的配额中获取收益。自 20 世纪 70 年代以来，美国和日本两个发达国家都广泛限制自愿出口，根据该理论分析，出口国与之相对应的外国进口厂商，可以借此削减产量，获取超额垄断利润。所以，无论是国内国外的厂商，都可以从自愿出口限制中得到收益。

贸易保护手段的政治经济学理论也分析了一国政府选择低效的贸易政策作为收入分配手段的原因。希尔曼（1982）指出，政府之所以这么选择，原因就在于信息不对称以及收入再分配的政治成本较低。斯蒂芬·马赫（1989）认为，一种名为"最优模糊准则"控制着对贸易保护政策的选择，政策的模糊性使通过转移收入所得到的政治收益不易被贸易干预的受损者察觉到。但效率较低的政策工具使贸易保护的受益者能分配的收入减少，所以模糊性引起的政治支持的减少会带来一定的损失。

4. 贸易摩擦的制度分析

对贸易摩擦的制度成因研究最早从 20 世纪 70 年代由日本学者开始。当时针对日美两国出现的贸易摩擦问题，有学者尝试从日本经贸体制的"异质论"的角度分析由制度因素导致的贸易摩擦问题。该理论核心看法认为与欧美资本主义国家不同，日本是一个异质国家。有学者对日本的贸易体制、经济体制和流通体制都提出了批评。例如，认为日本流通体制本身就已经等同于一个非关税壁垒，有效阻止了日本进口外国商品。对此以影山僖一（1995）为首的日本学者进行了反思，他认为日美两国的政治体制不同，虽然日本的经济发展轨迹和美国几乎如出一辙，但是却拒绝向美国的政治和外交方面的政策制度靠拢。体制不同就是导致贸易摩擦的"罪魁祸首"，最大的原因在于日本没有实现主权属于消费者和消费者优先的政治体制。川田侃（1991）指出，全球管理制度的缺失才是日美贸易摩擦的原因，从表面上看是因为各国之间贸易竞争激烈，利益分配不均导致摩擦，但究其实质，是因为全球化导致市场不断扩大，而与之相应的全球生产能力却远超市场需求量。所以他指出，世界的大国有责任和义务参与全球的治理体系，尽可能维持全球的供需均衡。中国学者胡方（2001）认为日美企业制度的差异是两国贸易摩擦的原因，通常情况下，日本企业把企业的长期成长，如市场占有率扩大等看作是企业经营追求的目标，但美国的企业却只在乎短期的经济效益达到最大化即可。另一中国学者李春顶（2007）在对日美贸易摩擦的成因分析中，指出心理、制度和政治都会导致贸易摩擦。

在对欧美各国贸易摩擦的研究中部分学者也得出了相类似的结论，认为各国结构性障碍和制度差异是导致贸易摩擦的原因。保罗·克鲁格曼（2002）认为，在全球多边贸易投资体系下，制度调整始终慢于经济变化，这样的体系无疑缺乏足够的约束力。伴随着经济形式的不断变化，各国的贸易政策不确定性自然会增大，发生贸易争端的概率也会逐步增大。在世界经济涨涨落落之中，自由贸易和保护贸易也会反反复复成为一些政府的主要选择，自由主义和保护主义也会陷入永恒纷争。

当前的大量文献都认同贸易摩擦产生于内生政治的观点，这也表明了相关理论的研究已从传统的贸易理论过渡到政治经济学理论上来，已逐渐成为分析贸易摩擦的主流分析方法。王领（2006）指出，该理论另辟蹊径从收入分配的角度出发，引入公共选择（新政治经济学）理论的范式从政策决策过程的角度来探究贸易干预的水平、结构、形式和变化。盛斌（2001）认为贸易的政治经济学可作为收入分配的次优手段，可能是政府为获得政治利益而出售的"政治商品"，也可能是为实现公众福利最大化的途径，也可能是二者兼有之。当前，学者们通过过渡到政治经济学理论上来，不仅更好地展示了贸易摩擦产生的动态演进过程，不再高度抽象化，更好地与现实世界中企业、政府各自的选择相契合，而且对贸易摩擦问题研究的方法和理论内涵也起到了扩充作用。总的来说，贸易摩擦发生的根源在经济，但实现过程却广泛存在政治因素的推动。

2.2 中美贸易摩擦成因

2.2.1 中美贸易摩擦成因相关研究

学术界就中美贸易摩擦的成因研究很早就已经开始，国内大量的学者对此做出了贡献。例如，以苗迎春（2004）为代表的学者认为，中美贸易摩擦产生的主要原因就在于中美两国之间的贸易往来不平衡。梁军（2005）、李丽（2005）、李春顶（2007）、王亚飞（2009）等学者认为中美贸易摩擦的产生，政治因素不可或缺。具体地说就是美国国内一些利益集团为了自身的福利，通过一些诸如游说、政治献金等手段对美国政府进行施压，而美国政府为了自身政治需要也乐意接受其要求，多年来出台了许多对华不公的贸易政策，导致贸易摩擦不断。张幼文（2005）则认为是中国常年依靠廉价劳动力的优势，大量出口低价商品导致贸易摩擦的产生。陈泰锋（2005）认为世界经济发展进入衰退期，贸易保护主义开始抬头，成为中美贸易摩擦的重要推力。蓝庆新（2007）认为引发中美贸易摩擦重要原因在于国际产业发生转移。

自 2017 年时任美国总统特朗普对华宣布发起"301 调查"以来，相关的研究就出现"井喷式"发展。鉴于本次贸易摩擦的规模和激烈程度空前之大，学者和官方都称之为"贸易战"。通过在中国知网以"中美贸易战"为篇名搜索关键词，结果显示，2018 年 1 月到 2020 年 5 月末的文章共计 1945 篇。通过对文献的梳理，中美贸易摩擦问题研究可分为两个大的阶段。

1. 中美贸易摩擦升级前研究文献

这一阶段主要从两个视角来探究中美贸易摩擦成因：一是经济视角的

中美贸易失衡问题；二是政治视角的中国崛起威胁美国霸权。

美国诸次挑起摩擦的借口之一就是中美贸易失衡，相关问题在学术界引起了广泛的讨论。这些文献通常试图说明是哪些因素引起了中美贸易之间的失衡，通过整理，大致认为有产业结构、人民币汇率和美国出口限制等方面因素。针对产业结构的角度研究的文献认为：美国发动贸易摩擦无法解决中美之间的货物贸易逆差问题。例如，梅尔文（Melvin，1989）指出，当各国处在世界开放经济的大环境中时，为了实现各国利益最大化，自然而然会依照自身的比较优势来配置资源，在服务领域占据比较优势的国家，相较于传统商品的贸易，则会在服务贸易上存在顺差。高蒂埃（Gaulier，2007）在国际产业转移的背景下，中国的"世界工厂"地位加剧了中美贸易失衡的扩大。国内研究贸易摩擦背后的产业结构具有代表性的是学者赵建（2004）的一篇文章，通过对两国产业结构和政治互动来探究贸易摩擦的深层次原因。他指出，各国之间的分工合作局面，常常会因为经济发展不平衡和利益分配不均而被打破。贸易国之间产业结构越不匹配，贸易摩擦就越可能会发生。所以国际产业结构静态和动态不相匹配，是贸易摩擦频发的深层次原因。傅瑜等（2006）认为，鉴于当今世界经济出现全球经济失衡问题，美国又是全球第一大贸易国，所以根源就在于美国经济失衡。郑辉和张捷（2009）对中美两国的经济和产业结构研究验证了梅尔文（Melvin，1989）的结论，即美国在服务贸易中对中国是顺差，而在货物贸易方面对中国为逆差，并认为不平衡程度会随着贸易的不断加深而得到一定程度的调节。

针对人民币汇率角度的研究文献认为，中国政府刻意压低人民币汇率以促进本国商品出口的优势，导致中美贸易摩擦。支持此类观点的学者有埃蒂尔（Ethier，1973）、乔杜里（Chowdhurry，1993）、朱（Chou，2000）、戈德斯坦和拉迪（Goldstein and Lardy，2005）等。鲍德温（Baldwin，2005）指出，美国政府借助美国民众普遍认为是因为中国对人民币汇率刻意调控而造成中国产品竞争力高于美国产品这一民意基础，不断高频地对中国进行贸易救济调查，挑起争端。当然此类看法也受到部分学者置疑，例如，胡珀和科哈根（Hooper and Kohlhagen，1978）通过实证研究发现，贸易商品的价格受汇率影响较小，也无法证明其对贸易总额存在影响。麦金农（Mckinnon，2006）则指出，试图用汇率问题说明贸易摩擦原因是徒劳的，中美贸易不平衡根源在于两国储蓄率的不同，如果仅仅迫使中国政府调高人民币汇率，对美国贸易逆差的境况没有什么太大的改善。

针对美国限制出口导致中美贸易摩擦的文献指出：根据比较优势理论，美国应当向中国出口高新技术产品，但是美国却因畏惧技术外泄而对出口加以限制。责任在于美方刻意打乱了中美贸易平衡，只有美国放宽高新技术产品对华出口，才能破解中美贸易失衡之局。例如，麦卡洛克（Mcculloch，2005）指出中国在与美国贸易中存在着被歧视的现象。卡博（Carbaugh，2009）研究发现，美国对中国出口的高新技术产品比重从18.3%（2001 年）下降到 8%（2008 年），如此严格的出口管制无疑加剧了中美贸易失衡。中国学者于铁流和李秉祥（2004）认为，美国不依照比较优势理论向中国出口高新技术产品，导致了中美之间产品本应双向流动变为如今的单向流动，才形成中国对美国巨额贸易顺差。周世俭（2005）认为，美国对中国高科技出口管制是导致中美贸易失衡的原因，美国自食恶果，只有放宽对中国高科技产品的出口，才能有效缓解美国贸易逆差的困境。

除此之外，有学者从其他视角对中美贸易失衡问题进行了分析。戴维斯（Davis，2002）发现，两国国内经济的发展是两国贸易收支失衡的深层次原因，美国巨额贸易逆差来自国内储蓄率太低，无法满足对投资的需求。冯国钊和刘遵义（1999）则认为中美技术统计问题导致了中美贸易摩擦。石磊和寇宗来（2004）认为，美国国内长期以来的低利率和政府施行的扩张性财政政策导致了财政赤字。罗能生和洪联英（2006）通过在构建国际贸易模型中引入了文化冲突的变量，他们的研究结果表明文化冲突才是导致贸易摩擦的深层次诱因。具体来说，文化冲突使得出口国的贸易数量结构恶化、进口国的贸易数量结构改善、进口国收益和工人福利增加、出口国收益和工人福利减少。陈勇（2007）认为，美国借助挑起贸易摩擦表面是为了解决国内失业问题，其实质还是因为全球贸易利益分配不均，深层次原因在于美国试图攫取更多的利益。

通过以上学者的观点可以看出，无论是哪个视角的解释，都直接表现为中美商品规模与市场需求匹配度的相对变化，美国试图寻求中美贸易利益的重新分配，主要是通过政府制定相应的贸易政策，而这些政策通常会受到国内某些利益集团的干预，或通过政治献金及游说，或通过政策施压等方式。张丽娟（2005）认为，美国政府制定的几乎每一项贸易政策背后都有其深刻的国内和国外两方面的背景。利益集团绝不会容许有不利于自身利益的法律出台，而且美国国内的利益集团不光企图在经济利益上尽可能得到最大化的利益，还试图在政治上压制中国。

中美贸易摩擦的政治视角看法是：中国自改革开放以来，不光是在经济上取得了举世瞩目的成绩，而且中国积极参与全球的治理体系，在世界上占有越来越重要的地位，导致全球经济格局发生了重大的变化。而自诩为"世界警察"的美国，绝不会坐视中国的强大对其自身霸权地位的挑战，于是就会试图在经济和政治等方面遏制中国，主要手段之一就是主动挑起两国之间的贸易摩擦。相关的文献基本上认同这一观点：美国具有高度民族主义的优越性，美国的国家战略绝不会允许"东方阵营"的中国崛起，希望在全球把控绝对的地位和话语权。宋国友（2004）认为，美国不顾绝对经济利益的增加而为了获取政治领域的相对收益是发起对华贸易摩擦的重要原因之一。胡静寅（2006）指出，中国的发展影响到美国自身的世界经济主导权和美元霸权对国内经济的输血作用。

当然，美国和中国作为世界上两个举足轻重的经济体，双方的贸易摩擦必然会包括经济利益和政治利益的国家综合利益的博弈。王领（2006）总结归纳出八个方面的中美贸易摩擦的具体根源，同时指出：每次中美贸易摩擦必定有获取政治利益的目的，如果仅从纯粹的经济利益来研究贸易政策的实施，不免会显得相对局限。

何泽荣等（2009）从马克思的生产的国际关系理论、生产—分配—交换—消费理论、虚拟资本理论、两大部类理论和汇率理论等视角出发，对中美贸易失衡的必然性、根源都做了充分的阐释。一针见血地指出美国一些人出于政治的需要，做出将人民币汇率问题和中美贸易问题政治化，违背汇率经济学的行为。苗迎春等（2009）认为，中美贸易摩擦的原因包含一系列的因素，如经济失衡、中国出口市场过于集中、出口企业恶性无序竞争、美国战略遏制、国际产业转移等。

2. 中美贸易摩擦升级后相关文献

中美两国作为世界上最大的两个经济体，中美贸易摩擦无疑不仅会对两国国内经济产生重要影响，而且对世界经济未来走势都会产生重要影响，因此自中美贸易摩擦拉开序幕以来，就引起了国内外广泛关注。中国政府在 2018 年 9 月发布的《关于中美经贸摩擦的事实与中方立场》白皮书指出，由于两国经济制度不同，所处经济发展阶段也不同，发生贸易摩擦也属正常，但合则两利、斗则俱伤，两国的经贸合作分工可以扩大两国福利，增进两国人民福祉。德意志银行的研究报告《估算美国和主要贸易伙伴之间的经济利益》也指出，美国的一些跨国企业在中国有代工厂，在中美两国贸易中获取的商业净利益比中国更多，美国不顾中美经贸关系的互补性和共赢性，对中国发起的贸易摩擦，是"贸易霸凌主义的体现"。对此，国内学者林毅夫（2018）指出，美国的目的是转移国内收入差距的矛盾，并遏制中国的发展。余永定（2018）指出，两国的贸易摩擦不只是经济摩擦，还包括地缘政治问题。张幼文（2018）同时也指出，本次贸易摩擦超出了市场竞争的范畴，两国将在新兴产业上展开战略竞争。自 2018 年中美贸易摩擦升级到现在，国内一些经济学著名刊物，如《南开学报》《人民论坛》《数量经济技术经济研究》《中国工业经济》等都不断邀请相关学者研究解读此次爆发的中美贸易摩擦的深层次原因，不少学者对中美贸易摩擦作了定性和定量的研究。定性研究有以谢地和张巩（2018）为代表的学者提出贸易摩擦为经济战观点和以焦慧莹（2018）为代表的学者提出贸易摩擦并非经济战而是政治战的观点。定量研究更多侧重于贸易摩擦对福利评估的研究，如倪红福等（2018）就指出美国的整体福利损失会大于中国，而樊海潮和张丽娜（2018）通过其他数据分析则得出相反的结论，认为中国的福利损失会更大。相关的研究还有很多，大多都是在数据的选择和处理方法等方面的不断探索。

中美贸易摩擦的产生与贸易逆差、文明冲突、发展模式差异及美国强硬内阁等众多因素有关。朱福林（2019）在他的文章中指出，贸易逆差是导致中美贸易摩擦的直接原因，文明冲突是导致中美贸易摩擦的根本原因，发展模式差异是导致中美贸易摩擦的本质原因，美国内阁成员偏

"鹰"倾向是导致中美贸易摩擦的人为原因。笔者认为，如果将文明冲突认为是中美贸易摩擦的根本原因，这与人类命运共同体的追求和客观事实相违背，只会加深分歧，无益于解决争端。林宏宇（2019）在人民论坛的一篇简短文章就直接指出：西方民粹主义是国际贸易摩擦升级的根源。关于技术进步导致贸易摩擦的原因，邓路和刘帷韬（2019）基于1996~2014年中国遭受的12个重要贸易伙伴国的贸易救济案件数据，从行业层面实证验证了技术进步可能导致贸易摩擦的影响效应。结果显示：技术进步的速度与该行业导致贸易摩擦的可能性影响成正比，行业层面的技术进步与贸易救济之间在特定情况下存在倒"U"型关系，具有行业和国别的异质性，相对而言，技术密集型行业和后发新兴行业的技术进步对贸易救济的影响更显著。

学界也从多个角度研究了美国遏制中国崛起的具体原因。陈继勇（2018）指出，经济利益冲突只是贸易摩擦原因的一部分，还包括中国模式和华盛顿模式之间的冲突。中国国务院总理李克强于2015年签批了《中国制造2025》战略文件，美国担心，中国由此的产业升级战略会对其自身高技术领域的优势地位提出挑战。此外，美国要想维持当今世界唯一的超级大国的地位，在政治、经济、军事和文化上必须掌握绝对的实力，但近年来中国的迅速崛起，无疑对其产生了不小冲击。郭艳琴（2018）认为美国已经意识到，近年来的发展表明美国过去几十年试图西化中国的战略宣告失败，美国对中美两国政治体制和价值观不同的容忍度急剧降低，外加特朗普政府奉行的"美国优先"战略等多种因素影响下，美国调整对中国战略，主动挑起了此次的贸易摩擦。夏胤磊（2018）认为，美国实行贸易霸凌主义的直接原因是中国威胁到美国在国际贸易中的领导地位，美国国内的政治压力需要中国作为"替代羊"来转移矛盾。而本质原因在于美国认为中国高新技术产业的发展对自身的科技霸主地位造成了威胁。王荣军（2018）认为美国发动贸易摩擦的背景主要有四点：一是国内反自由贸易社会思潮兴起；二是国内收入差距扩大导致的社会矛盾加剧；三是对外经济政策单边主义不断加强；四是贸易保护主义思想抬头。李庆四（2018）认为特朗普的个人特质、贸易逆差对美国国家安全的威胁、利益集团的诉求、盟友的言听计从这四点是促成美国发动贸易摩擦的现实考量。黄礼健（2018）认为美国被激发的民粹主义是导致中美贸易摩擦爆发的原因，诱因是因为国内收入差距矛盾积累、对中国崛起所面临的威胁挑战所感到不安。刘建江（2018）指出，从国家视角来审视中美贸易摩擦的爆发，则可以清晰地看到美国意图在战略上遏制中国的目的，从贸易关系的角度则是中美经贸关系已经由最开始的互补性、共赢性关系，慢慢转向于现在的竞争性的经济关系，从多边治理的视角下看则是美国担心中国的影响力会压过自身在太平洋周边地区国家的影响力，美国是不会容忍他国挑战自身在全球治理体系中的头号大国地位。屈有明等（2020）在中美贸易关系现状分析基础上，构建了两国间不完美信息多阶段动态博弈模型，考虑了两国决策者的不同风险偏好，从理论上分析了中美经济合作的不断深化对两国贸易摩擦的影响机理。他指出，伴随着两国经济在各领域的联系日益密切融合，正面直接发生冲突的可能性会大大降低。

国内少有学者从马克思主义政治经济学的角度来分析中美贸易摩擦。西南财经大学的杨慧玲和甘路有（2019）研究认为，美国等发达资本主义转向新自由主义和金融化是为了抵挡利润率下降的趋势，造成了收入由劳动向资本转移，由于内部积累矛盾激化推动了以国际垄断资本利益为核心的全球化，最终导致了现在以美国为代表国家的制造业"空心化"、失业以及收入差距拉大等问题，进而引起贸易失衡，这是国际垄断资本主义经济演进的必然结果。金融垄断资本要维护在世界市场上的垄断地位，而中国的产业升级影响了美国金融资本的超额垄断利润。从《资本论》可以知道，必须保持一种差别性优势，如大资本家对小资本家、资本家对工人的差别性优势，资本主义只有在不平等的状态才能积累。当今世界资本主义的技术垄断和金融垄断特征与全球化紧密结合，加深了国际剥削，使得收入分配悬殊，这是导致 2008 年国际金融危机的经济根源。美国与中国的"贸易争端"是国际垄断资本积累矛盾激化的集中体现，中国如要破解美国的阴谋，则应当立足于破解技术垄断和金融垄断，防止过度金融化，在保持我国金融安全的前提下，进一步推进"一带一路"的建设，探索打破资本主义垄断发展格局的新发展战略。

通过上述文献可以看出中美贸易摩擦的原因分析已经转向战略层面。中美贸易摩擦反映的是"修昔底德陷阱"的遏制和反遏制的逻辑。综合来看，大致原因有：美国对自身为维持其超级大国的地位，在科技、军事、经济等方面的考虑；特朗普政府在对中国的问题上，更倾向于用极端的方式来解决，且不确定性极强；国内经济政治面临巨大压力矛盾，需要中国作为替罪羊，等等。总的来说，特朗普政府政策的实施，是中美贸易摩擦长期以来累积的结果，在碰到美国内部环境不确定性增加情况下被"点燃"而已。

近年来，一些学者对经济政策的不确定性和贸易摩擦的关系也做了深入地研究。不确定性是指经济个体对未来收入和损失分布范围的不可预期或无法确定类型的风险。鲁晓东和刘京军（2017）指出，经济主体对市场状况的预期困境构成不确定性的具体内涵。并进一步表现为"风险""波动""不可知"等负面经济效应。当前，普遍认为贸易政策不确定性对贸易摩擦的影响体现在经济和政治两个方面。经济方面，不确定性最为显著体现在贸易和投资规则的重塑。刘冰和陈淑梅（2014）指出，在2008年全球经济危机之后，技术性贸易壁垒已经成为发达国家和部分发展中国家实施贸易保护的首选方式。贾玉成和吕静韦（2020）通过实证研究指出，经济下行周期和经济政策的不确定会显著增加贸易摩擦的数量。张文婷等（2020）通过对超过5000种我国出口产品进行数据分析，也得出相同的结论，并且会造成出口减少、价格抬升等影响。从政治上来看，长期的经济政策不确定性必然会带来社会矛盾的积累，与之相对应的"利己主义"抬头，如美国奉行的"美国优先"战略，自然而然就会加剧贸易的对抗。一些国外学者通过研究发现，利益集团的政治关联会影响到贸易政策的制定。王孝松和谢申祥（2013）以印度对中国反倾销为例，研究后发现，印度反倾销申述者的政治势力与最终裁定的税率水平显著正相关，这就完全说明了印度国内利益集团的政治势力会影响到印度当局政策的实施与裁定。所以，当贸易环境恶化时，不仅会加重社会压力，同时也会迫使具体制度安排体现出"本国优先"偏好和贸易对抗内涵。

2.2.2　中美贸易摩擦应对方法

由于中美经贸摩擦具有长期性、复杂性和多变性的特点，必须寻求应对中美经贸摩擦的长期对策。在如何应对当前贸易摩擦时，一些学者也提出了相应的宝贵意见。

贾玉成和吕静韦（2020）通过对 2014～2016 年 31 个国家对中国贸易摩擦数据，实证分析了经济周期、经济政策、不确定性以及制度环境差异对摩擦的影响。他指出，中国应对外部不利局面和贸易摩擦的政策建议应包含三个方面：一是从现有全球经济客观情况出发，持续推进全球化，对贸易摩擦需要做好打持久战的准备；二是降低经济政策的不确定性，这样能有助于增强企业的信心，帮助企业战胜短期的困难，扩大生产和投资，提高资源的配置效率；三是坚持四个自信原则，进一步加大我国的道路、理论、制度、文化的对外宣传力度，尽可能争取国际舆论的主导权，展示一个正面良好的"中国形象"。张文婷等（2020）认为我们应该继续深化推进供给侧结构性改革，实现出口结构的升级。并且应当适度放开服务业进入壁垒，加快形成有利于增强服务业的体制环境。秦卫波和王庆龙（2020）指出，中国推进"一带一路"建设对于应对中美贸易摩擦具有重要的战略意义，中国在坚持底线的基础上，引导中美关系良性转型。中长期则应在外汇储备管理优化改革、推进人民币国际化进程方面着手。杨成玉（2020）通过分析指出，欧盟对于中美的贸易具有很强的替代作用，所以可以通过深化中欧之间经贸合作，对美触动，尽早达成双赢局面。郭晴和陈伟光（2019）认为首要是积极同美方开展贸易谈判来解决分歧，其次是积极努力寻找新的替代产品和市场。韩秀成和王淇（2019）则从知识产权的角度出发，认为在当前国际贸易的格局中，知识产权作为核心要素的地位空前上升，要想在贸易摩擦中占据主动权，则必须研发掌握更多核心关键技术的知识产权。朱福林（2019）认为我国必须实施贸易强国战略，具体而言就是进一步推进高水平开放，参照国际标准改善我国营商环境；进一步坚持市场化改革，处理好政府与市场的关系，推动民营经济高质量发展，大幅减税降费；进一步改善创新环境，建设创新型国家。史长宽（2019）对于产业结构急需升级的要求，提出应从政策导向、科技创新、"一带一路"建设三个维度入手采取相应的对策。针对农业领域，郑适等（2019）认为应当推进农业农村改革，吸引美国对华农业投资。华民（2018）提出，中国最优的应对是贸易自由化，现实的选择是帕累托改进，合适的方法是调整最优关税，强化对知识产权的保护。易波（2018）认为，未来中国需要主动改善中美贸易结构，减少竞争型贸易，增加互补型贸易。王厚双和付煜（2018）通过对日本应对国际贸易摩擦过程的分析指出，中国应该借鉴日本"三位一体联动"方式，即"政府支持、企业主为、行为协调"的原则。董红和林慧慧（2015）早在2015年对"一带一路"倡议下我国对外贸易格局变化的分析中就预警我们应当提防其他国家对我国主动挑起贸易摩擦。该研究指出，在"一带一路"倡议下，为更好地防范对外贸易摩擦，应推动我国企业走向国际化。对外贸易企业必须加强国外技术资源整合，提升产品科技竞争力；必须加大对外直接投资，享受生产国国民待遇；必须充分利用外资，促进技术进步。

2.3 贸易摩擦的福利效应

当前对福利效应的分析基本上认为存在两种可能性：要么贸易摩擦的两国福利都变得更差；要么一国福利增加，但这种增加通常都是以牺牲另一国福利为代价的。

2.3.1 贸易摩擦的一般性福利效应

约翰逊（Johnson，1954）很早通过分析就指出，特定条件下，一国可以通过贸易摩擦获取相较于自由贸易时更高的福利。当发生关税"大战"时，通过贸易产品的需求和供给的相对价格弹性就可预估出收益与损失。具体而言，进口的需求价格弹性和收益呈现正相关，进口的供给价格弹性和收益呈现负相关。所以他指出，当一国的进口供给价格弹性较低，进口需求价格弹性相对较高时，即使贸易伙伴对其制裁，也能在通过调整关税而获利。在局部分均衡模型分析中，巴格维尔（Bagvell，2001）指出，一国发起贸易摩擦，虽然会减少国内总体福利，但如果从战略保护的要求分析，则是大有裨益的，在长期中可以发展保护产业。拜瑞恩（Baron，1997）通过使用一般均衡分析方法，也证明了政府采取贸易保护措施能保护某一相关产业在长期中稳步发展，取得相关的收益。他同时也认为，主动挑起的贸易摩擦通常可以迫使他国放弃某些权益，做出让步，使得本国的企业在进入他国的市场时，拥有更大的主动权和优势地位，从而获得巨大的利润。当然并非所有学者都认同此类观点，例如，格瑞斯（Gross，1987）认为，通过关税大战的贸易摩擦，没有国家能从中获利。即使认为在特定条件下一国可通过贸易摩擦来获得收益，但是相较于贸易双方整体而言依然是不利因素更多。对于贸易国的资源配置和贸易往来的资源自由流动，起到了阻碍的不利影响。埃尔姆斯（Elms，2004）指出，贸易摩擦的结果只能是导致双方都受损，所造成高额的成本和几乎可忽略的利益增长并非贸易摩擦发起的初衷。但在当今世界可以看到，贸易摩擦的数量和程度都在不断增长和加剧，其基本原因可能在于有些国家的确获得了收益，但更重要的是，贸易双方都认为可以通过协商使自己收益更大，依靠自身比较优势而在谈判中占据主动位置，利益天平更多倾向本国。但通过以往的贸易摩擦实例，真的达到了双方的最初设想吗？情况往往并非如此。通过和平的手段来进行贸易协商第一步就是双方都做出让步，在关键利益部分留有谈判的余地，但这也经常造成收益的减少。

威利（Whalley，1985）通过构建一个两国的模型来研究最优关税中的收益和损失。在该模型中，首先假定各国都能生产贸易的进出口商品，然后认为各国都能准确识别自身的实际情况，并以此作为实施最优关税的依据，最后假定在只考虑不同国家不同商品进出口的需求价格弹性下的福利效应。得出的结论为：当两个规模差不多的国家发生关税战时，双方福利均遭受损失；当两个国家规模差距较大时，关税"大战"往往会使大国福利增加，而小国福利受损。他所进行的实证研究也证明了此结论。他通过研究发现：当美国、欧共体和日本分别征收 160%、175% 和 200% 的关税时，会相应地增加其国民收入的 2%、1.9% 和 1.8%；但是假如全球所有的国家同时征收 178% 的关税时，全世界总体将下降 4%。通过这些数据也可以清晰地看出大国在关税"大战"中伤害小国的能力，所以如果小国不采取合作的方式，那在关税"大战"中就只有被无情剥削，利益受损。科尼比尔（Conybeare，1987）通过运用三种基本的博弈模型认为，大国之间为囚徒困境式的贸易战，非合作博弈下的纳什均衡关税将使双方遭受损失，但偶然的报复行为又会让双方走向合作。然而小国却没有这么幸运，在非对称（大国与小国）贸易战中，总是将以大国对小国的剥削而结束。

国外相关的文献还有：马库斯恩（Markusen，1989）发现，美国对于纳什均衡关税和自由贸易之间并无差异，反倒是加拿大可在自由贸易中获利 40 亿美元；佩罗尼（Perroni，1994）运用 CGE 模型对七国数据进行分析，发现美国和欧盟在全球纳什关税战中分别获利 525 亿美元和 1284 亿美元；而加拿大等其他五个经济体却损失了 1.39 兆亿美元，世界总福利减少。这证实了约翰逊（Johnson，1954）的结论，表明国家大小和最优关税率之间有正的相关性。布鲁斯雅克（Borusvak，2018）等研究表明，加征关税对不同收入群体影响并不一致，低收入群体和中产阶级损失较大。实质上，关税造成的真实收入损失，已经部分抵销了特朗普减税政策的效应。科斯蒂诺（Costinot，2018）从需求面出发的最新估计，占美国国内生产总值 2%~8% 的福利是从贸易中获取的。费恩斯特拉（Feenstra，2018）直接指出，贸易主要可以通过增加产品多样性、推进破坏性创造以及竞争效应降低成本加成等途径增加总体福利。

2.3.2 贸易摩擦对中美福利效应影响

当前，有不少学者也对中美贸易摩擦背景下的福利影响进行了研究。从消费者福利来看，一方面，部分学者分析得出结论，中美贸易摩擦将使美国消费者损失严重。通常，贸易对居民收入分配的影响主要是通过支出渠道和收入渠道。加征关税提高进口商品含税价格，涨幅基本上由国内消费者承担（AMIT，Redding and Weinstein，2019）。郭美新等（2018）构建了以伊顿－科图姆（Eaton-Kortum）为基础的"多部门－多国家－多产业"联系的一般均衡模型，研究发现美国消费者福利损失颇为严重，原因可能在于高额关税首先提高了进口品价格，进而提高美国国内物价水平，降低工人的真实工资，最终造成社会福利损失。倪红福（2018）使用 WIOD 数据库中的 2014 年截面数据模拟了中美贸易贸易摩擦相关行业的价格效应和福利效应，其结果显示美国整体福利损失会大于中国。另一方面，部分学者分析发现中美贸易摩擦导致中国比美国损失更为严重。例如，崔连标等

（2018）基于 GTAP 9.0 数据库模拟中美贸易摩擦发现，中国福利下降 0.23%，而美国福利却增加 0.03%。然而樊海潮和张丽娜（2018）通过使用中美两国的制造业和 2014 年截面数据估计了不同情况下中间品和最终品关税福利效应的异质性，指出中美两国贸易摩擦如果持续下去，两国境遇都会继续变差，相比之下，中国福利损失会更大。周政宁和史新鹭（2019）利用动态 GTAP 模型发现，贸易摩擦对中国产出、出口及进口的负面冲击均高于美国。吕越等（2019）利用 WITS-SMART 模型，通过模拟贸易消减效应、福利效应和贸易转移效应，发现中国福利损失要多于美国，约为美国的 2.6 倍，中国的大豆和汽车部门损失最为严重，美国则是机电产品行业受损较大。

美国对中国挑起贸易摩擦会对中国贸易和经济增长带来重要冲击，与此同时，如果美国政府采取贸易保护政策，中国和世界其他国家的应对策略也会进一步影响各国的贸易和社会福利。李春顶（2018）运用一般均衡模型模拟了中美两国互相加征不同关税的情形下，考察对两国的进出口变化影响，结果显示，中国在出口方面损失过大，而美国方面则是进口损失过大。刘元春（2018）也进行了关于中美贸易摩擦的影响模拟，预测中国福利所遭受的损失大小，他所采用的方法为标准静态 GTAP，在中美两国对对方的 340 亿美元商品互加 25% 的关税的情况下，预测结果显示中国国内生产总值将下降 0.34%。郭等（Guo et al.，2018）采用多国多部门一般均衡模型分析，指出若美国对从中国进口的商品加征 45% 的关税，则整个全球的贸易都将遭受重大损失。该研究假定了世界上其他国家对中国加收关税、不加收关税以及中国是否采取同等的报复关税四种情况，结果不出意料的表明，美国都将成为贸易摩擦的受害国。相比之下，中国受损程度则要小很多。由此告诫美国政府，当贸易摩擦倘若愈演愈烈时，中国政府应对的政策空间总要大得多。

除了对福利效应评估外，针对中美贸易摩擦的贸易效应，一些学者也构建了模型进行模拟。例如，崔连标等（2018）通过获取 2011 年的截面数据，研究分析指出，中美贸易摩擦的结果必定是双输局面，但美国在贸易和福利上的损失却会低于中国。李春顶（2018）通过对 29 个经济体制造业和非制造业部门 2013 年截面数据进行一般均衡效应模拟，他指出美国的制造业会因贸易战而遭受负面冲击，但整体福利却有所增加，而中国则在贸易和福利上都遭受重大损失。吕越等（2019）使用单个产品局部均衡模型对两国 500 亿美元清单商品的关税效应进行 SMART 模拟，其结果表明中国出口额较美国损失更大，整体福利损失约为美国的 26 倍。刘冰和陈淑梅（2014）指出，区域内技术性贸易壁垒将降低成员国贸易规模和福利水平。

对于贸易摩擦效应分析表明，贸易摩擦不利于出口国的经济福利，对于进口国，也不一定会增进其福利。就总体而言，并不能确定贸易摩擦对经济增长和产业发展的影响。如果只是从短期和局部来考虑，则不能较好评估贸易摩擦对一国经济整体福利的影响，要想达到这个目的，则更应该从一般均衡的角度和长期经济效应出发，具体落实到不同产业对长期发展的影响。

2.4 贸易摩擦对经济的影响

中美贸易摩擦对两国经济的平稳发展带来了很大的风险和不确定性。中美两国也都在贸易争端中有得有失，前面对中美贸易产生贸易摩擦的成因进行了论述，现在通过对文献梳理，从早期的贸易摩擦对双方的经济影响分别进行论述。

2.4.1 早期贸易摩擦对美国经济影响

刘建江（2005）指出，美国经济不仅未在全球经济失衡的背景下停滞，反而推动了金融业和实体经济的发展，增进了本国福利。黄族胜（2008）指出美国在面对全球经济失衡的大背景下，依旧可以利用扩大外部失衡的经济政策以获得宏观经济利益。美元的大量回流并未导致美国国内出现严重的通货膨胀，原因之一就在于当美国出现经常账户赤字时，国内货币供应量相对下降。在国际产业转移的趋势下，美国国内保留了资本和技术密集型的产业，确保在国际贸易中持续获得高额的利润，利用其美元优势地位，不断进口外国廉价商品，有效抑制了国内通胀产生。金（King，1993）和拉詹（Rajan，1998）通过实证研究也说明了金融业对美国经济发展具有积极影响。其背后的逻辑在于，发展中国家为了自身的经济发展，通常都会选择出口导向型的经济，出售其商品以换取外汇，而美元作为全球流通货币的"硬通货"，则常常作为外汇储备的首选。而美联储在过去也在不断进行货币印发，为保证其购买力不贬值，这些国家通常会选择对外币金融资产投资，这样就造成了对美国金融资产的需求上升。

在早期的研究中，通常认为美国可在中美贸易失衡中获得超额利润。发达国家在全球产业转移的背景下，往往会将劳动密集型的产业转移至国外，而国内会保留资本和技术密集型的技术，在全球贸易中易形成垄断地位，产品在国际市场因具有比较优势，价格往往高于其真实价值。而发展中国家则恰恰相反，大都以劳动密集型产业为主，处于全球价值链下游，难以获得正常利润以外的超额利润。中美两国贸易格局便是如此，美国同中国贸易中获取了巨额利润，故有中国为美国"打工"这一说法。罗伯茨（2001）也毫不讳言地说，美国对外贸易出现了严重的贸易逆差，但不会影响美国经济利益。

2.4.2　早期贸易摩擦与中国经济发展

在全球经济失衡的背景下，中美贸易摩擦给中国经济的正常发展带来了很多不确定性和风险。早期研究中基本集中在当中美贸易摩擦发生后，对中国经济的负面影响以及中国应采取何种姿态与方法来应对挑战。值得一提的是，在早期不少学者也以积极乐观的心态提出应该看到贸易摩擦对中国经济的正面影响。高运胜和陆宝群（2003）指出中国经济增长的主要驱动力是投资，美国对中国直接投资的增加加速了中国国内生产总值的提高。这主要是两方面的作用：一是对中国直接投资可以给中国带来资本和技术，同时也带来了先进的管理技术，带动了中国相应方面的提升。二是中国可以充分利用外汇储备来购置技术和设备，促进中国生产力的发展。王艳（2008）指出中美贸易发展推动进口能力提升，增加了政府财政收入，从而使中国经济得到迅速发展。

2.4.3 贸易战对中美两国的经济影响

自 2008 年全球金融危机之后，美国对中国的贸易争端也在逐年攀升，从 2017 年美国宣布对中国启动"301 调查"开始，中美两国的贸易摩擦已经逐步升级为现在的"贸易战"，对此两国经济的影响研究在学术圈引起广泛关注，下面就试述一些代表性成果。

首先从贸易平衡和行业生产能力的角度考察经济影响。从贸易平衡来看，有学者认为美国加征关税对中美贸易逆差的影响远远低于预期，中国出口企业本身具备较强的应对消化能力和竞争能力。实质上加征关税不符合最优关税理论，且未明显缩减美国货物贸易差额①。整体而言，除中美之外多数经济体将从中美贸易摩擦中获益，所谓"鹬蚌相争，渔翁得利"，贸易摩擦会对第三国产生正向溢出效应，原因在于中美贸易摩擦导致了大规模的贸易转移效应。从行业生产能力来看，贸易摩擦将对中美双边的行业生产造成极大损失，不同行业所受波及程度截然不同。大部分学者认为由于全球价值链网络化分工的细化，中美产业部门之间存在较强的关联性。中美两国的贸易产品除了最终消费品，还涵盖了大量中间品，而美国又主要是针对中间品来加征关税。因此，除了消费者福利遭受损失，中美贸易摩擦也将引致两国生产能力遭受重大影响，致使符合劳动分工原则的全球价值链体系遭遇重创。随着双边贸易摩擦规模的扩大，中国所受的负面冲击也将逐步扩大，而全球价值链在中美贸易摩擦中起缓冲作用，从而实现全球经济的再平衡。还有学者通过实证检验了全球价值链地位具有"催化剂效应"，而全球价值链参与度则具有"润滑剂效应"，应该充分发挥全球价值链在中美贸易摩擦中的"润滑剂效应"，以实现全球价值链重构，化解国际经贸摩擦的风险。余振（2018）基于 2000～2014 年 TTBD 与 WIOD 匹配的制造业数据，实证指出：中国与贸易伙伴在某行业全球价值链分工地位越接近，贸易摩擦发生的可能性越高，体现在相关行业的贸易

---

① Fajgelbaum P D, Goldberg P K, Kennedy P J, Khandelwal A K. The Return to Protectionism [R]. NBER Working Paper No. 25638, 2019.

摩擦越容易得到解决，体现在贸易摩擦的持续时间越短。

中美两国作为世界上重要的经济体，双方的贸易摩擦必然会对其他地区乃至整个世界造成深远影响，一些学者针对具体的经济体进行了相关研究。

胡方（2020）和张冠华（2020）分析了中美贸易摩擦对海峡两岸经济的影响，指出会对产业链贸易投资关系的变化产生重要影响。潘安和郝瑞雪（2020）则在全球价值链分工视角下，利用 WIOD 公布的数据通过构建和测算日韩贸易利益、分工联系、分工地位三个维度的衡量指标，对日韩贸易摩擦的原因进行了分析，通过分析指出，由于日本在出口获利能力、分工联系以及全球价值链分工地位相对于韩国的优势地位正在缩小，所以日本为了维持各方面优势，就有在出口方面采取管制的动机，造成贸易摩擦。同时他们指出为了降低日韩之间贸易摩擦的负面影响，双方应该加强与中国之间的联系。柳剑平和张兴泉（2011）分析了 1995 年以来的中日、中美间制造业的 15 年贸易数据，论证了贸易摩擦和产业内贸易水平确实存在的负相关关系，产业结构的差异对产业贸易发展具有重要影响。实证结果也同时表明，人均消费差异、产业规模差异以及经济外向度差异与两者产业内贸易呈负相关。该研究指出，为提高中美两国产业贸易水平，行之有效的方法之一就是尽可能缩小产业结构差异，并逐步减少中美贸易摩擦。杨成玉（2020）则从理论层面分析研究发现，欧盟对于中国出口美国的多种产品，如通信设备、服装、鞋、风电设备等存在着替代效应；欧美对于中国进口美国的多种产品，如飞行器、电子元器件、医用设备、肉类等存在着替代效应。所以欧盟是中美贸易的重要替代市场，深化中欧经贸关系并对美国形成触动有助于中国在贸易摩擦中争取主动。张亚珍（2009）通过一定的划分标准，将欧盟分为若干板块，依据特点不同分析各板块与中国贸易状况。张红侠（2020）则在中美贸易摩擦的背景下，论述了中俄加强农业领域的合作必要性，指出当前两国的农业合作具有良好的基础，两国需要进一步挖掘潜力，突破合作中面临的"瓶颈"问题。王霞（2019）则分析了中美贸易摩擦对其他主要经济体的制造业出口和产出的影响，研究认为越南、泰国、加拿大、墨西哥相关行业的出口因为中美贸易摩擦得到了明显的改善，日本和澳大利亚也在中美互加关税的情况下出口得到明显提高。综合考量后，欧盟会受到负面影响，而日本、印度、澳大利亚等国的制造业或遇发展机遇，这将可能引起全球制造业格局的大变动。史沛然（2019）通过对拉丁美洲贸易数据分析和思考，研究发现，拉美各国的产品对受到加征关税影响的中国和美国产品的可替代率普遍较低，受中美贸易摩擦的直接负面冲击较小。由于拉丁美洲各国均具备扩大出口的能力，所以中国可和拉美国家更多交流，拉近关系，使其扩大对华出口，双方可共同受益。龙强等（2019）针对江西省遭受的具体影响，如对美出口下降、产业生态面临压力、省内企业全球布局情况等进行分析指出：江西省应该尽快建立长效应对机制，及时发现和解决问题；加强服务和政策扶持，缓解企业经营压力；支持高技术企业发展，加快推动产业升级；力促消费扩大内需，筑牢高质量发展根基；确保融资渠道畅通，做好金融风险防范。

一些学者在研究视角和研究方法上与以往研究有所创新与突破。郑适等（2019）则认为中美贸易摩擦对中国农业是挑战又是机遇。他通过对农业三大子行业的分析得出：贸易摩擦的本质其实是中国的"自由贸易"理念与美国的"公平贸易"理念相冲突，中国通过对美进口的农产品加征关税会使中国农民收益，美国生产者福利遭受损失。大豆和其他三大主粮的成本劣势将会长期存在，在粮食行业领域，中国显示出相对脆弱。畜牧产品和水果等行业则中国受到的直接威胁较小，行情相对乐观。蒋思坚等（2020）基于共享社会发展路径情景（SSP2），利用全球贸易－环境模型，预测了中美贸易摩擦对我国小麦贸易出口及其隐含碳排放的影响。该研究发现，在美国对我国加征小麦进口关税的情况下，河北、安徽、山东与河南等省份地区生产总值在 2030 年分别下降 0.338‰、1.427‰、0.103‰与 2.074‰，其中出口下降将导致对外的小麦出口隐含碳排放量分别减少 65.36 吨、69.53 吨、109.36 吨与 152.97 吨；采用小麦生产技术等措施能有效减缓贸易摩擦对我国的负面影响。王瑞峰和李爽（2020）利用 1992～2018 年中国大豆进口贸易相关数据进行实证检验分析，指出：中美贸易摩擦对中国大豆进口贸易成本的增加具有正向影响，但并不具有显著性，但对中美大豆进口贸易成本和中美大豆单位进口贸易成本的增加均具有显著的正向影响。郝宇等（2019）则关注了在贸易摩擦背景下中国能源经济未来的发展。该研究通过情景分析对各能源行业与能源密集型行业的产值与能源消费进行预测，探讨新贸易形势下中国能源经济发展趋势和路径。根据预测结果，中国能源消费结构将持续优化，中美贸易摩擦对中国宏观经济影响并不十分显著，但是仍对某些能源与能源相关行业的产值与能源消费具有一定的不利影响，中国应从重点行业着手，多手段应对新贸易形势下能源经济波动。预测中国的能源产业结构在 2020 年决胜全面建成小康社会的关键阶段得到进一步的升级。高惺惟（2019）则研究了中美贸易摩擦下人民币国际化战略，研究指出，我们应当关注贸易摩擦背后的金融摩擦，因为它是真正对中国危害最大的领域。对此，必须有全方位的战略思维，尽可能维护自身的金融安全。中国要想增强应对外部冲击风险的能力，重要手段就是稳步推动人民币国际化。该研究同时也探讨了推进过程中可能面临的挑战，如面临"特里芬难题"等，提出了"发挥自贸区金融市场'资本水坝'的作用"等四条建设性意见推进人民币国际化。何宇（2020）构造了一个开放经济下的多阶段全球价值链生产模型，使用全球16 个主要经济体的数据对模型进行参数校准和数值模拟分析，研究结果表明以中国为代表的发展中国家通过技术进步实现全球价值链升级虽然会引起各国全球价值链分工地位和全球贸易分工格局的变化，但并不一定导致发达国家在全球价值链中的利益受损，国家之间的技术竞争并不一定是零和博弈，一个国家的技术进步可能会带来全球贸易体系范围内的帕累托改进。他的研究结论有力地反击了戈莫里和鲍莫尔（2003）所提出"国际贸易中国家之间的竞争是'零和博弈'的观点"。杨军等（2020）从区域价值链视角来评估贸易摩擦的经济效应，研究结果发现，从国家层面看，贸易摩擦对中国参与全球价值链负面影响颇为严重，却深化了中国参与区域价值链的程度，主要归因于直接贸易规模性转移与间接产业分工格局调整两个方面；从产业层面看，贸易摩擦对中国不同行业部门参与区域价值链的影响存在较强的异质性。肖志敏和冯晟昊（2019）创造性的在 GTAP 模拟结果引入了增加值分析，基于增加值贸易视角来分析中美贸易摩擦的经济影响。模拟结果显示：出口总值衡量的方式极大高估了中国出口损失，以出口增加值的角度衡量则显示美国的损失远高于中国。原因在于中国出口被征税行业的出口总值中包含了许多国外的增加值，因此美国对自中国进口产品加征关税的"价值链直接效应"更突显。虽然在美国对中国加征关税后，中国对美国直接出口减少，但借助其他渠道，间接出口到美国的商品却并未减少。

许多学者为了探究具体的经济影响，不光是做了定性研究，也试图通过各种方法构建可靠的模型做了定量研究，预测未来可能遭受的经济损益。一般均衡模型常常被用于定量测算。例如，张伟（2018）利用模型研究指出，贸易摩擦对我国的国内生产总值影响控制在1%以内。郭等（Guo et al.，2018）利用多国多部门一般均衡模型研究发现，美国征收45%的关税将导致全球的贸易遭受巨大负面冲击，而美国自身福利也会大大受损。李春顶等（2018）通过构建包含29个经济体的大型一般均衡数值模型系统，结果分析表明，中国在此次贸易战中所遭受的损失会远高于美国。郭晴和陈伟光（2019）基于GTAP 10.0数据库和采用动态可计算一般均衡（CGE）模型，根据中美贸易摩擦的严重程度设置五种情景，模拟贸易摩擦将对中国国际贸易产生的动态影响。另一种全球贸易分析模型也被不少学者采用，大多学者采用了GTAP 9.0数据库。例如，黄鹏等（2018）依靠该模型的分析指出，摩擦规模的扩大会导致中国受到的负面影响叠加。崔连标（2018）采用该模型量化评估中美贸易摩擦的国际经济影响，结果表明，中美两国都会遭受不同程度的损失，但美国受损程度小于中国。曲越（2018）也采用该模型分析"301调查"对中国产业和经济的潜在影响，其结果也和上两位学者研究结果类似。但肖志敏和冯晟昊（2019）的模拟结果却显示相反的结论，认为中国受损程度会小于美国。李昕（2012）将中国加工贸易部门加入模型中预测出中美两国在经济增长率、实物投资、一般贸易进口、加工贸易出口等领域影响的具体数值，通过对经济数值的分析，得出中美两国贸易摩擦弊大于利的结论。在运用静态标准的该模型下，刘元春（2018）发现，中国无论决定是否对美进口商品加征关税，都不会影响自身福利。在关于两国微观行业受贸易摩擦影响研究领域上，周政宁和史新鹭（2019）分析指出，除了农产品以外，其他产品都会因中美两国贸易摩擦而产生巨大冲击。

王瑞峰和李爽（2019）在探索中美贸易摩擦背景下中国外贸高质量发展时指出：由于中美贸易摩擦，尽管短期内中国的外贸行业会遭受一定损失，但是实证研究显示，中美贸易摩擦会对中国国际竞争力的提升和外贸高质量发展具有正向作用。所以在此背景下，中国应当主动抓住机会，以提升自身竞争力为目的，重点发展国内与外贸相关支持产业来推动外贸的高质量发展。吴红蕾（2018）认为贸易摩擦对我国宏观经济的冲击有限，影响可控。在中长期，中美经贸博弈会对一些企业，特别是跨国企业的跨国投资布局和投资行为产生较为深远的影响。当前的研究中，多侧重于从某一角度探索贸易壁垒与投资格局的关系，而缺乏对经贸博弈对于投资格局影响机制的系统全面分析；多侧重于定性分析中美贸易壁垒对跨国企业投资的影响，而缺乏对其影响方向、影响强度的定量分析；缺乏从跨国企业异质性、产业异质性方面研究贸易壁垒对投资的影响。所以杨翠红等（2020）指出，今后相关的研究可以充分考虑由于中美经贸博弈引起的中美双边乃至全球跨境投资布局的变化，系统全面分析中美经贸博弈对投资格局的影响机制，在研究中充分纳入对现实情况的考虑，进而研究分析中美经贸博弈对跨境投资格局、全球价值链和我国经济的影响方向、影响强度等。

客观来讲，贸易摩擦给我国带来的负面影响是会大于促进作用的，但既然美国已经主动挑起摩擦，那我们也不应该退缩。中国政府和全体中国人民应该有信心、有能力来应对此次挑战，并坚信最终胜利属于我们。正视困难，化挑战为机遇，通过必要的一些对内改革使中国更好地融入全球贸易体系之中，尽可能避免摩擦产生。

2.5 贸易摩擦与全球价值链

2.5.1 全球价值链分工与国际贸易摩擦关系的理论研究综述

国际上关于全球价值链分工对国际贸易摩擦的研究最早见于根据赫克歇尔－俄林理论提出的关于产业和贸易调整理论。该理论假设完全竞争市场中，一国从其他国家进口商品的同时会造成国内相应部门收入降低，并引起国内失业率上升。如果进口的收益小于所受到的损失时，该国就会放弃自由竞争的贸易活动，采取一定措施保护本国的产业，贸易摩擦就不可避免的产生。

波特（Porter，1985）指出，在全球价值链分工的各个环节中并非所有都创造出同等的价值量，部分环节可以创造出远高于其他环节的价值量，为保证其竞争优势，生产商就会采取相应的战略手段来维持其优势地位。格罗斯曼（Grossman，1981）对在分散化生产条件下的有效贸易保护问题进行了研究。克鲁格曼（Krugman，1994）探讨了各个国家或地区参与全球价值链分工的影响，根据不完全竞争市场理论，国与国之间贸易摩擦的主要原因是利己主义。同时，戈莫里等（Gomory et al.，2000）认为，全球价值链分工中的利益分配不平衡性是贸易摩擦产生的根本原因。而全球价值链上的各个环节产生的附加值不同则是造成利益不平衡的原因。诺古雷亚（Nogurea，2012）借助引力模型对附加值贸易研究发现，光是附加值的出口的双边贸易成本弹性就占总出口的2/3。开普林斯基和莫里斯（Kaplinsky and Moris，2001）认为，公司不光可以依靠自己的硬实力，而且也可以通过品牌宣传、商业信誉等软实力进入贸易门槛较高的价值链环节，获取高额利润。而发展中国家通常并无这些优势，只能是进入竞争激烈、利润率低的价值链环节，正因全球价值链分工中的利益很不平等，这就会使发达国家和发展中国家容易产生贸易冲突。对于离岸外包的形式下，费恩斯特拉和汉森（Feenstra and Hanson，1996）指出，低技能的劳动者无论身处发达国家还是发展中国家，等待他们的都是相对工资水平下降的结果。萨缪尔森（Samuelson，2004）认为这无疑减少了发达国家的就业，国内就业矛盾的扩大又会使国内出现各自问题，贸易福利受到负面影响，最终会引发贸易争端。

赵放和冯晓玲（2006）、蒲华林和张捷（2007）认为，我国因贸易顺差引起的贸易争端主要是国际产业转移、价值链分工与贸易共同影响造成的。蓝庆新（2007）认为我国在全球价值链分工地位提升，引起他国不满才是贸易摩擦频发的根本原因。吴韧强和刘海云（2009）认为，产品竞争力的增强将单方面地提升贸易摩擦规模，产品差异化的扩大将带动贸易摩擦的全面升级。余永定（2010）认为，发展中国家对目前占据分工领导地位国家的挑战会引发贸易冲突。蒲华林和张捷（2012）认为，中国激增的贸易顺差是价值链分工的副产品，掩盖了产品价值真实的国际分配。而张云等（2007）认为在全球价值链分工条件下相关国家之间存在相互依赖和利益的联系，从而会降低贸易摩擦的发生。戴翔和张二震（2014）则认为贸易摩擦是国与国之间利益日益激烈冲突的必然趋势，应该从互利共赢的角度来探索减少贸易摩擦的方法措施。

2.5.2 全球价值链分工与国际贸易摩擦的产生机制

首先，全球价值链分工改变了主导分工的主体，对国际分工具有深远的影响。范文芳（20008）指出，跨国公司已经成为国际分工的重要组织者，并且跨国公司已经取代了各国政府成为国际分工的主体。同时，一些跨国公司因处在一体化生产体系的核心位置，为了维持其垄断地位，会对某一特定的部门和行业进行控制。显然可以看出，国家分工已经转向了产品和企业内部，早已跨过了行业和国家的界限。刘志彪（2004）认为，在全球价值链分工中，各国企业可结合自身的特点，依靠绝对优势，集中已有资源投入全球价值链的某一环节中。从而可在全球价值链分工中获得收益。余振等（2018）发现中国与贸易伙伴国的 GVC 分工地位越相近，产生贸易摩擦的频率越高，而 GVC 参与度的提高则可以缩短贸易摩擦持续时间。黎峰（2019）认为中美贸易摩擦不断升级的原因在于，中国制造业在 GVC 分工中竞争力的不断增强以及中国对于全球生产网络依赖度的加深。

其次，全球价值链分工对利益分配机制的改变，一些学者也提出了不少观点。朱有为和张向阳（2005）指出：一国在全球价值链分工中所处的环节往往决定于该国在国际分工上的地位。例如，营销或技术环节具有较高的附加值，而处在该环节的国家在国际分工中就占据优势地位。曹明福和李树民（2006）认为，发达国家的跨国公司可凭借其在生产环节的低成本优势，以及具有创造技术的核心竞争优势，可取得较高的附加值。蒋亚杰（2009）通过对微笑曲线的分析发现，产品的加工、制造处在价值链中端，附加值较低，而如产品的设计研发、金融营销等处在价值链两端，具有较高的附加值，利润更高。

最后，全球价值链分工改变了国际竞争的焦点。郎咸平和渝京（2009）总结出"6+1"理论，以此解释了各国家和地区尤其是发达国家和地区在进行产业升级时总是倾向于向价值链两端延伸，以获得对分工主导权的维护和争夺。最终会导致发达国家占据价值链的最高端，而发展中国家沦落到价值链的最低端。

全球价值链的兴起与发展推动了全球中间品贸易的繁荣发展，相对于传统的最终品贸易，中间品贸易给全球价值链参与者的就业、社会福利等方面带来的影响更为复杂。特别地，作为世界第一、第二大经济体，中美贸易对两国劳动力市场、社会福利的影响吸引了不少学者和政府工作人员的极大关注，有的研究结论为2018年爆发的中美贸易摩擦提供了支撑。在全球价值链分工下的利益增进方面，韩晶（2008）指出发达国家通过整合和控制全球价值链，可以获取两方面的收益：一是获取"经济租"；二是获取"生态收益"。目前对发展中国家可获取的收益，普遍在以下五个方面达成了共识：一是提升出口能力；二是促进企业成长和产业结构升级；三是获取诱发性和强制性制度变迁效应；四是增加投资、扩大投资；五是增加就业、提高劳动力素质。而在全球价值链分工下的利益减损方面，对发达国家的影响可以总结为四个方面：一是发达国家对全球价值链分工的控制力下滑；二是国际收支失衡；三是产业空心化，国内学者李东阳（2000）和盛毅（2003）进行过相关阐述；四是失业率提高。对于发展中国家的影响的研究学者们则显示出更高的热情。黄烨菁（2003）认为，从实质上说，发展中国家利用加工贸易来参与全球价值链分工是一种被动的产业发展政策，发展中国家仍然处于国际分工的低位置，与半个世纪前的初级产品与加工产品之间的等级差别相比没有根本上的改变。卢根鑫（1997）通过数据统计，指出发展中国家引进发达国家技术困难重重，具有明显的"低端锁定效应"。王允贵（2004）和贾怀勤（2004）通过对发展中国家的跨国公司的子公司的生产贸易方式分析，也相继指出发展中国家净贸易条件持续恶化，发展中国家为虚假繁荣下的贫困化增长。许莎雯（2010）针对我国2004年"大豆危机"指出，发展中国家参与全球价值链分工常常受到产业安全和国家经济安全两大威胁。此外，其他一些学者还认为全球价值链分工模式中体制导致发展中国家常常处于被动地位。

2.5.3 全球价值链分工对国际贸易摩擦的影响

通过对文献的梳理，目前学者关于全球价值链分工对国家贸易摩擦的影响，主要是从广度和深度两个方面来进行分析讨论。通常来讲，广度影响主要是考虑贸易摩擦的范围，包括对贸易摩擦主体变化的影响、对国际贸易摩擦对象扩张的影响、对国际贸易摩擦中心国家位移的影响等；深度影响则是从贸易摩擦影响的力度分析，主要包括国际贸易摩擦对象错位、手段升级、重心变化及影响力扩大等方面的影响。

针对广度影响相关的研究，宋春子（2014）通过对 WTO 贸易摩擦立案数据整理分析指出，虽然目前发达国家仍是国际贸易摩擦的主要发起者，但以新兴经济体为代表的发展中国家却越来越在挑起贸易摩擦上活跃，大有赶超发达国家的趋势。对于国际贸易摩擦对象的扩张认识，首先，由货物贸易为主快速转向货物贸易与服务贸易并重并逐渐向服务业倾斜，从而导致了贸易摩擦由货物贸易领域逐步覆盖到服务贸易领域发展的态势（赵学清、陈冠伶，2008）。其次，全球价值链分工令国际贸易摩擦的焦点转向附加值较高的产品。最后，全球价值链分工令贸易摩擦与投资摩擦、制度摩擦等紧密结合（徐清海，2008）。针对国际贸易摩擦对中心国家位移的影响，潘悦（2006）指出，全球范围内完成了三次产业转移的浪潮，目前正在进行第四次产业转移。吕剑亮（2014）指出，贸易摩擦的对象已由传统的产品转向服务。发达国家也在借助技术优势，肆意打压他国的经济发展，贸易摩擦的广度不断扩展。

针对相关深度影响的研究，赵学清和陈冠伶（2008）指出国际贸易摩擦重心发生了变化，在全球价值链分工的模式下，国际贸易摩擦不仅仅再局限于货物贸易领域，而是更多在服务贸易、知识产权等领域及政策制度等方面展开争夺。李丽（2013）在分析美国针对我国出口的苹果汁和蜂蜜等产品所用的贸易抵制手段之后指出，各国之间的贸易摩擦，如投资摩擦、体制性摩擦等，并不只是单独发生，要么以某种摩擦方式为主，其他摩擦伴随发生，要么交替发生，甚至会出现同时发生。与之相对应的是，当各国遭受贸易摩擦时，所采用的贸易救济措施也不止一种，更多的是相互配合、交替使用。可以看出国际贸易摩擦快速发展为复合性摩擦。此外，其他学者也总结出国际贸易摩擦手段升级、国际贸易摩擦对象错位、国际贸易摩擦的影响扩大等一系列深度影响。

第 *3* 章

资本的空间生产与国际贸易

3.1　马克思资本限度及空间生产思想

　　马克思恩格斯考察资本主义"生产的国际关系"绝非是站在个别的资本主义国家的视角，而是用全球的眼光来对资本主义"生产的国际关系"进行剖析。在资本主义社会，资本的空间生产本质上就是资本主义生产关系的空间生产。首先，马克思恩格斯预见了资本主义生产方式向全球扩张的"全球化"景象。从这一点来看，我们毫不夸张地认为，马克思恩格斯是最早从理论上阐述全球化问题的思想家。尽管那个时代的全球化与当今所讨论的全球化是不可同日而语的，无论从内容上还是从广度和深度上来看，二者之间有着十分巨大的差别。但是，这并不能否认马克思和恩格斯在全球化问题上的重要理论贡献。其次，马克思恩格斯揭示了资本主义生产方式全球化的根本动力在于资本积累。资本积累是资本主义竞争的主要形式和内容。贪得无厌地追求剩余价值的本性促使资本主义条件下的激烈竞争，更驱使着资产阶级不断突破区域的、民族的和城市的藩篱与局限，突破国家的界限，逐渐形成了资本主义的全球性经济。资本积累促进了资本主义经济发展，但无序的竞争最终又导致了资本主义经济的危机。危机刚开始表现为个别资本主义国家的经济危机，最终则发展为政治、经济、社会等的资本主义世界体系的总危机。

3.1.1　资本积累的限度

在分析资本主义再生产的过程中，马克思发现了资本主义再生产的一条重要规律，资本主义利润呈下降趋势的规律。马克思是通过分析资本有机构成来揭示这一规律的。在资本主义生产的资本有机构成中，剩余价值率成为决定利润率的一个因素，剩余价值率所反映的是劳动剥削程度。在劳动剥削程度不变的情况下，随着不变资本的增加，总资本价值量也会增加。而利润率是剩余价值与总资本的比率，在总资本价值量增加时，利润率就会变小。马克思指出，在资本主义生产中，"所使用的活劳动的量，同它所推动的对象化劳动的量相比，同生产中消费掉的生产资料的量相比，不断减少。所以，这种活劳动中对象化为剩余价值的报酬部分同所使用的总资本的价值量相比，也必然不断减少。而剩余价值和所使用的总资本价值的比率就是利润率，因而利润率必然不断下降"①。

那么，在单个的资本主义国家内部，利润下降的趋势是否能克服呢？马克思反复强调，造成利润率下降趋势的同一些原因，也阻碍这种趋势的实现。但这并不意味着利润率下降的趋势在一国内部的资本主义生产中能够得到克服。马克思只是说，"造成利润率下降趋势的同一些原因，在这里又会产生一种和这种趋势相反的对抗力量，或多或少地抵消这种趋势的作用"②。值得注意的是，马克思所讲的是或多或少而不是说"完全"。对此，马克思是这样分析的："如果一个工人被迫完成按理要两个工人才能完成的劳动，而如果这是在这个工人能代替三个工人的条件下发生的，那么，他所提供的剩余劳动就和以前两个工人提供的一样多，这样，剩余价值率就提高了。但是一个工人提供的剩余劳动不会和以前三个工人提供的一样多，因此剩余价值量减少了。"③ 在这里我们可以用"在一定程度上"来理解马克思所说的"或多或少"。另外，资本家克服利润率下降的趋势还试图通过技术或改良生产方式来克服。当然，正如马克思所说的，一个

---

① 马克思. 资本论（第3卷）［M］. 北京：人民出版社，1975：255.
② 马克思. 资本论（第3卷）［M］. 北京：人民出版社，1975：263.
③ 马克思. 资本论（第3卷）［M］. 北京：人民出版社，1975：264.

采用经过改良的但尚未普遍推广的生产方式的资本家，可以低于市场价格，但高于他的个别的生产价格出售产品，因此，他的利润率会提高，直到竞争使其平均化为止，在这个平均化期间会出现另一个必要的条件，即所投资本增加；根据所投资本增加的程度，资本家现在能够在新的条件下，使用他从前雇佣的工人的一部分，也许是全部，或者是更多，而能够生产出同样大或者更大的利润量。然而，在资本主义生产激烈竞争的条件下，经过改良的生产方式很快就会得到普遍推广，或者说利润率的平均化过程是很快的过程，利润率下降的趋势很快会出现。所以，利润下降的趋势在一国内部资本主义生产过程中是难以克服的。

马克思在分析资本的本性时就指出："作为财富，作为财富的一般形式，作为起价值作用的价值而被固定下来的货币，只是一种不断超出自己量的界限的欲望：是无止境的过程。"而资本就是在这种欲望的驱使下，不断进行增值扩张、推动整个社会生产力不断提高。作为一种无限制扩张运动，资本自产生以来就以惊人的速度在时间和空间两个向度展开。在这个过程中，资本一是不断扩大流通范围，二是在一切地点把生产变成由资本推动的生产，正是在这两种趋势下，资本可作为独立的力量，奠定了资本运动从一国走向世界的基础。资本走向世界后，其竞争的角逐场就从国内变为国外。

资产阶级在全球范围内对作为财富的一般形式——货币的追逐欲望是永远得不到满足的，在欲望驱使下，必定会在全世界范围进行扩大再生产以积累资本。在早期，相较于较大的市场，资本家之间的竞争显得不是那么激烈，而随着越来越多的资本涌入全世界各个角落，有限的市场和无限的资本两者之间的矛盾便显露出来，在那之后，随着时间发展，矛盾也会愈演愈烈，直至不可调和的矛盾出现。资产阶级从来就不会满足于自身资本被限制于一国有限的范围，资本的使命之一似乎就是走向世界，通过资本化走向世界而攫取更多资本。在这个过程中，资产阶级首先是借助于生产工具的改进，寻找新的海外市场。例如，欧洲从 15 世纪开始，为了实现商品经济的发展和原始资本积累的需要，历经麦哲伦、哥伦布、达·伽马等人的艰难探索后，终于找到通往亚洲的通道，打开了亚洲市场，并发现了美洲大陆等新兴市场。而为了让资本能稳固在其他地区"生根发芽"，资产阶级就借助于其价格低廉的商品输出，将资产阶级的生产生活方式输出到各地，按照它自己的面貌为自己创造一个世界。资产阶级为达到目的，不惜运用野蛮、暴力的手段迫使其他民族认同并实行它的文明。使其达到"未开化和半开化的国家从属于文明国家，使农民的民族从属于资产阶级的民族，东方从属于西方"。从根本上说，一切从属于资本。

3.1.2 国际贸易对缓解资本积累限度的重要作用

资产阶级为了扩大再生产必须进行资本的积累和集中，这就客观要求资本运动的加速和资本流通速度的提高，其原因在于，资产阶级主导的资本主义社会，阶级的对立相对简单。当资本进入全世界各个领域，迫使别国资本化后，此时建立起的贸易秩序，无论是本国内部抑或是国与国之间，都只是为了资本增值这一共同目的。在这种秩序的支配下，整个社会就会分为拥有资本进行商品的资产阶级和除自身劳动力以外一无所有的无产阶级。两个阶级天然对立，无产阶级受到资产阶级的无情压迫、奴役和剥削。显然，这种不平等、不公正的全球贸易体系是不可能长久稳定下去的。马克思则指出，"生产的不断变革，一切社会状况不停地动荡，永远的不安定和变动，这就是资产阶级时代不同于过去一切时代的地方"。[①]

对外贸易是马克思、恩格斯考察资本主义生产和再生产的一个重要视角。因为，正是资本主义的发展以其无限的扩张力把商品经济关系推向全世界，它打破了一切民族和国家的界限，使剩余价值规律向国际化发展。商品生产和发达的商品流通，即贸易，是资本产生的历史前提。世界贸易和世界市场在 16 世纪揭开了资本的近代生活史，而"创造世界市场的趋势已经直接包含在资本的概念本身中"。[②] 资本主义商品经济的发展，改变了原来各国各民族的封闭经济状态，各经济体的交往也越来越紧密，更加相互依赖。使得生产的商品不仅仅是满足于自身的需要，而是更多为了贸

---

① 马克思恩格斯选集（第 1 卷）［M］. 北京：人民出版社，1972：254.
② 马克思恩格斯选集（第 23 卷）［M］. 北京：人民出版社，1972：167.

易的需求，具有全球性、世界性。这表明，一方面，资本主义商品经济向国际范围的扩张，形成了国际经济贸易关系，它体现了资本家对剩余价值的无限度追求，反映了资本主义生产方式本质上是一种世界性的生产关系；另一方面，国际经济贸易的发展，反映生产社会化和商品经济发展的客观要求，这是社会大生产和现代商品经济发展的普遍规律。

贸易是资本产生的历史前提，对外贸易则是资本主义生产得以继续维系的条件。马克思曾经指出："资本主义离开对外贸易是根本不行的。"原因就在于：其一，资本主义的大机器生产需要从国际市场获得原料（包括生产性原料和生活资料）。当一国缺乏需要的生产资料或生活资料时，倘若本国不能生产或找到有效的替代品时，那么就不得不通过贸易从外国购买。其二，资产阶级为了满足追逐剩余价值的欲望，也乐意将其生产的产品到国际市场上进行贸易交换。如果一国不将剩余产品进行销售，则剩余产品只能以普通实物的形式被"浪费掉"。同时，生产部门的结构和数量差异也会制约商品在市场上进行交换的范围，而当进行对外贸易时，这种制约将不再存在。可以看出，在马克思、恩格斯的研究中，对外贸易在资本主义生产和再生产过程中占据着十分重要的地位。"资本作为无限制地追求发财致富的欲望，力图无限制地提高劳动生产力并且使之成为现实"，从而也就通过对外贸易和世界市场来达到这一目的。资本的扩张随之而来的是经济要素的跨国流动，经济要素的跨国流动促进了生产的国际化；而生产的国际化反过来又促进经济因素国际化过程的进一步深化，从而形成统一的世界市场并将各国的经济联结为一个整体。

资本追求剩余价值的目的促使资本家不断扩大生产规模，加快资本积累，而不断增长的积累达到一定程度以后，资本主义生产的利润率开始下降。于是，小资本就会被迫走上冒险的道路，从而导致资本过剩。所谓的资本过剩实质上总是指那种利润率的下降不会由利润量的增加得到补偿的资本——新形成的资本嫩芽总是这样——过剩，或者是指那种自己不能独立行动而以信用形式交给大经营部门的指挥者去支配的资本的过剩。正如前文所述，国外能够提供更高的利润率，所以资本输出就成为一种必然。当然，马克思指出，资本输出这种情况之所以发生，其原因不在于资本在国内已经绝对不能使用，而是因为其在国外使用能获得更高利润率。当绝对过剩的资本输出之后，会开拓更广阔的国外市场。资本主义在经济、政治、生态等领域所受的限制，都只是资本主义历史局限和总体危机的一部分，具有个别、局部、偶然的特性。而资本主义的历史局限则是总体的、系统的和普遍的。

3.1.3　分工与国际贸易

分工扩展到国际范围而形成国际分工之后，随着生产力的进一步发展，国际分工继续不断扩展，越来越多的国家和地区被卷入到国际分工之中，而且表现出分工不断深化的趋势。特别是因追逐剩余价值而广泛使用大机器和新技术所导致的生产力突飞猛进的发展，大大促进了生产的国际化和专业化，从而使国际分工进一步深化。同时，国际分工的形式也随着国际分工的发展而不断变化。传统的国际分工是以自然资源为基础，如今是以技术条件为基础；传统的国际分工以前以产品为界限，如今以生产要素为界限；传统的国际分工在产业部门之间进行分工，如今在产业部门或产品内部进行分工。可以看出，如今的国际分工呈现出市场范围更大、产品领域更细小、分工责任更明确等特点。国际分工的深度和广度同时决定着国际贸易的规模、范围、方式和速度。但是，不管是什么形式的分工，资本主义条件下的国际分工都不外乎表现为两种形式：一是把外国的原材料市场和销售市场纳入本国的社会分工体系之中；二是原材料生产国在外部强制之下而形成的适应发达资本主义国家需要的国民经济体系，成为先进国国际分工体系的国际延伸部分，从而依赖和从属于发达资本主义国家。这也被称为资本主义国际分工的"两重性"。不过，资本主义条件下的国际分工还具有另外的"两重性"：一方面，资本主义国际分工反映了生产力发展的客观要求，国际分工打破了落后国家闭关自守的状态，消除了民族隔阂，把各个国家在经济上联合起来，促进了包括落后国家在内的生产力的发展和文化科学技术的进步；另一方面，工业发达的资本主义国家利用国际分工，把资本主义剥削制度扩大到国外，利用自己在科学技术和资本等方面的优势，建立资本控制下的国际秩序，并通过对外贸易的方式（同时也包括战争）来剥削和掠夺落后国家。

国际分工是对外贸易的基础，但对外贸易的发展反过来又深化了国际分工。国际分工和国际贸易相互推动，使国际资本主义生产方式得以确立。对外贸易的超额利润无疑来源国际分工形成的、专业化协作所产生的利益。对外贸易不仅通过扩大市场来扩大企业内部分工协作的范围，而且通过企业纵向集中和横向融合，推动企业内部分工协作的深化，从而在世界范围内收获分工协作的额外利益。但是，国际分工使专业化生产企业又形成孤立和分散状态。然而，国际市场化协作则通过贸易、投资等手段形成了市场化的国际协作，从而把社会分工所形成的孤立、分散的专业化生产企业或单位连接起来，构成了社会化大生产的宏观内存。在这种情形下，国际分工又朝着进一步深化的趋势发展。马克思也认为，资本主义生产方式的早期是对外贸易扩张的基础，但随着不断地发展，由于对外贸易扩张存在其必然性，所以它又成为自身结果。也就是说，对外贸易在促进国际分工深化的前提下促进了资本主义生产方式向前发展。

3.1.4 马克思对自由贸易的认识

马克思、恩格斯对当时的贸易保护理论和所实行的保护关税制度进行了批驳，但也对自由贸易并非完全赞同。马克思、恩格斯阐释了在资本主义社会之下，资本的自由就是资产阶级自由贸易的实质，并毫不留情地指出，这种自由是压榨工人的自由，而所谓的自由贸易，无非就是将阻拦资本自由活动的障碍排除罢了。

马克思、恩格斯认为在某些方面自由贸易可以增进工人的福利，首先体现在自由贸易可以增加对工人的需求，这是因为在自由贸易下，各国生产力得到迅速发展，财富、生产资本的积累又会反过来促进生产的扩大。在此之下，工人的价值，即工资会得到提高。所以马克思说，"资本的扩大是对工人最有利不过的事"。但是工人的命运是否随着生产的发展而得到改变，生活变得更好呢？马克思的答案是否定的。随着资本进一步扩大，资本的有机构成提高，导致人口相对过剩，工人之间激烈的竞争导致失业问题严重，资本家趁机又会压低工资，资本家们获得廉价劳动力。更详细地解释就是，随着生产资本的扩张即资本的积累和积聚，资本家之间为了获得更大的竞争力，纷纷购置大机器进行生产，原先掌握熟练技术的工人变得和普通工人并无两样，其议价能力就会降低。同时，一些小资本家也会因为竞争不过大资本家而破产，丧失生产资料，从资本家沦为劳动者。在多种原因共同作用下，工人之间的竞争也就加剧了。资本家自由地挑选廉价工人进行生产活动，就是自由贸易赋予资本的第一大自由。

资本家自由地压低工人工资，这就是自由贸易赋予资本的第二大自由。恩格斯在对英国工人阶级状况进行调查研究后也指出，英国在工业革命之后，资产阶级已经成为国家利益的代表，迫切地需要自由贸易，扫除工业生产上的一切障碍以获取巨大利益，于是就会积极地让英国政府改革其国内外的贸易政策，改革的核心在于关税率和关税制度。资本家需要达到最主要的目的在于，减少一切生产成本，包括原料费用和工人工资。可以看出，在保护关税制度下，资本家是通过垄断商品的价格来追逐更多剩余价值，更大程度剥削工人阶级；而在自由贸易条件下，资本家不仅可以在其他国家获得超额利润，而且还会导致工人阶级之间竞争更加激烈，从中谋取更大利益。这种不断扩张的生产方式，只会受到原料和销售市场的两方面影响和限制。就原料作用而言，机器直接引起原料的增加，如炼钢炉使钢铁生产增加；在资本向外扩张后，通过在他国的"生根发芽"，又会占据别国原材料促进本国的生产。例如，印度的棉花、大麻、羊毛等就成为英国的生产原料。为确保原材料供应量和价格的稳定性，工业国家会尽可能将外国变为殖民地，自己拥有宗主国的地位。对于市场作用来说，在新的以适应机器生产为目的的国际分工形成后，主要将世界分为生产生活资料的地区和生产资料的地区，这样全新的世界市场会将全世界各国的人民都卷入贸易网络之中，形成新的全球贸易秩序，资本主义制度变得具有国际性。在这样的全球贸易秩序中，不同国家的资产阶级所处的地位并不是同等的，也就意味着分配的贸易利益也是不同的，常常表现为发达国家剥削发展中国家，富裕国家剥削贫穷国家，慢慢就会发展成为，一国凭借其地位优势，可以源源不断占据别国的剩余价值，交换中不用付出任何成本。这种惊人的剥削在工业国与农业国、发达国家与落后国家的经贸往来中，不仅过去存在，而且也将伴随未来。详细地讲就是，资产阶级的原始积累除了来自本国，也来自对落后国家的殖民掠夺；在资本主义发展时期，在不合理的分工条件下又进行间接剥削，迫使落后国家屈服本国所制定的国际贸易规则，参与进这个畸形的全球贸易体系。虽然在一定时期内可攫取高额的利润，但对整个资产阶级未来的利益却形成了桎梏。对此现象，马克思直接指出，"自由竞争在一个国家内部所引起的一切破坏现象，都会在世界市场以更大的规模再现出来"。资本在自由贸易的背景下可以打破民族之间的界限，使资产阶级能对无产阶级自由剥削，与此同时，二者对立的范围也由一国变为全世界。

因此，马克思、恩格斯认为，"自由贸易是现代资本主义生产的正常条件。只有实行自由贸易，蒸汽、电力、机器的巨大生产力才能够获得充分地发展"。此外，恩格斯在对自由贸易政策对英国发展的研究中指出，自由贸易让英国的工业垄断地位前所未有的牢固，其原因就在于废除了食品和原料的保护关税。

3.1.5 资本的空间生产

目前，资本生产主要在地理、社会和思想三维方向上进行空间扩张。从地理空间上，几个世纪的资本国际化和全球化进程就是资本生产扩张的过程。几个世纪以来，资本主义从最早萌芽的一个国家——意大利，后来经新航路的开辟不断发展传播到世界各个国家。资本主义的大工业生产方式，不仅推动了全球范围内的商业、航海业和陆路交通业等发展；而且构建了全球贸易体系，通过商品贸易往来，形成了全球化的生产和消费方式。马克思指出，"资本一方面要力求摧毁交往即交换的一切地方限制，夺得整个地球作为它的市场，另一方面，它又力求用时间去消灭空间，就是说，把商品从一个地方转移到另一个地方所花费的时间缩减到最低限度。资本越发展，从而资本借以流通的市场，构成资本空间流通道路的市场越大，资本同时也就越是力求在空间上更加扩大市场，力求用时间去更多地消灭空间"。由此可以看出，资本通过不断扫除地理空间障碍以获得更多生存发展空间。地理空间上的向外扩张主要动力就来自对追求无限资本的欲望。

但是自然条件又对资本生产在地理空间上的扩张形成了客观限制，包括绝对限制和相对限制两种。绝对限制指的是资本生产在自然、地理上难以克服的障碍，例如，资本主义生产扩张虽然能遍及五大洲，但诸如南极洲这类人类难以生存的地区始终没办法到达。而相对限制的内涵就更加丰富，由于资本总是优先到达利润率较高的地区和其他领域，由于造成了当今世界范围普遍存在的城乡差距、区域差距、南北差距等，这些差距最终会阻碍资本的进一步扩张。从根本上来说，资本来到世上唯一的使命就是不断进行增值，其过程所带来的社会生产力提高、社会文化繁荣等不过是副产品，在此之下还隐藏着劳动剥削、悬殊差距等罪恶事实。

从社会空间上看，资本生产不断入侵、改变甚至支配社会诸多领域，出现了"资本化"的现象和趋势。这些现象主要体现在对生活要素的资本化，社会多领域出现一些资本概念。在马克思生活的 19 世纪，那时候资本主义正在如火如荼地发展，马克思已经注意到资本的金融化开始出现，并在《资本论》中对虚拟资本和与之相应的实体资本进行了论述。为了分析资本主义的生产方式，也引用了如物质资本、货币资本、不变资本、可变资本等概念。随着历史不断的演进，资本生产也更加专业化、精细化，从而演化出政治资本、人力资本、文化资本等概念。虽然这些概念并不一定遵循经济规律和原则，如"人力资本"将劳动力看作是资本一部分，这显然不符合现代经济学的判断，但其背后的逻辑却是显示出资本在政治、劳动和文化等领域的扩张，这也表明资本也绝不会单单满足于在经济领域的影响。

资本生产在思想空间的扩张同样不可忽视，思想空间和社会空间具有很强联系。从宏观经济学上看，资本生产的扩张体现在不少理论学说为资本和整个资产阶级辩护。例如，新自由主义就强调自由贸易的重要性，而且主张回到古典自由主义，对自由放任的市场经济大为鼓吹。市场调节方面上，反对国家的过多干预，将经济调节更多地依赖于市场"看不见的手"的力量。反对公有制，赞成私有制，以保护产权为核心的私有化成为其主流观点。从微观层面上来看，如同在社会空间的扩张类似，也表现为资本概念的创造和传播，不同在于是在思想领域的影响，而非生活实践上。自 20 世纪以来，不断出现"智力资本、道德资本、心理资本"等词汇，这就表明，资本的逻辑持续入侵着大众的精神和心理等方面，资本已经打破了人与物的界限。

马克思、恩格斯在《德意志意识形态》中，首先阐述了对外贸易与世界市场对资本主义生产方式形成的促进作用，并指出："各民族的原始封闭状态由于日益完善的生产方式、交往以及因交往而自然形成的不同民族之间的分工消灭得越是彻底，历史也就越是成为世界历史。"① 只有在这个时候，交往才由地域性的交往转变为国际性的交往，联系才由偶然性的联系转变为普遍性的联系，市场才由区域性市场转变为世界性市场。在《共产党宣言》中说，"不断扩大产品销路的需要，驱使资产阶级奔走于全球各地。它必须到处落户，到处开发，到处建立联系"。② 可以看出马克思、恩格斯关于世界市场的思想就更为具体。世界市场的开辟，使世界各国的生产和消费都具有世界性，孤立和相互隔绝的民族历史永久退出了历史舞台。其次，阐述了世界市场对资产阶级的发展具有重要的促进作用。"美洲的发现、绕过非洲的航行，给新兴的资产阶级开辟了新天地。东印度公司和中国的市场、美洲的殖民化、对殖民地的贸易、交换手段和一般商品的增加，使商业、航海业和工业空前高涨而使正在崩溃的封建社会内部的革命因素迅速发展"。③ 正是因为有了外部广阔的市场，资产阶级才有机会追逐到更大的资本增值。再次，阐述了资本的运动性和扩张性从而揭示资本开拓世界市场的目的，就是要"按照自己的面貌为自己创造一个世界"。也就是说，资本的目的就是为了实现自身的最大增值，而为了实现这个目的，资产阶级社会任务就在于建立世界市场和以这种市场为基础的生产。最后，阐述了资产阶级在拓展世界市场的过程中实际上是在准备更全面更猛烈的危机。马克思认为，由于资本主义在开拓世界市场的同时也在消灭已经造成的社会生产力，当社会的生活资料、商业和文明都高度发展时，生产力已经不能再促进资产阶级的文明和生产关系的发展，反倒是生产关系制约了生产力的发展。资产阶级为了解决这个矛盾，只能是"一方面不得不消灭大量生产力，另一方面夺取新的市场，更加彻

---

① 马克思恩格斯选集（第1卷）[M]. 北京：人民出版社，2009：540.
② 马克思恩格斯选集（第1卷）[M]. 北京：人民出版社，1995：276.
③ 马克思恩格斯选集（第1卷）[M]. 北京：人民出版社，2012：161.

底地利用旧的市场"。

正是由于完善的生产方式、交往以及因交往而自然形成的不同民族之间的分工消失而开拓了世界历史，导致了这些国家都不能脱离世界而发展，本国所需也必须依托世界市场贸易获得。随之而来的则是，规模不断扩大的劳动过程的协作形式日益发展，科学日益被自觉地应用于技术方面，土地日益被有计划地利用，劳动资料日益转化为只能共同使用的劳动资料，各国人民日益被卷入世界市场网，从而资本主义制度日益具有国际的性质。不过，马克思所说的世界市场有狭义、广义的世界市场之分。狭义世界市场是我们通常所指的市场交换场所，是世界各国通过互助合作和贸易往来建立起来的商品交换的领域，是资本主义交换关系突破国家界限扩大到世界范围的结果，而且资本主义生产每天都在不断突破这种界限。广义世界市场则是指世界规模的资产阶级经济社会的整体，是"资产阶级社会超出国家的限制"，在世界规模上发展形成的资产阶级社会。这时候，国内的生产关系"以其世界市场的形式出现"，国内的资产阶级的生产关系就发展成为"生产者国家的关系"。创造世界市场的过程正是资本主义生产方式走向全球的过程。资产阶级之所以能够在其统治的不到一百年时间中所创造的生产力比过去几百年所创造的生产力还要多、还要大，就是因为资本到处落户、到处开发、到处建立联系，资本开启了一个全球化的过程，而反过来世界市场又为资本主义生产提供了更大的空间，使资本主义生产利润率下降的趋势得到一定程度地缓解，从而也就是资本主义生产和再生产能够继续维持下去。否则，资本主义生产关系会因无法突破国家界限而早就瓦解了。

3.1.6　资本空间生产条件下的国际价值分配

不过，马克思、恩格斯提出国际价值的概念并非仅仅是用来衡量"不同国家在同一劳动时间内所生产的同种商品的不同量"，而是通过国际价值揭示资本主义生产国际化过程中富国是怎样剥削穷国的，进而阐述落后国家被纳入资本的"文明进程"以后人民的灾难更为深重的情况。当然，关于国际交换是否存在着国际剥削，学术界一直是有争议的。一种观点认为，在资本主义发展的不同阶段资本具有不同的国际运动形式。自由竞争阶段的特征是商品输出。垄断阶段可分为两个时期：在一般垄断条件下以证券投资为主要形式的借贷资本输出具有典型性；在国家垄断条件下生产资本输出成为资本国际剥削的坚实基础。因此，这种观点认为，不等价交换就会产生国际的价值转移，并由此产生国际剥削，国际剥削的主要表现是经济发达国家对落后国家的剥削，或者说是富国剥削穷国。另一种观点认为，不等价交换与剥削是两个不同的概念。第一，等价交换和不等价交换是流通过程中讨论的问题，流通中的不等价交换是再分配范畴的内容，是买卖双方之间的关系。第二，剥削是生产过程中分配范围的内容，是资本与劳动的对应关系。显然，可以加以区别的是，不等价交换是再分配过程，剥削是初次分配过程。因此，不能简单地说，不等价交换就是剥削。这种观点认为，按照马克思的经济理论，剥削被严格地限定在一个明确的范围。资本无偿占有剩余价值。国际剥削可以有两层含义：一是世界资产阶级剥削世界无产阶级；二是国际贸易的特定阶段，如宗主国与殖民地关系阶段中，互惠贸易界限之外的交换。依据政治力量实现的不等价交换，最好用宗主国的资产阶级在剩余利润的再分配过程中，以强权的方式占有较多的利润代替"剥削"两个字。市场经济关系在国际关系中占主导地位之后，这种现象开始消失。因此，国际剥削不是市场经济关系主导下的国际贸易中的典型情况。

3.2 大卫·哈维的资本时空修复思想

3.2.1 资本积累的不均衡发展

领土控制的扩展本身就具有明显的经济后果。从强征贡赋、资本流动、劳动力和商品等角度来看，这可能是积极或消极的。但其与领土控制（不一定需要实际接收和管理领土）被视为资本积累必要条件的情况非常不同。

货物和服务（包括劳动力）的交换几乎总是涉及地点的改变。从最开始，它们就明确描绘出一系列相互交叉的空间运动，后者创造出了一种不同寻常的人类交往的地理学。这些空间运动被地理距离的阻力所限制，并始终如一地在土地上留下了记录这些阻力影响的轨迹，更多时候则使得经济活动以降低这种阻力的方式在空间中聚集起来，而不是相反。从这些跨越空间的相互交换过程中产生了劳动的地域和空间分割（在城市和乡村之间存在的区别是这种分割最为明显的早期形式）。因而，资本主义活动造成了不均衡的地理发展，即便在资源禀赋和物质可能性方面的地理差异并不存在的情况下也是如此，而这些资源禀赋和物质可能性把它们的权重加在了地区和空间的差异性与特殊性之上。受竞争的驱动，个别资本家在空间结构中寻求竞争的优势，因而总是趋向于或被逼迫着向那些耗费更少或利润率更高的地区转移。一个地区的剩余资本可以在那些盈利机会还没有被耗尽的其他地区找到雇佣劳动力。对于个体资本家来说，区位优势所发挥的作用和技术优势相似，并且在特定情况下一种优势可能取代另一种。

与此同时，古典区位理论假定了一种与实际的资本主义行为几乎没有什么关系的经济理性。例如，市场价格（由生产成本与运输成本之和来衡量）把货物抬高到超出消费者购买它的意愿或能力的临界点，根据与这个临界点的径向距离，古典区位理论定义了所谓的"货物的空间范围"。但是货物并不会自动进入市场，这是商人的工作。商业资本家的历史作用势必持续探查和逐渐克服空间障碍，并为贸易开辟新的运动模态和空间。例如，面对本地市场的束缚和高额的运输成本，中世纪的商人们变成了行商，他们在广阔的地域内流动出售自己的商品。正是以完全相同的方式，竞争行为促使破坏性技术转化成强劲推动力，并进入资本主义经济之中（就像个体资本家通过采取更好的技术来寻求竞争优势那样），由此就在资本家寻求优势（如更低的成本）区位的资本主义活动的空间分配中，产生了持续性变动和长期不稳定的状态。资本主义生产、交换、分配和消费的地理景观从未处于平衡状态。因而产生的不平等带有特殊的空间和地理表现，通常体现为特权和权力集中于一些特定地区而不是其他地区。在过去，高昂的运输成本和其他障碍（如关税、通行税和配额限制）意味着很多本地垄断的存在。

3.2.2　资本的空间生产

当然这一过程是从 1492 年甚至更早的时候开始的，那时候，贸易和商业的国际化进展顺利。如果没有自己的"空间定位"，资本主义就不可能发展。它一次又一次地致力于地理重组（既有扩张又有强化），这是部分解决其危机和困境的一种方法。资本主义由此按照它自己的面貌建立或重建地理。它创建了独特的地理景观，一个由交通和通信、基础设施和领土组织构成的人造空间，这促进了它在一个历史阶段的资本积累，但结果仅仅是必须被摧毁并被重塑，从而为下一阶段更进一步的积累让路。

首先，资本主义总有这样的冲动：加速周转时间、加速资本循环并因此使发展的时间范围革命化。但只有通过长期投资（如对人工环境的投资及对生产、消费、交换、交通等精致且稳定的基础设施的投资）才能做到。此外，避免危机的主要策略在于吸收长期项目（如国家在萧条时期发起的"公共建设工程"）中过度积累的资本，这又延缓了资本的周转时间。因此，围绕着不同资本运行其中的时间范围问题就集中了一连串异常的矛盾。历史上，当然现在也不例外，这种张力主要是通过下列两个方面的矛盾表现出来的：一方面，货币和金融资本之间的矛盾（现在周转几乎是瞬间完成的）；另一方面，商业、制造业、农业、信息、建筑、服务及国家资本之间的矛盾。但在各种小集团之间（如流通和债券市场之间或者土地所有者、地产开发商和投机商之间）也会发现很多矛盾。为了在各种资本动态之间进行调整以适应不同的时间节奏，就需要各种各样的机制存在。但是，周转次数和时间的不平衡发展会造成一个不受欢迎的时间压缩，它对资本的其他派系（当然包括资本主义国家内的其他资本派系）会产生强大的压力。由华尔街所设定的时间范围完全不能灵敏地适应社会和生态再生产系统的时间性。

其次，资本主义总是有这样的冲动：消除所有的空间障碍，如马克思所说的"通过时间消灭空间"，但只有通过一个固定空间的生产才能如此。资本主义由此制造了一个（空间关系的、领土组织的、连接在"全球性"

劳动分工和功能分工中的地方体系的）地理景观，与它自己在其特定历史
时刻上的积累动态相称，但那个地理景观最终却还是要被摧毁并改造以适
应稍后时期内的积累，这个过程有许多独特的方面。

3.2.3　资本的时空修复

在相对而言的一个长时段内，在全部资本之中确实有一定量的资本以
某种物质形式被固定在土地上（时间长短取决于其经济和物质寿命）。通
过国家投入，某些社会支出（如公共教育或医疗保健系统）也会区域化，
并且在地理上变得稳定下来。另外，空间—时间修复是一种隐喻，指的是
通过延迟时间和地理扩张来化解资本主义危机的一种特定方案。

空间的生产、全新的区域性劳动分工的组织、更便宜的新资源综合体
的开发、作为资本积累动态空间的新地域的开拓，以及资本主义的社会关
系和制度安排（如有关合同和私有财产的规则与安排）对先前存在的社会
结构的渗透，都为吸收资本剩余和劳动剩余提供了重要的途径。然而，这
样的地理扩张、重组和重构通常会威胁到已经固定在空间中（嵌入土地）
但还没有实现的价值。这一矛盾不仅不可避免，而且还会不断重复出现，
因为即便新的地域有效发挥作用的话，它们也需要投入在物质性基础设施
和已构建环境之中的固定资本。沉淀在一个地方的大量固定资产投资对其
他任何地方的空间修复能力来说都是一个拖累。

然而，这些矛盾产生于空间—时间转换的动态过程之中。如果资本和
劳动力的剩余存在于特定的区域（如一个国家或一个地区）之内，并且无
法在其内部被吸收（或者通过地理调整，或者通过社会支出），那么它们
就必须被送到其他地方以找到能使其实现营利的新地域，如果不想让它们
贬值的话，这种情形能够以多种方式呈现，任何地方都能够找到吸收剩余
商品的市场。但是资本和劳动力剩余被送到的地方必须具备支付方式，如
黄金或货币（如美元）储备或是可以进行贸易的商品。剩余商品被输出，
而货币或商品则流回。但这也只是在短期内缓解了过度积累的难题（它不
过是把剩余从商品转换为货币，或者是转换为不同类型的商品，尽管在通
常情况下，这些不同类型的商品往往都是较为廉价的原材料或其他生产性

投入，但它们都能够开辟新的营利机会）。如果某区域没有黄金或货币储备，或者没有可用于交易的商品，那么它就必须或者找到它们（就像英国在 19 世纪强迫印度所做的那样，通过在印度种植烟草并与中国开展鸦片贸易，从而攫取中国的白银），或者赊账，又或者得到援助。在第三种情况下，某个国外的区域会给国内贷款或捐助货币，以使国内利用这些货币来购买本土生产的剩余商品。英国在 19 世纪对阿根廷就是这么做的，而日本在 20 世纪 90 年代的贸易剩余大部分也是通过贷款给美国以支持美国的消费者购买日本产品的形式来加以吸收的（尽管在这种情况下，美国拥有印制美元的优势，并因此拥有铸币特权；如果美国选择这么做的话，它就能够调整美元的国际价值，以便于用贬值的货币来对日本完成支付）。

美国军工企业所采取的策略之一，就是以"安全"为由让美国政府借钱给一个外国政府来购买美国制造的军事装备。至少在短期内，这种形式的市场和信贷交易能够缓解特定区域内部的过度积累难题。在地理发展不均衡的情况下，由于一个区域出现的剩余能够被其他区域的供应匮乏所吸收，这些手段能够很好地发挥作用。

3.2.4 资本的时空压缩

通过生产组织的分散化，即借助分包和外包等方式，生产速度大大加快，原来福特模式中的垂直整合开始被范围更广的水平分工所取代，金融集中的程度越来越高。借助旨在降低库存的即时供货制度等新生产组织方式、电子化控制及小批量生产等新方式，许多行业的生产周期大为缩短（如电子、机械、汽车、建筑、服装等）。对于劳动者而言，这意味着劳动过程的强化（加速），劳动者必须加速"去技能"或"再技能"以适应新的劳动要求。更快的生产周期也意味着更快的交换与消费。交通和信息系统的改善及装配方式的改进（如包装、存货控制、集装箱化、市场反馈等），使商品能以更快的速度在市场上流通。电子银行和银行卡的盛行则提升了货币的流通速度。金融服务和市场（在数字化交易的帮助下）也迅猛发展。因此，按某些人的说法，在全球股票市场上"24 小时属于长期概念"。

这就碰到最为核心的矛盾：空间障碍越小，资本对空间差异就越敏感，各地也就越有动机去打造差异来吸引资本。结果在资本流动的全球统一空间经济体中就出现了地区分化、动荡飘摇和发展不平衡。集中生产和分散生产这对资本主义历史矛盾开始以新的方式呈现。工业生产的极度分散导致像贝纳通（Benetton）和罗兰·爱思（Laura Ashley）这样的产品在几乎所有发达资本主义国家的百货商场里都能找到。简而言之，无论是对于某一空间的存续还是对资本过度积累问题的解决，新一轮的时空压缩在提供新的可能性的同时也在带来新的危险。

3.2.5 剥夺性积累

霸权国家权力的典型部署是为了确保和促进那些外部的和国际的制度安排，通过这些安排，交换关系的非对称性能够以有利于霸权的方式运作。正是通过这些手段，霸权国家实际上从世界的其他地方榨取了贡赋。贸易与开放资本市场已经成为发达资本主义国家通过主导资本主义世界的贸易、生产、服务和金融的垄断权力继续获益的主要手段。

3.3 本章小结

马克思认为在单个资本主义国家内部，利润下降的趋势是难以克服的。基于资本的逐利性，资本自产生以来就以惊人的速度在时间和空间两个向度展开，必然促使资产阶级在全球范围内不断扩大再生产，国际贸易对缓解资本主义世界的资本积累限度具有重要的意义。但是国际贸易受诸多因素影响，国际分工是对外贸易的基础。一方面，国际分工促进了包括落后国家在内的生产力的发展和文化科学技术的进步；另一方面，工业发达的资本主义国家利用国际分工把资本主义剥削制度扩大到国外，利用自己在科学技术和资本等方面的优势，建立资本控制下的国际秩序，并通过对外贸易的方式（同时也包括战争）来剥削和掠夺落后国家。因此，资本主义国家对自由贸易的态度是动态的过程，占据优势地位的国家支持自由贸易，马克思、恩格斯从理论上揭示了资产阶级自由贸易的本质是资本的自由。但自由贸易要消除诸多障碍，如地理空间、社会空间和思想空间障碍，要经由时间去消灭空间，就是说实现商品从一个地方转移到另一个地方所花费的时间缩减到最低限度。然而，资本主义国家构建的贸易体系，不过是通过国际价值分配实现资本主义生产国际化过程中富国剥削穷国的手段。

大卫·哈维认为货物和服务的交换过程，是跨越空间的相互交换过程。资本主义活动造成了不均衡的地理发展，也导致资本积累的不均衡。因此，资本主义由此按照它自己的面貌建立和重建地理，实现空间生产。但在领土范围内，总存在资本剩余和劳动剩余，要求新空间的生产、全新的区域性劳动分工的组织、更便宜的新资源综合体的开发、作为资本积累动态空间的新地域不断被开拓。而开拓的关键在于不断的技术创新，技术进步尽管具有显著的时空压缩效应，但反过来空间障碍越小，资本对空间差异就越敏感，各地也就越有动机去打造差异来吸引资本。地区力量的崛起正是这种差异化发展的结果，将加剧外围国家与中心国家的竞争关系。因而，霸权国家要想维护不对等的贸易权力，部署确保和促进其利益的外部的和国际的制度安排，通过这些安排，交换关系的非对称性能够以有利于霸权的方式运作。

第**4**章

自由贸易理论的建立与实践

4.1 古典国际贸易理论

4.1.1 重商主义

1. 重商主义内涵

重商主义,即"商业本位",产生并发展于欧洲,它的核心内涵是贸易顺差,即出口额大于进口额,是促进一国实力的根本,一国积累的财富越多,就越富强。它是欧洲资本主义早期的核心体系,是资本原始积累的理论指导。重商主义主张国家干预经济,强力增加贸易顺差。政府必须全面管制商业、制造业和农业,并通过关税、禁运等手段建立贸易壁垒保护本国产业及财富。重商主义下,国家经济部门分为生产部门和外贸部门,其中对外贸易是核心部门。

2. 重商主义的起源

重商主义思想主要源自三个方面:一是文艺复兴摒弃了传统封建思想,个人努力改变命运的观念广泛传播,人人都可以通过劳动致富,商业社会因此得到了空前发展,重商主义的根基从此建立;二是在新的宗教思想的指导下,新生政府谋求独立统一的国家政体,从而发展了对内统一的经济社会和对外利己的贸易关系;三是大航海时代世界各国建立初期的联系和贸易，促进了商品和资本在全世界的流通，经济相对发达的西欧在这些早期的贸易关系中获取了巨大红利，完成了资本主义的早期积累，重商主义也因此应运而生。

3. 重商主义与工业发展

由于早期对外贸易产生的红利，外贸发达的国家获得大量金银流入，从而进一步促进外贸部门的发展，挤占其他生产部门的发展空间，国内出现"产业空心化"的现象，其结果就是通货膨胀高涨，工业农业萎缩，日益依赖进口，最终导致财富外流，国力衰退。例如，航海强国西班牙通过海外殖民地贸易获得了大量金银，最终使国内产业脱实向虚。反之例如，荷兰无法获得较多的金银货币，反而促进了工业发展，诸多新产业和新知识涌现而出，不同的产业和知识还形成了协同效应，产生了持续的内生增长力，不断积累着财富。

4. 斯密对重商主义的批判

斯密在《国富论》中着重论述了重商主义两个方面的根本性错误：一是货币即财富，财富即货币；二是商业利益即国家利益。斯密的劳动价值和分工理论认为国民财富是来源于劳动分工带来的劳动效率提升的收益，而非货币流通带来的收益。他认为一个国家中从事生产性劳动的人口比重越高，社会总产出越多，国民获得资本积累越高，国民财富的增长最终取决于劳动分工和产业发展。斯密认为，金银并非货币，也是一种具有价格的特殊商品。金银的价格会因为供求关系变化产生波动，并不能完全代表国家的财富，因此外贸顺差也不完全等于国家财富的增加。斯密的批判点在于，金银作为特殊的商品却被重商主义者视为财富。并且，商人为了从对外贸易中获取更多利益，将自身利益与国家利益捆绑，形成利益集团，干预国家经济生活。

5. 熊彼特重商主义

斯密的重商主义虽然受到传统经济学一直以来的批评，但是它对于国民经济体系的建立和国家经济实力的提升有着重大的现实意义。它促进一国从传统的农业为主导的经济体系向先进工业体系转变，其过程也包含着社会体系和政治体系的转变。工业产品具备比农业产品更高的附加价值，而这种更高的价值是由更高的进入壁垒造就，因为工业首先需要一定的资本积累，从而能够购入生产设备，聘请和培训工人，投入研发活动，并且长期保持流动资金。在这种重商主义下，各国的国力高低在于工业的发达程度，竞争点则是壁垒的保持或打破，而通过工业壁垒获得竞争力驱动发展的思想与熊彼特的经济发展理论相合，因而被称为熊彼特重商主义，其思想完全不同于斯密重商主义。

熊彼特重商主义经济思想的主要观点包括以下几点。第一，工业相较于传统农业能够使用生产资料产生更高的附加值，出口工业制成品比出口原材料能获取更多的货币流入从而产生贸易顺差，所以工业发达的国家相较于工业落后的国家国力更为强盛。熊彼特重商主义强调的是工业生产，而非贸易流通。第二，工业的高壁垒也代表着更高的技术水平、更广的上下游产业和更多的就业人口，因此带动人员的聚集，促进地区城市化。城市的发展又促进经济社会的发展和人口的增长，反过来又带动工业的进一步发展。第三，工业是政府税收的主要基础，工业的发展带来税收的增加，有利于一国政府发展教育、卫生、国防等各个方面，提升整体国力。

4.1.2　重农学派

1. 重农学派与自然秩序

重农学派是18世纪50～70年代法国的古典经济学派。其时，重商主义对法国农业的打压巨大。法国80%人口从事小农经济，却承担着绝大部分税负以供养贵族工厂。工商业虽一度发展，但随之破产的农民们却无力负担增长的商品，依赖出口也难以拯救市场。政府只关心粮食供应是否充足，毫不在意农民能否生存，严禁谷物出口的情况下粮食价格也易于被压缩到极低的水平。

重农主义的核心理念是人类社会存在不以人意志为转移的客观规律，即自然秩序，自然秩序是完美至上的。同时，人们可以按照自己的意志人为建立秩序，即政治规章、经济制度、法律条文等约束社会行为的规则。

重农主义的自然秩序实质是理想化的自由资本主义。人身自由和私有财产是自然秩序所规定的人类的基本权利，是天赋人权的主要内容。

重农主义者提出人为秩序如果与自然秩序相冲突，那么人类社会应该选择自然秩序来遵守，否则就会出现各种问题。重农主义者认为农业是一切的根基，政府应该全面放开对生产活动管制，才能重振经济。

重农主义中自然秩序的思想，奠定了古典政治经济学认识人类社会客观规律的基础，从而使我们理解到社会经济活动有客观规律可循，人类社会的发展也能按照客观规律进行预测，这是古典政治经济学存在的根本基础。

2. 重农学派的贸易观

重农学派认为，贸易不能生产价值，只是一个中间过程，因此无法对一国的经济造成实质性影响。因此，他们主张无政府干预的自由贸易以顺应自然秩序。对他们来说，只有自由竞争才能满足自然秩序的要求，所有人为的垄断、限制和干预都是对自然秩序的违背，因此重农学派也被认为是自由贸易的奠基人。重农学派的贸易主张是只出口原材料如农产品，只进口高附加值商品如工业制品。这种主张与重商主义完全相反，并且无法在现实世界实现，因为这种单一贸易结构必然带来原材料生产行业的报酬递减，同时工业无法发展必然导致国民总收入的低下。资源丰富的国家可能通过重农学派的经济政策得到一定的发展，但是长期来看必定导致国内其他行业的萎缩，最后由于报酬递减和长期进口高附加值产品使整个国家的财富外流，逐步落后。落后的国家施行这种政策会更加落后，发达国家也会因为这种政策导致衰退。

4.1.3　绝对优势理论

前面的章节阐述了斯密重商主义的贸易观，他认为自由贸易才是国际交易中使各个国家利益最大化的政策，提倡取消贸易壁垒。斯密相信通过自由贸易，每个国家都能专业化生产那些具有绝对优势的产品，同时进口那些具有绝对劣势的产品，从而达到效率和利益的最大化。同时，斯密认为绝对优势是产生国际贸易的基础。

分工的原则是成本的绝对优势或绝对利益。斯密进而分析分工的结果，分工既然可以极大地提高劳动生产率，那么每个人专门从事他最有优势的产品的生产，然后彼此交换，则对每个人都是有利的，即分工的原则是成本的绝对优势或绝对利益。斯密以家庭之间的分工为例说明了这个道理。他说，如果一件东西购买所花费用比在自己家生产所花费用少，就应该去购买而不要在家自己生产，这是每一个精明的家长都知道的格言。裁缝不为自己做鞋子；鞋匠不为自己裁衣服；农场主既不打算自己做鞋子也不打算缝衣服。他们都认识到，应当把他们的全部精力集中用于比邻人有相对优势的职业，用自己的产品去交换其他物品，会比自己生产一切物品得到更多的利益。

国际分工是各种分工形式中的最高阶段，在国际分工基础上开展国际贸易，对各国都会产生良好效果。斯密由家庭推及国家，论证了国际分工和国际贸易的必要性。他认为，适用于一国内部不同个人或家庭之间的分工原则，也适用于各国之间。国际分工是各种形式分工中的最高阶段。他主张，如果外国的产品比自己国内生产的要便宜，那么最好是输出在本国有利的生产条件下生产的产品，去交换外国的产品。他举例说，在苏格兰可以利用温室种植葡萄，并酿造出同国外一样好的葡萄酒，但要付出比国外高 30 倍的代价。他认为，如果真的这样做，显然是愚蠢的行为。每一个国家都有其适宜于生产某些特定产品的绝对有利的生产条件，如果每一个国家都按照其绝对有利的生产条件（即生产成本绝对低）去进行专业化生产，然后进行彼此交换，这种经济贸易的结果则对所有国家都是有利的，世界的财富也会因此而增加。

4.1.4　比较优势理论

比较优势理论，亦称为比较成本理论，是李嘉图在绝对优势理论的基础上提出的，相对于后者在解释国际贸易上有更强的普适性。比较优势原理是指，虽然一国在两种商品生产上较之另一国均处于绝对劣势，但只要处于劣势的国家在两种商品生产上劣势的程度不同，处于优势的国家在两种商品生产上优势的程度不同，则处于劣势的国家在劣势较轻的商品生产方面具有比较优势，处于优势的国家则在优势较大的商品生产方面具有比较优势。只要两国专注生产和出口其具有比较优势的商品，进口其处于比较劣势的商品，则都能提高生产效率和贸易利益。比较优势理论简而言之就是两害相权取其轻。

按前文所述，绝对优势理论其实是比较优势理论的一种特殊情况，也只能解释一国出口具有绝对优势商品和进口绝对劣势商品的情况。李嘉图的相对优势理论对解释国际贸易做出了很大的贡献，但是也有其限制性，后人对其进行了进一步的补充和改进。

比较优势理论与绝对优势理论的出发点都是解释国际贸易，都认为对外贸易是快速积累国家财富的方式，并强调对外贸易对国内工业发展的促进作用。斯密和李嘉图作为重商主义的代表，必然是代表着工业资产阶级的利益，而对外贸易能极大地扩展市场，使工业资产阶级的利益最大化。因此他们也通过理论解释对外贸易的重要性，从而推论至自由贸易的必要性。

4.1.5　相互需求理论

穆勒进一步发展了李嘉图的比较优势理论，他认同国际贸易的发生基础是两国商品比较成本的差异；国际贸易的利益基础是本国生产效率的提高和出口相对高价值低成本产品并进口相对低价值高成本产品；商品的绝对成本不能决定其贸易价值。穆勒的理论与相对优势理论相比，有以下差别：

（1）比较优势理论讨论的是商品耗费的劳动力差异，比较的是商品的成本，即同样的商品在不同的国家耗费不同的劳动力；而穆勒的理论则是讨论相等成本生产出的商品的差异，比较的是收益，即同样的成本在不同的国家会产出不等量的商品。因此相对于比较优势理论被称为比较成本理论，穆勒的理论也被称为比较利益理论。

（2）绝对优势理论和相对优势理论的立足点都是国际贸易的供给侧，而穆勒的理论是站在需求的侧面展开的，即国际贸易的产生基础是国际贸易条件和各国商品需求的不同。

国际贸易条件，即用本国出口商品数量表示的进口商品的相对价格，由两方面决定：第一，外国对本国商品需求的数量及其增长同本国对外国商品需求的数量及其增长之间的相对关系；第二，本国可以从服务于本国消费需求的国内商品生产中节省下来的资本数量。依此可推论，要在国际贸易中获利最大，就要其他国家对本国商品的需求最大，而本国对外国商品的需求最小。

相对价格的高低决定一国进出口商品的数量，因此一国的出口规模由国际贸易条件来决定，而国际贸易条件的基础是两国对其商品的相互需求。如果一国的出口额等于其贸易对手的进口额，或是反之的情况，则双方处于国际贸易的均衡状态。

相互需求的强弱决定两国的国际贸易条件处于优势或劣势。具体而言，一国由于生产效率、产业结构、消费偏好等原因，使其对另一国出口商品的需求弱于对方对本国商品的需求，则本国的相对需求较弱，对方国的相对需求较强，本国就处于国际贸易中更有利的位置。而处于相对劣势的一方，则必然在国际贸易中做出让步，以扩大商品出口和保持必需的商品进口。因此，相对需求的强度决定了国际贸易中最终利益的分配。

4.2 新古典国际贸易理论

4.2.1 赫克歇尔－俄林定理

赫克歇尔－俄林定理（H-O 理论）由瑞典学者赫克歇尔首先提出，后经俄林加以完善，该理论解释国际贸易的核心点不是各国的生产率差异，而是各国本身所拥有的各种生产资源（初始禀赋）的丰富程度不同形成的相对禀赋差异。即在各国生产效率相同的情况下，两国生产同一商品的价格差别来自商品的成本差别，这种成本差别来自生产过程中所使用的生产要素的价格差别，而生产要素的价格差别则取决于各国各种生产要素的相对丰富程度，价格差异最终导致国际贸易的产生。

H-O 理论认为，一国应该出口生产要素价格相对低廉的商品，进口其生产要素价格相对高昂的商品，从而获得最大的国际贸易利益。H-O 理论克服了李嘉图相对优势理论中单一生产要素的局限，解释了生产要素在国际贸易中的重要作用，但仍然限于一系列静态假设，如相同的技术水平和消费偏好。

4.2.2　里昂惕夫反论

第二次世界大战后，在第三次科技革命的推动下，世界经济迅速发展，国际分工和国际贸易都发生了巨大变化，传统的国际贸易理论无法解释大量的新贸易现象。因此，西方经济学家也开始探索新的解释方法，里昂惕夫反论就在这个过程中应运而生。

根据 H-O 理论，第二次世界大战后的美国是资本丰富的国家，应该出口资本密集型产品，进口劳动密集型产品。但里昂惕夫采用投入产出法对第二次世界大战后美国对外贸易发展状况进行分析后却发现与 H-O 理论正好相反的情况，美国进口的是资本密集型产品，出口的是劳动密集型产品。由于 H-O 理论已经被广泛接受和认同，因此里昂惕夫的结论被称为"里昂惕夫反论"。

西方经济学家对此做出了一系列的研究和解释，包括劳动效率说、人力资本说、技术差距说、产品周期说、要素密集度逆转说、贸易壁垒干扰说、自然资源稀缺说等，力图从不同角度来解释这一反常现象，但截至 20 世纪 90 年代初仍未找到一个能被学术界共同接受的解释。

1. 人类技能说

人类技能说（human skill theory）又称劳动熟练说或劳动效率说，最先由里昂惕夫提出，后来由美国经济学家基辛（Keesing）加以发展，用劳动效率的差异来解释"里昂惕夫反论"。

里昂惕夫认为，反论产生的原因可能是由于美国工人的劳动生产率大约是其他国家工人的三倍高，并归因为美国工人普遍的受教育程度较高、技术水平较强。因此，以劳动效率衡量，美国就成为劳动要素相对丰富、资本要素相对稀缺的国家。但是一些研究表明实际情况并非如此，例如，美国经济学家克雷宁（Krelnin）的研究表明，美国工人的效率和欧洲工人相比最多高出 20% ~ 50%，因此里昂惕夫的结论的接受度相对偏低。

基辛对劳动效率进行了更深入地研究。他将美国工人区分为熟练劳动和非熟练劳动两大类。熟练劳动包括高受教育程度和高技术水平工人；非熟练劳动指不熟练和半熟练工人。基辛进而根据这两大分类对 14 个国家的进出口结构进行了分析，得出了资本丰富的国家倾向于出口熟练劳动密集型商品，资本缺乏的国家倾向于出口非熟练劳动密集型商品的结论。这表明发达国家在生产含有较多熟练劳动的商品方面具有比较优势，而发展中国家在生产含有较少熟练劳动的商品方面具有比较优势。因此，熟练劳动程度的不同是国际贸易发生的重要因素。

2. 人力资本说

人力资本说（human capital theory）是美国经济学者凯南（Kenen）等人提出的，用对人力投资的差异来解释里昂惕夫反论本质上是不违背 H-O 理论的。该学说认为，劳动熟练程度的高低是由对劳动者进行培训、教育和其他有关的开支，即决定劳动熟练程度开支的投资决定的。因此，高熟练劳动程度归根结底是一种投资的结果，是一种资本支出的产物，应该被认定为可以增加产出的无形资产。由于美国投入了较多的人力资本，才拥有更多的熟练劳动力，所以美国的出口产品含有较多的熟练劳动也就是无形资产投入。将这部分熟练劳动资产化处理以后，美国仍然是出口资本密集型产品，并最终符合 H-O 理论。

人力资本说进一步完善了人类技能说，但这个学说的困难在于熟练劳动难以计算为无形资产，其价值无法被正确地衡量，因此也难以被普遍接受。

3. 技术差距说

技术差距说（theory of technological gap）由美国经济学家波斯纳（Posner）提出，由格鲁伯（Gruber）和弗农（Vernon）等人进一步发展，即各国的技术水平不同，国与国之间存在技术差距，技术领先的国家具有较强研发和生产高技术产品的能力，而可能在一段时期内享有出口高技术产品的比较优势。

波斯纳认为，技术是对过去研究与发展投资的结果，与人力资本类似，也可以视作一种资本或生产要素。由于各国的资本丰富程度和技术研发进展不同，因此各国间存在技术差距。技术资源相对丰裕的或者在技术发展中处于领先位置的国家，可能在技术密集型产品的生产和出口上拥有比较优势。

格鲁伯和弗农等人根据 1962 年美国 19 个产业的有关资料做了实证研究分析，最终结果表明美国在各国技术密集型产品的生产和出口方面，确实处于比较优势。因此可以认为，出口技术密集型产品的国家也是资本要素相对丰裕的国家，因此技术差距论也是完全符合 H-O 理论的。

4. 产品周期说

产品周期说由美国经济学家弗农提出，并由威尔士（Wells）等人加以发展，它是关于产品生命不同阶段决定生产与出口该产品的理论。

弗农在技术差距说的基础上，将一种国内市场营销学的概念引入国际贸易理论，认为许多新产品的生命周期经历三个时期。

第一，产品成长期。拥有技术优势的国家研发出了具有高技术水平的产品，并且在国内规模生产，此时产品缺少竞争，本国生产企业可以暂时垄断市场，外国只能通过进口来获取这种产品。

第二，产品成熟期。随着产品的推广和技术的成熟，产品的生产企业不断增加，市场竞争也不断加剧，原产国开始丧失垄断地位，因此开始发展国外生产设施，扩大生产规模，并引入更为低廉的生产要素降低生产成本，获取最大利益。

第三，产品衰退期。随着技术的进一步公开和产品成本的进一步降低，生产企业更多，竞争更加激烈。在这种情况下，本国技术垄断地位已不复存在，企业必须完全利用外国相对低廉的生产要素进一步降低成本，来获得产品技术剩余的价值，本国也从该产品的出口国转变为进口国。

不同时期的产品，需要投入的阶段性要素是有区别的，要素禀赋的配置在各个时期的倾向性不一致。一个产品从萌芽阶段开始，需要投入大量研发成本，这个时期的产品相应的就是技术导向型。而如果进入产品的成熟期，资本和先进的管理经验成为企业发展最需要的资源，这个时期的产品相应的就是资本导向型。要素的密集程度决定了产品所拥有的不同附加值，那么发达国家和发展中国家可能因此存在着不同的比较优势和国际贸易中的比较利益。如果此时比较利益从发达国家转移到发展中国家，因为劳动力熟练程度不同，发达国家拥有较为熟练的劳动力，而发展中国家可能只拥有大量的非成熟且廉价的劳动力，在这个转移的过程中，也就是我们所说的产业转移，贸易的出口国可能变成进口国。

这个学说起初产生的原因仅仅是弗农等经济学家在观察美国的制造业国际贸易的情况后，把产品的生命周期划分为四个阶段：第一阶段，美国的新产品垄断阶段，这一时期新产品刚刚研发出来，国际市场份额被美国全部占有，所有国家包括欧洲老牌资本主义国家都要从美国进口；第二个阶段就是工业条件较好的国家也纷纷加入该产品的生产，但是高附加值的设计、售后等环节依旧被美国所垄断，美国的贸易出口对象变为发展中国家，欧洲等经济条件较好的国家逐渐减少对美国产品的依赖，实现国内生产的自给自足，但是这一时期由于发展中国家的进口增加，美国生产该产品的产量继续上升；第三个阶段是美国和各个发达国家在世界市场上竞争市场份额的阶段，此时欧洲老牌资本主义国家已经有能力与美国在新兴市场上进行争夺，发展中国家也在模仿中不断学习新的技术，美国的产品出口量锐减；第四个阶段是美国在世界市场被取代的阶段，此时，美国的竞争者成为世界市场的主要供应链的所有者，甚至和美国存在产业内贸易，美国逐渐从出口国家慢慢转变为进口国家。

但是美国产品的发展并不是静态的，在逐渐被世界其他国家取代的过程中，美国也将在更先进的领域取得胜利，也就是说这种周而复始的运动又开始了，并且与其他的产品在时间上同时存在，这就是产品运动的周期性。

总之，产品生命周期说是一种动态经济理论。从产品要素的密集性上，在产品生命周期的不同时期，其生产要素比例会发生规律性变化。不同国家在产品生命周期的各个时期，其比较利益将从某一国家转向另一国家，这就使 H-O 静态的要素比例说变成一种动态要素比例说。

5. 要素密集度逆转说

与传统的比较优势理论不同，要素密集度逆转提出了一种新的贸易可能性。例如，手机制造业在发展中国家可能是属于劳动密集型产业，因为他们负责的就是组装和加工。但在某些发达国家，这个行业就是资本密集型，因为廉价的劳动力是不存在的，只有依靠资本的投入，实现自动化生产。在这种情况下，发展中国家向发达国家出口手机，对发展中国家而言属于出口劳动密集型产品，而对发达国家而言则属于进口资本密集型产品，从而也就解释了所谓的"里昂惕夫之谜"。

6. 贸易壁垒干扰说

由于古典经济学中的贸易理论是假设国际贸易是自由竞争，但是贸易的现实并不符合这种假设。例如，美国针对中国产生的贸易摩擦中，对华为公司的不合理打压，对芯片等高科技产业的扼制，这些贸易保护主义都影响着国际贸易活动。另外，各个国家的人力资本是有异质性的，不同的人力资本影响着贸易的活动，如通过 FDI 影响东道国的技术吸收能力等。所以在国际贸易中，特别是中美贸易中，我们可以看到，长时间以来，美国发起的对劳动密集型产品的反倾销调查甚至比对高科技的遏制更为严重。

发达国家和发展中国家的劳动力熟练程度是有差别的，所以在国际贸易中，很多假设将其看作同质的，这是不科学的，其实发达国家的劳动力水平比较高，大多是熟练的劳动力，而且包含了大量的高科技劳动力，对人力资本的投资就大大地高于发展中国家。

在里昂惕夫计算美国进出口商品的资本劳动比率时，只统计了实物资本数量，如果把人力资本加入到实物资本上，美国出口商品的资本劳动比率就会大于进口商品的资本劳动比率，这样，美国出口的产品仍是资本密集型的。

7. 天然资源稀缺学说

"里昂惕夫之谜"中只计算了贸易中的资本和劳动的比率，而没有考虑自然资源。美国进口商品之所以是资本密集型的，一个原因是美国是大量矿产（如石油）的进口国，而这些矿产品既使用大量的自然资源，也使用大量的非人力资本。由于美国对许多自然资源的进口依赖性很强，这是导致美国进口产业的较高资本密集度的重要原因。因此，如果扣除自然资源因素，里昂惕夫之谜也许就不存在了。第二次世界大战后出现的这些新学说像传统的西方国际分工和国际贸易理论一样，只是从产品分工和市场交换的表面现象来分析问题，而不涉及问题的实质，不涉及国际生产关系。

如果考虑到自然资源的稀缺性及不可再生性的话，那么"里昂惕夫之谜"可能不存在，因为美国从中东国家进口原油这些矿产资源，是非可再生的化石能源，它也使用了大量的机器进行生产，因此人力资本并没有作为一个因素考量在内，由于美国对自然资源化石能源的进口有超乎想象的一个强依赖，这就导致了美国进口产业的人力占比较低。

其实近年来西方出现的这些贸易学说与传统的国际贸易分工理论是一致的，只是从一个产业分工和市场的一个等价交换原则来分析当前的国际贸易的问题，没有涉及资本在空间扩张中本身的问题，以及国际政治对国际贸易的影响，所以说忽略了生产力与生产关系这一基本矛盾。

8. 相关解释的缺陷

首先，从阶级性上，他们掩盖了国际分工和国际贸易的主要性质，把国际分工和国际贸易只作为分配世界资源的中性的机制，而不是在一定条件下发达国家通过不等价交换对发展中国家进行剥削的工具。他们抹杀了劳动与资本的界限，把受过教育和培训的熟练劳动者当作"人力资本"。他们掩盖了西方跨国公司对技术垄断与对外扩张的事实，而把发达国家的新技术产品生产的扩散过程，单纯地看作通过所谓产品周期，自然而然地由发达国家向发展中国家转移的过程。

其次，从历史发展上，国际分工和国际贸易发展与资本主义生产方式有着密切关系，但他们不是用历史的观点来研究资本主义国际分工和国际贸易的产生、发展进程，而是把它们作为万古不变的自然现象，仅仅从生产力的角度来研究国际分工和国际贸易产生和发展的原因、格局和比较利益。从理论体系上，传统的西方理论通常由一个或两个经济学者提出一种理论，每个理论体系具有相对独立性和较完整性。但第二次世界大战后的这些新学说，是在较短时间内围绕着里昂惕夫之谜涌现出来的"一群"理论，各自从不同角度来解释或论述当代国际分工和国际贸易中存在的一些重要问题。因此，在一些理论体系上表现为分散性、片面性和不完整性。

4.3　国际贸易的当代理论——新贸易理论

4.3.1　新生产要素理论

当代贸易理论随着国家产业结构的进一步升级，衍生出了新的生产要素理论。原来的生产要素局限于土地、劳动力和资本，国家贸易的地位和价值链分工基于这些因素展开，但是已经不能解释为什么发达国家的某些方面的生产要素并不如发展中国家的时候，依然在世界贸易中占据中心地位，新生产要素理论作为拓展，补充了原有的贸易理论对实际经济的解释，认为还有其他的新的因素可以影响国际贸易中的比较优势，如研发投入、自然资源、科学技术、人力资本、信息和管理等。新生产要素理论的代表性观点来源于产业优势学派。

产业优势学派的论点包括波斯纳（Posner，1961）提出的技术缺口理论、弗农（Vernon，1966）研究国际贸易和投资的产品生命周期理论及赤松要（Akamatsu，1935）提出的"雁形"形态的理论，这些研究的相似之处在于都认为贸易产生和发展壮大的根本原因是区域间的技术发展呈现参差不齐的水平。1980 年来，由沃纳菲尔特（Wernerfelt，1984）提出，后经彭罗斯（Penrose，1995）等人补充和发展，构建了自成一套的"企业资源学派"理论。一个企业所建立的市场优势，是在对企业所能够获得的所有资源的配置和利用结果上。这些资源涵盖了所有的硬件资源、软件资源。在所有资源的开发利用之上，特别对非同质性的资源的合理利用，会成为企业发挥潜在竞争优势的不竭动力。然而部分资源的存在仅仅是为了生存，不能让企业在市场竞争中取得一定的竞争优势，那些能够为企业创造持续性经济租金的资源才能增强企业在市场的竞争实力，成为贸易的优势方。印度的经济学家普拉哈拉德和哈默尔（Prahalad and Hamel，1990）提出了企业核心优势理论，认为企业资源的配置情况好坏和企业竞争优势能否发挥，关键在于企业中领导者的能力和劳动力的技能熟练程度，即企业家技能和工人技能的高低。因此，相比于决定企业竞争优势的大小是企业内部资源的整合，该理论还添加了企业家和工人技能的有机结合，企业培育和增强市场竞争优势的重中之重是企业资源有机结合，企业综合能力充分发挥。总结起来，区域的劳动力熟练程度、受教育水平是该理论认为的决定区域贸易优势主要因素。以上这三种理论相似之处在于，认同了企业内在的整合和配置资源的优势，表明了企业优势主要来自企业自发的先天资源及其后期的调控能力，企业家和工人的知识存量及学习消化能力决定了企业的方向和利用资源情况。毫无疑问，这应该划分为内生的优势理论的范畴。

综合上述，产业优势流派通过深入研究企业的行为模式和投入产出函数，厘清了企业内部资源之间的综合作用效果及相互之间的关系，得出区域的产业优势在于企业能够合理地综合利用自身的一切资源，促进区域形成生产部门的竞争，加速科学技术的日积月累。首先，其研究范围从生产要素流派的天然资源禀赋、劳动力数量、资金投入等基础生产要素，逐渐蔓延到管理者才能、劳动力熟练程度、科技投入和知识积累等更现代化与高科技的投入要素。其次，从专注于静态的区域生产力效率的差距和外生的自然禀赋构成的初始优势的差距，发展到了动态的区域内部的人为决策的专业化水平不同及管理者素质的决策差距，导致了区域产业生产率的差别，分析了这种内生的动态优势。最后，还从区域投入资源的未转化的内在优势，拓展到企业内部综合的软实力资源和配置各种资源的能力转化优势，以及企业的管理者的才能。

在发挥区域优势和促进区际贸易的过程中，从该理论可以得出几个有益的观点。第一，区域有排他性的自然资源，可以在区域经济的初始发展阶段为区域的内在优势注入动力，可以为区域经济发展产生持续租金，但是这个优势在产业结构中并不能持久，因为自然资源的转化能力较为迟缓，且化石能源过分开发对生态环境和未来的经济贸易发展并没有持久的功效，区域产业结构失调，不能应对产业结构的升级换代对于技术的新要求，一旦随着社会发展，贸易偏好和市场需求发生改变，对优势资源可能会变为淘汰产能，或者科技进步产生功能齐全和性价比更高的替代品，将会不可避免地导致区域经济的生产率落后，区际贸易中竞争力下降，与发达地区的差距扩大。第二，劳动力数量的优势在短期发展工业化的时候，能够形成短暂的区域优势，但随着经济的发展、产业结构的优化升级，廉价的劳动力不能构成长期的企业内在优势，需要提高劳动力的技能和发展长期固定的忠诚度，才能经过长年累月的积淀成为区域的固有优势。第三，随着知识经济时代的纵深发展，高科技、高附加值的产业是区域生产优势的不竭动力，因为知识技术的供给相对来说比较稀缺，技能培训和整体人力资源素质提高需要区域经济的大量前期投入，才能逐渐形成科学技术和知识经济的高地。更甚者，高级技术和人才必须不断更新换代，保证其领先和专业化，否则区域竞争优势将会逐渐黯淡，贸易的优势会越来越小。

4.3.2　偏好相似理论

瑞典经济学家林德（Linder）认为，随着贸易产品的阶段性向前发展，原有的 H-O 理论只能用于解释中间品的贸易，如原材料等初级产品和工业制成品之间的贸易，这是因为中间品的贸易决定因素是供给的多少。而世界贸易的发展带来了产业内贸易，这是 H-O 理论无法适用的，因为这里的国际贸易已经发展到工业制成品之间的交换，国际市场的决定因素主要是需求的多少。基于此，这一理论被称为需求偏好相似说，又称为偏好相似说或收入贸易说（income trade theory）。

当一个国家的工业制造能力还处于萌芽阶段，那么其生产的产品只能供国内市场消费，不存在世界贸易的问题；当工业规模扩大以后，国家期望其带来巨大的利润空间，产品就需要扩大市场，进行国际贸易。由于之前生产产品的类别迎合了国内消费市场的偏好，那么出口的产品也是具有同样的喜好排序，所以与之开展贸易的国家是偏好相近的国家，偏好的相似度决定了国际贸易量的多少。那么因为相近的消费排序，两国之间可能存在产业内贸易，那么这种贸易需求结构除了受到喜好的影响以外，人均GDP 是关键的决定因素，按照林德的理论，人均消费水平接近的国家，贸易产生的机会越大，贸易量也就越大。

如果一个人均 GDP 还处于低水平的国家，其资本投入、消费结构都会受到经济发展低水平的影响，因为低收入意味着只能消费低层次的商品，低层次的商品意味着质量的低廉，资本会选择低科技含量的行业投资，以获得大量廉价和简单的工业制成品，满足生活资料消费的需求。与之相对而言，一个人均 GDP 处于高水平的国家，其资本投入、消费结构都会受到经济发展高水平的影响，因为高收入意味着可以消费高层次的商品，高层次的商品意味着质量的高级化，资本会选择高科技含量的行业投资，以获得大量高回报和高附加值的工业制成品，满足生活资料消费的需求。因此，人均 GDP 的差距是国际贸易间的天然障碍，相似的国家才存在贸易的可能。按照林德的理论，即使发达国家和发展中国家彼此都有比较优势，但由于发展中国家的经济水平落后，对发达国家的高端产品没有需求，发达国家的高端优势产品就不能在彼此之间开展贸易。

4.3.3 动态贸易理论

动态贸易理论由克鲁格曼（Krugman）、维纳布尔斯（Venables）及藤田昌久（Fujiata）等学者所提出，它忽略了经济活动空间分布动态变动与长期经济增长的联系，只将研究范围圈定在经济活动空间的均衡分布和经济增长均衡状态的稳定性，所以这一代模型根本上是静态的研究。其实，在区域经济发展过程中，区域经济增长和经济集聚是相辅相成不可分割的，鉴于此，结合研究经济增长和经济集聚的新经济地理学，便水到渠成般地出现了动态模型。例如，将创新部门加入新经济地理学的模型研究中，分析区域技术溢出与空间集聚的关联，解释集聚和区域经济增长。鲍德温（Baldwin，1999）尝试了对经济地理和新增长理论进行整合，在新经济地理学模型中引入资本积累部门，从而创建了资本创造模型，得出了经济增长和空间分布的作用模式，马丁和奥塔维亚诺（Martin and Ottaviano，1999）将罗默（Romer，1990）的技术的内生增长理论引入马丁和罗杰斯（Martin and Rogers，1995）的区位分析框架中，树立了真正的新经济地理学动态分析模型。该模型得出的结论为：区域间存在技术的市场溢出时，创新部门会产生聚集，经济中心的创新活动频繁发生，将可以补贴边缘区域的集聚的流失，在空间地理上，创新对两个区域都可以增进福利。鲍德温和福德利斯（Baldwin and Forslid，2000）又以罗默尔（Romer，1990）的内生增长模型为基础，同时引入C－P模型，说明了技术外溢和生产部门的空间分布对区域经济增长的影响，以及各因素之间的相互作用关系。随后的新经济地理学派发展，以藤田昌久和蒂斯（Fujita and Thisse，2002）对于聚集和增长的研究为代表，他们将格罗斯曼－赫尔曼－罗默（Grossman-Helpman-Romer）模型加入了C－P模型的一些假设，研究表明，创新部门的研发活动的主要源泉来自高科技人才和数量技能工人。他们也赞成区域间存在技术的市场溢出时，创新部门会产生聚集，经济中心的创新活动频繁发生，进而促进两个地区（经济中心和边缘区）的经济增长，达到社会福利的帕累托最优。但是研究中需要假设整体经济中人口数量不发生变化，并且没有对劳动力的层次进行进一步的划分，而使模型显得说服力不足，对区域的经济增长的解释也没有形成理论。

谭成文（2009）在国外经济学家研究成果的基础上，假设人口是可以变化的，并将熟练劳动力进行不同层次的细分，深化为更为复杂且全面的模型，对区域经济增长和产业集聚的相互关系、经济增长的均衡路径、均衡的可能性、技术溢出对经济增长和集聚的影响做出了综合性的解释。山本尚等（Yamamoto et al.，2003）的研究表明了金融外部性对区域经济增长和产业集聚的重要作用。所以，经济地理模型对许多马歇尔外部性经济问题的解释需要继续深入研究，尽管上述理论对区域经济增长和空间地理关系的研究取得了可观的进展，经济增长减缓和增长差距扩大的深层原理也得到了更科学的解释，但是却没有将技术溢出与区域经济的外部性因素相结合，需要建立纳入经济外部性、区域产业集聚和区域经济增长的结构分析模型。

4.3.4 产业内贸易理论

以美国经济学家格鲁贝尔（Grubel）为代表的大量国际贸易研究学者认为，有着贸易协定和共同市场的贸易成员国彼此的贸易量增长并不是源于产业间的比较优势产品贸易量增长，而是依赖于产业内商品和服务贸易的增长，因此对 H-O 原理进行了改进，并在国际贸易理论中补充了产业内贸易的理论，关注产业内贸易的成因和特征性指标。

该理论把国家贸易产品结构作为划分依据，将国际贸易区别为产业间贸易和产业内贸易。产业间贸易就是指美国和墨西哥之间的高科技产品贸易，就是美国有比较优势的技术密集型产品出口到墨西哥；产业内贸易就是指美国和日本之间的汽车贸易，双方各自都向对方进出口。总结起来，产业内贸易的特征有如下几个方面：一是规模经济效益带来的收益递增是其发展的主要推动力；二是经济发展水平决定发生产业内贸易主体应该是产品结构趋近的两国；三是产品的异质性决定了内部分工的高级化和复杂化，为产业内贸易提供了土壤。

4.3.5 国家竞争优势理论

信息技术革命以来，由于传统的贸易理论局限于静态理论，不能动态地分析贸易成员国的要素优势和比较优势，为了解决传统贸易理论的问题，也为新的国际贸易找到新的理论支撑，波特（Porter）的国家竞争优势理论应运而生。这一理论，既是研究国家间贸易和竞争优势的理论，也是研究产业和企业间竞争优势的理论，由于波特将竞争力分为几个层面，该理论又被认为是国家竞争优势钻石理论。该理论主要指出了国家如何在国际贸易的竞争中取得和保持优势。

波特（Porter，1980）提出的钻石模型于 20 世纪 80 年代开始重视产业结构优质化对经济增长的作用，明确指出产业优势才是国家或区域优势的重头戏，区域的竞争力代表产业的生产效率，认为决定区域贸易和经济优势有生产性资源、市场条件、产业相关配套、产业结构和市场竞争四大主要方面，以及行政体制和机会把握两个辅助因素。区域经济的差距是巨大的，有的是倍数级的；差距不只反映在个别经济门类的水平上，而且反映在社会、经济、技术、人才、基础设施等综合水平上。区域现有的产业品类和生产部门结构的合理性，决定了区域经济的优势。然而，片面地追逐产业结构的升级，忽略地方实际的基础产业结构，常常导致企业青黄不接，区域贸易缺乏竞争力，区域经济发展无力。经济学家斯科特等（Scott et al.，2003）的数量分析研究表明，在同一区域的生产部门集群内，产业之间竞争与合作的并存关系，正是这种复杂交错的联系，逐渐交织形成区域专业化分工的生产协作网络，而这个专业化网络的内生优势性决定了其强大的生命力。随后，皮卡（Pekka，2004）总结得出区域的分工能提高行业生产力，促进生产关系创新，充分发挥区域内在优势，加强区域之间企业的交流和知识人才共享，减少贸易交流的壁垒，增强区域经济的协同，从而促进区域经济增长。集群能产生明显的竞争优势，形成一种集群竞争力，而正是这种集群竞争力提高了区域优势和区域的国际竞争力。联系产业组织理论最新成果，新贸易的理论学派强调了区域集聚的重要性，认为区域集聚中产生的行业分工是缩小区域差距的重要途径，但该理论没有对科技产生的技术进步对区域经济的影响作出相关的合理解释。

4.4　新兴古典贸易理论

新兴古典经济学是 20 世纪 80 年代以来由杨小凯等人创立的新的经济学流派。以杨小凯为代表的新兴古典经济学流派，无一不赞同区域的内生的比较优势形成的不同区域的产业部门的专业化分工，所以，区域间的相互贸易一定会促进区域经济的增长，这种理论增长是在聚集经济的假设的前提下，新经济地理学中关于对聚集经济的规模效应的阐释。这就说明，区域经济在事前的生产部门和产品会有差异性的选择，选择的差距从而造成了区域经济增长的效果区别。

区域是由地理上相邻的经济地理单元组成的具有与其他区域异质性的复杂社会系统，通常一个区域内部的经济有着共同的利益使区域的生产部门具有一定的聚集性。在古典经济学家的论著中，区域被他们描述为是区域基本单位抽象出的"生产可能性边界"的位移发展与区域经济贸易的自我平衡的过程，而生产部门的企业或者家庭个人，甚至区域内部的政府都属于这个基本单位，正是由这些主体间的利益平衡和生产活动推动了区域内部的增长和产业的专业化分工。

罗默（Romer）和卢卡斯（Lucas）批判了新古典增长理论的观点：只有基于正的人口增长率或者外生给定的技术变化，一国的经济才会增长。新增长理论把科学知识和技术的因素纳入考虑，对新古典增长的理论进行了修正和全面改进，理论的假定改为要素报酬递增，通过对科学技术外溢、劳动力投入要素、区域收入差距等问题的研究，它强调经济增长是区域经济的内生技术进步的结果，关于贸易同增长差距之间的关系也得出了与新古典增长理论南辕北辙的结论。新古典增长理论认为，落后区域经济增长率更高，使落后区域的经济稳态向发达区域的稳态靠近，并且，知识和技术的外溢还将导致落后区域和发达区域在人均产出和人均收入上的趋同，区域差距由此变小。与之不同，投资的资本存量是增函数，这样区域原始的资本存量越大，其收益率越高，经济增长速度也越快。由此出发，区域的总产量会永久性增加，由于经济增速和资本回报率都是单调递增，原始经济发展水平本身的差异会不断扩张，由于科学知识和技术的外溢效应，技术科技水平高的区域发展更快，发达区域会同时吸引落后区域的资本和资源，自身的区域资本资源也会倒流回发达区域。这种区域间贸易活动中的逐利性资本倒流现象，不断加深先进地区和落后地区的经济发展与潜在经济增长的差距，导致不断趋异的区际人均收入的差距。总而言之，区际贸易的作用加深了区域间的经济增长差距。卢卡斯（Lucas）的研究赞同了罗默（Romer）的观点，他进一步指出，落后地区和先进地区的产品的资本边际差异由于劳动力成本的区间差异而减少。加之，区域经济发展存在科学技术和知识的外溢，落后地区和先进地区的资本边际产品差异被逐渐消磨，又由于资本市场的发育不健全，资本向先进地区的单向流动占主要方面。基于此等考虑，区际间的贸易和对外开放扩大了区域间的经济增长差距。

在新兴古典经济学框架中，区域分工是具有生产性关系的部门在优势理论的前提下，社会劳动分工和社会再生产布局在空间地理上的分布。在工业革命前的劳动分工，是因为提高社会生产效率的需要和满足消费的多样性偏好，工业革命以后，大机器生产带来的专业化的分工和贸易交换保证了在大区域范围内更高的生产效率和更合理的资源配置，专业化分工生产提高了劳动力的熟练程度，极大提高了社会总体的生产能力。自然禀赋资源的区域差异导致了生产部门商品价格的相对差异，形成了专业化分工的源泉，是区际贸易流量扩大的动力，而社会化的大生产则能够为区域经济增长获得长足的动力。区域分工的地理分布规律由这两者相互作用，不断清晰。

制度学派认为区域的优势在于制度的安排，而制度的安排决定了区域贸易的优势。生产部门的经营管理都由管理者来把握，而健全的制度可以更好地为经济参与者营造高效率的沟通氛围。健全的制度来源于企业组织结构形式的科学性，植根于区域的规模经济，有利于缩减区域的交易成本，激励区域内科学技术进步，促进产业结构更新换代和自我升级。因此区域经济优势和区域贸易流量优势从本质上来分析就是制度优势。不过制度安排是随着政治机构的建立逐渐形成的，只能循序渐进，去其糟粕留其精华，制度改良对区域发展的优势作用过程是漫长而艰难的。

科斯（Coase，1960）提出的代理人之间的谈判是一种处理企业资源的外部性问题的一般形式，科斯认为如果在交易费用为零且产权界定清晰的情况下，代理人之间应该可以有能力进行谈判，在此基础上，企业 1 和企业 2 都可以进行有效率的生产，得出社会最优的产量。但是，这种通过谈判来解决外部性的方式并不具有科学的完整性，因为科斯对于怎么谈判并没有给出一个可操作的详细的机制。鉴于此，就有了下面第二种解决方式的讨论。第二种在市场经济条件下解决制度安排问题的途径，可以将之看作是对科斯的关于产权制度安排的进一步扩展说明。阿罗（Arrow，1970）把解决产权制度的问题与建立一个可交易的市场联系起来，建立一个竞争性市场，将之视为一个特殊的机构，这个机构可以帮助代理人之间谈判，以协商的方式讨论并生产社会最有效率的产出。如果可以达到这个社会最优产出，那么区域经济差距就会逐渐缩小，对社会参与者来说实现了整体的福利最大化。

1980 年以来，以诺斯（North，1981）为代表的制度变迁学派进一步扩大企业的制度安排的范围，认为规范人类行为的规则涉及正式制度和非正式制度。总结起来，上述这些理论都是从企业生产角度对区域经济的发展和区域贸易的分工进行了分析。其主要不足之处有：仅仅认为区域的优势由企业的产业优势决定，理论的高度不够，范围狭窄，没有谈及区域的综合性资源优势。接下来，由于该理论忽略整体经济系统的有机联系，把区域的社会制度、经济贸易和自然资源的关系生生割裂开来，没有把这些子系统融入大区域发展的综合系统进行研究，单独地进行区域经济影响的分析，没有将子系统之间动态联系纳入研究的考量。最后，共享经济和互联网经济时代存在很多问题，该理论缺乏一定的说服力，且其对自然生态环境的研究较少，使其对可持续经济的发展借鉴意义有限。可以说，结合当时的社会经济发展水平，这些制度优势理论对区域经济具有积极意义，但已经无法满足现代知识经济时代的发展，因此，有必要对区域制度优势理论进行不断地深化，保持与时俱进。

4.5 贸易保护基础上的自由贸易

马克思认为自由贸易无非是为资产阶级倾销商品和提高利润开辟道路而已，而对于无产者和资产者的关系而言，"是实行保护关税制度还是实行自由贸易，对于最终结局是没有什么意义的"[①]。资本的本性是唯利是图，资本主导下的世界体系必然是为资本增值服务的。随着大工业的发展和资本运动的加速，资本也日益贪婪。资本的扩张最初是借助于新航路的开辟而走向美洲、亚洲等地，通过商品流通的方式与世界各地的市场建立交往关系。那时，资本的扩张表现为对世界市场的占有。但是，建立在蒸汽机、轮船、铁路等大工业基础上的资本，是依靠损害以手工劳动的落后国家的家庭工业而扩大自己的统治地位的。"难道其他各国就应该坐视不动，温顺地听任这一变化使自己沦为英国这个'世界工厂'的简单的

---

① 马克思恩格斯全集（第 21 卷）[M]. 北京：人民出版社，1965：431.

农业附庸吗?"恩格斯在《保护关税制度和自由贸易》一文中就指出:
"其他国家并没有。"不同国家的资本拥有者采取了有利于自己的政策以
增加自身竞争力,例如,法国筑起了保护性和禁止性的关税制度而在奢
侈品与工艺品方面获得了竞争优势;美国推行了保护关税制度而使自己
的工业不依赖于国外;瑞士实行了自由贸易制度而建立了英国也无法击
败的重要工业部门;德国实行了自由关税制度而使自己的工业发展速度
迅速超过英国。

4.5.1 英国重商主义

重商学派主张贸易保护主义,而古典学派主张自由放任主义。不过,
古典学派的主张由于受到土地贵族的阻挠,自由放任主义并没有成为资产
阶级国家的外贸政策,长期以来资本主义各国实行的主要还是保护关税政
策。直到 1846~1847 年英国废除了《谷物法》,资本主义各国长期实行的
保护关税政策为自由贸易政策所代替,至少在英国是这样。在此之前,包
括亚当·斯密等重商主义经济学家就已经提出了自由贸易的理论。但是,
自由贸易的理论一直处于边缘化,而资产阶级以国家和民族的名义一直实
行保护关税制度。

英国的政治家们早已清楚地认识到,一是"进口原材料,出口制成
品"的重商主义基本原则能使国家富强(李斯特,2012)。二是重商主
义促进了统一意识的形成和加强,重商主义是为了增强国力的需要,尤
其是军事实力(Heckscher,1983)。三是重商主义促进了西欧国家的繁
荣崛起,尤其是对英国的繁荣崛起起到了至关重要的作用(吴于廑,
1984;姜守明,1993;陈曦文,1995;洪明,1995;张亚东,2004;李
新宽,2005;裴敏超,2007;李新宽,2008;Magnusson,2009;梅俊杰,
2010;Parthasarathi,2011;罗斯托,2014)。四是重商主义经济政策促进
了经济增长及资本原始积累的完成和资本主义生产方式的转变,进而导致
东西方"大分流"(马涛,2010)。五是重商主义经济政策为英国成为工业
大国奠定了坚实基础(林振草,1995)。六是重商主义经济理论与政策促
进了英国社会的成功转型(罗朝晖,2005;张乃和,1999;王军,2011)。

重商主义一是可以总结概括为统一体系、权力体系、保护体系、货币体系及社会观念五个方面（Heckscher，1983）。二是整个社会组织和国家制度在由民族国家的经济政策取代地方性和区域性的经济政策过程中的完全转变（Schmoller，1896）。三是重商主义必须被理解为一系列诞生于特定政治和经济环境下的作品（Magnusson，1994）。四是一种关于国家与市场之间经济关系的学说与实践的混合体，根据所处环境变化来主张国家干预或自由贸易（李新宽，2009）。五是作为商人阶层和国家政权链接的纽带（吴于廑，1984）。六是主张通过金银积累、贸易保护、工业扶植、就业促进、国家干预、强权打造、殖民征服等手段，实现富强并赶超先进国家（梅俊杰，2017）。七是在重商主义者看来，贸易顺差只具有指标性的意义，判断贸易好坏的标准在于能否促进制造业的发展（绦文，2010）。八是一种实用主义的能够强国富民的理论体系，它的逻辑脉络是：因"重商"而"重工"，因"重工"而"重技"，因"重技"而"重知"，对外保护、对内自由竞争（邓久根，2013）。九是具有丰富内涵：肯定和重视"近代商业"价值、崇拜和追求财富、信奉自由平等的价值观、具有商业意识和商业精神，这为现代市场经济文化提供了重要的思想源泉（滕海键等，2008）。

重商主义的保护政策具有其内在的合理性，一是一般情况下，工场手工业需要一定程度的保护，在重商主义时期，工场手工业的发展状况完全取决于贸易的扩张与收缩，而它对贸易的反作用却微乎其微。二是重商主义至少有两个政策导向，一个是自由主义，另一个正好与之相反（Heckscher，1983）。三是重商主义的经济干预政策对英国完成工业革命起到重要的促进作用（Magnusson，2009）。四是重商主义经济政策是通向自由贸易的必由之路（Reinert，2010）。五是重商主义者在强调政府干预市场的同时，还认识到有必要通过市场为增强国力创造机会（Stern，2014）。六是英国通过战争和殖民方式摧毁特定国家内部的国内竞争，夺取出口市场从而为新工业革命的产品提供了市场（Hobsbawm，2016）。七是重商主义者认识到，凡是能够创造高附加值及包含有众多加工制造环节的经济活动应当在国内大力发展（Irwin，2013）。八是重商主义与后来的自由主义的区别不在于它的目标，而在于它提出的实现这些目标的手段（Hudson，2014）。九是英国重商主义者在强调国家干预的同时，也非常重视探讨市场的运行机制（李新宽，2006）。十是认为美国是当今应用重商主义最成功的国家，其一直通过重商主义经济政策打压其他国家（伍山林，2018）。

在国外经济思想史学界，对重商主义的评价逐渐趋于正面，这一研究趋势也逐渐传入国内，引起国内部分学者的共鸣，因此，有必要重新认识和研究重商主义，并深刻分析其在当代的价值，进而为中国特色社会主义实践添砖加瓦。当前，正处于新技术—经济范式变革的关键窗口期，如何抓住新技术—经济范式是一项非常重要的研究内容。在新技术—经济范式变迁中起到关键性作用的"中国制造2025"理所当然地需要坚决贯彻落实。迎接新技术—经济范式，大力发展新技术—经济范式的主导产业，重商主义所强调的发展高质量的经济活动对当前具有重要的启示意义。

4.5.2 德国幼稚产业保护

美国政治家汉密尔顿（Hanmilton）首先开辟了幼稚产业保护理论（infant industry theory），但这并不系统，也不具备科学性，直到德国经济学家李斯特开始对其进行理论和实证的研究，使其成为贸易保护的基本理论。其重心是要对新兴的还处于幼年的产业采取政策的保护、扶植。假如某国的金融业，当其还处于一个起步阶段，国外的成熟金融业的优势很大，如果放开竞争环境，那么国内的金融业将受到毁灭性打击。当它成长到一定阶段，能够在某种程度上具有竞争优势时，就应该对其进行过渡性的保护和政策性的帮扶。主要运用贸易壁垒、关税补贴等贸易保护手段实现。

1. 关于经济发展阶段论的阐述

一国的经济发展阶段决定了贸易政策的变化，因为李斯特将一国经济发展的历程分为五个阶段：原始未开化阶段、畜牧阶段、农业阶段、农工业阶段、农工商业阶段。在他看来，贸易保护适用于农工业阶段的国家，因为这个阶段国民经济水平处于发展阶段，且水平较低，市场竞争能力较弱，如果不采用保护主义的贸易政策，那么农工商业阶段国家的产品就会对国内的产业形成冲击，就会在国际竞争中处于劣势。如果采用贸易保护政策，不但可以获得国际贸易的红利，还能延长产业和经济增长的周期，令国内经济获得较长的发展期。

2. 生产力论

绝对成本说由斯密（Smith，1817）提出，认为在完全市场竞争的自由社会，每个区域的经济都在生产某些类别的商品占有绝对有利地位，有其他区域不可能达到的有利生产条件，假如各个区域都生产自己绝对有利的商品或者服务，那么整个经济中的综合生产成本就是最小的，各个区域都可以参与到贸易中来，出售自己的优势产品，然后彼此进行贸易交流，这种有效的资源配置方法可以使社会的各种资本效用最大化，从而大大提高区域产业的专业化程度，让区域的生产率不断攀升，与此同时，也会增加区域居民的收入。随后，李嘉图（Ricardo，1891）提出，只要参与贸易的两个区域，其产业部门的劳动生产率有高低或产品品类的生产成本上有差异，即使两个区域之间并没有绝对优势存在，也能够生产具有比较优势的商品和服务，区域的具体分工生产按照"两优取更优，两劣取次劣"的原则进行，并通过贸易来互通有无，相互交流，双方从贸易福利中获得利益。李嘉图一再着重表明劳动力成本高低和熟练程度对生产力的进步起着举足轻重的作用，区域的相对优势体现为相对较低的劳动力成本和相对较高的劳动生产率。但生产比较优势成本学说有其固有的缺陷：首先，产业发展和制造产品的成本并非只有自然条件和劳动力成本，还有科学技术、交通运输和信息化程度，当然，自然资源和劳动力也不是引起区际贸易交流的最主要的因素，也不是区域差距扩大的根本因素。其次，市场的偏好和需求量规模变动，也没有纳入比较优势的讨论。最后，对工业的失业情况、劳动力赋闲的情况并没有多加考虑论证。

基于上述理论的优点和不足，李斯特认为贸易优势带来的贸易红利是短期的，因为这种静态的分析方法没有把一国长远的生产财富的能力纳入考虑，假设和结果有着一些缺陷。李斯特认为落后的农工业国家有理由采用保护贸易和产业的政策，因为这可以提高一国的工业竞争力和长远的生产力，增加其创造财富的能力。

3. 国家干预论和关税保护制度

与重商主义理论一脉相承，政府应该积极干预贸易也在幼稚产业保护理论中得以体现。李斯特认为，政府不能毫无作为，要积极地参与国际贸易政策的制定和实施，不仅在产业政策方面国家应该加以干预，在国际贸易中也要利用补贴和关税等手段来保护国内产业的生存空间。保护关税的确为资本主义国内工业的发展发挥了一定的积极作用。但是，马克思在关于自由贸易的演说中深刻指出："保护关税制度不过是为了在某个国家建立大工业的手段，也就是使这个国家依赖于世界市场，但自从对世界市场有依赖性以来，对自由贸易也就有了或多或少的依赖性。此外，保护关税制度也促进了国内自由竞争的发展。因此，我们看到，在资产阶级开始以一个阶级自居的那些国家里（如在德国），资产阶级便竭力争取保护关税。保护关税成了它反对封建主义和专制政权的武器，是它聚集自己的力量和实现国内自由贸易的手段。"[①] 恩格斯也指出："保护关税制度再好也不过是一种无穷螺旋，你永远不会知道什么时候才会把它转到头。你保护一个工业部门，同时也就直接或间接地损害了其他一切工业部门，因此你就必须把它们也保护起来。这样一来你又会给你原先保护的那个工业部门造成损失，你就必须补偿它的亏损，这一补偿又会和前面的情况一样，影响到其他一切部门，并且使它们也有权利要求补偿，就这样继续下去……没有尽头。"[②] 由此可见，保护关税制度在 17～19 世纪被西欧一切文明国家视为正常的政策，实际上"并不是资本主义生产方式的正常条件，而是处于幼年时期的资产阶级为了聚集力量而实行的自我保护政策"[③]。对资本主义经济史的考察会发现，无论是英国、德国、法国还是美国，都毫无例外地实行过保护关税制度。

在国际贸易方面，李斯特坚持国家应采用关税制度来实现贸易保护主义。这种贸易保护主义的制度设计，应该包含这几个要点：首先，不同的产业部门所处阶段不同，关税也就各有差异，例如，落后国家的劳动密集

---

① 马克思恩格斯选集（第 1 卷）[M]．北京：人民出版社，1972：209．
② 马克思恩格斯全集（第 21 卷）[M]．北京：人民出版社，1965：419．
③ 马克思恩格斯全集（第 21 卷）[M]．北京：人民出版社，1965：431．

型制造业就应该受到保护，对该部门的国际产品进行课税，而科技含量较高的产业由于国内没有能力生产，那么就可以不收取关税从而达到鼓励进口的目的。其次，选择有潜力的行业进行贸易保护，如主导产业有很大的发展潜力、未来可能成为支柱产业的部门，就应该通过制度来进行保护，创造良好的发展条件，而夕阳产业就没有必要在国际贸易中进行关税保护。最后，贸易保护不是永久的，要看产业的发展情况，如果通过长时间的产业保护，幼稚产业的发展还是十分艰难，那么就认为这种是无意义的，就要转移到其他行业的贸易保护中去。

4.6　本章小结

发达国家主导的世界贸易体系是否建立在自由贸易基础上？自由贸易的理论和实践本身反映了资本的时空扩张和时空压缩。例如，自由贸易的理论依据是绝对优势理论、比较优势理论和要素禀赋理论，这些理论都拓展了资本积累的空间。斯密认为各国都应按照本国的绝对优势形成国际分工格局，各自提供交换产品，产生国际贸易，该理论拓展了贸易往来的绝对空间。李嘉图提出各国在不同的产品上具有比较优势，使国际分工和国际贸易成为可能，进而获得比较利益，他的理论进一步支持不具备技术优势的国家进行自由贸易的合理性，拓展了资本扩张的相对空间。赫克歇尔—俄林提出了要素禀赋论，用生产要素的丰缺来解释国际贸易产生的原因，并且要素的禀赋会随着生产力提高而改变，说明贸易空间拓展的动态过程。但实践上，所有发达国家都是在资本时空压缩的基础上推行自由贸易，表现为推行贸易保护主义以保护本国的制造业、服务业及农业，当它们累积足够财富以确保可从自由贸易得益，便开始积极推行自由贸易政策。英国在18～19世纪中期曾推行保护性的工业政策，当英国在经济上拥有领先地位，便开始支持自由贸易。李斯特提出幼稚产业保护理论，对某个国家的一个新兴产业，当其还处于最适度规模的初创时期时，可能经不起外国的竞争，如果通过对该产业采取适当的保护政策，提高其竞争能力，将来可以具有比较优势，能够出口并对国民经济发展做出贡献，就应采取过渡性的保护、扶植政策。

第**5**章

资本主义世界体系对贸易空间的
拓展与固化

5.1 资本主义世界体系中的依附关系

依附理论是流行于 20 世纪 50 年代末到 70 年代，主要来自拉丁美洲的一些左翼学者探究不发达国家落后根源及发展战略的理论。"依附"是依附论解释外围国家落后根源的核心概念。特奥托尼奥·多斯桑托斯（Theotonio Dos Santos）曾给出了较为清晰的定义：依附表示这样一种状况，某些国家的经济受到它所依附的国家经济的发展和扩张的限制。两个或是更多国家的经济之间及这些国家与世界贸易之间的相互依赖关系被认为呈现出依附形式，当某些国家（统治国）能够维持和扩展自身的发展，而另一些国家（依附国）的维持和扩展则仅仅是对前者的扩展的反映。从上述定义可以分辨，"依附"是对外围国家国际生产关系的一种描述，它将外围国家的内部情况看作世界经济的一部分，认为外围的不发达是中心资本主义世界扩张的一种结果和一部分，并且是其必要的和整体相联系的部分。依附理论正是将上述历史唯物主义原理应用于国际层面的理论产物。首先，依附论从国际生产出发来探究不发达国家落后的根源。马克思和恩格斯说："在交往比较发达的条件下，同样的情况也会在各民族间的相互关系中出现。"如同国内的社会化生产一样，国际社会也存在分工即国际分工，各民族在分工过程中形成的生产关系即国际生产关系。马克思和恩格斯还指出，"各民族之间的相互关系取决于每一个民族的生产力、分工和内部交往的发展程度。这个原理是公认的"。这表明生产力水平是决定各民族国际分工地位的根本因素。依附理论正是通过提出"依附"概念来分析不发达国家在国际生产中的地位，以此来解释不发达国家落后的原因。安德烈·弗兰克（Andre Frank）曾提出，不发达国家与发达国家之间的国际生产关系就类似于国内资本主义中工人与资本家的关系。不发达国家像工人受到资本家剥削一样受到发达资本主义国家的剥削。这是不发达国家落后的根源。另外，依附理论遵循马克思主义政治经济学所要求的具体的、历史的分析方法，对历史上的依附形式进行了区分。彼得·桑德森（2005）指出："用外部动力取代内部动力是一种舒服的做法。如果这种取代是可能的话，那么我们就不必研究整个进程中每个运动的辩证关系，而可以用一个抽象的总公式来驱动对各种具体形式的研究了。"这表明依附在不同民族和不同历史时期都有具体的表现形式，不能用统一的抽象的公式来套用。正是如此，多斯桑托斯依据不同时期世界经济的基本形态、占统治地位的资本主义中心经济关系类型及其对外扩张方式、处于依附地位的外围国家的内部所存在的经济关系类型粗略归纳了历史上曾存在的三种依附形式。

第一种是殖民地依附。它的主要特点是与殖民主义国家结盟的商业和金融资本主要通过贸易垄断、辅以殖民垄断来主导欧洲和殖民地之间的经济关系。殖民统治使得宗主国的商业和金融资本通过独占殖民地贸易获取了巨额利润，并使殖民地逐渐形成以欧洲和世界市场需求为导向的生产结构。例如，巴西被葡萄牙殖民统治时期，面向世界市场的需求经历了红木时期、蔗糖时期、黄金时期等。工业革命后，资本主义国家对工业原料和粮食作物的需求快速上升，同时西欧的大量工业品需要海外市场。殖民地则成为廉价原料来源和商品倾销市场。由此"一种与机器生产中心相适应的新的国际分工产生了，它使地球的一部分转变为主要从事农业的生产地区，以服务于另一部分主要从事工业的生产地区"。这种经济依附的结果正如马克思和恩格斯所言："正像它使农村从属于城市一样，它使未开化和半开化的国家从属于文明的国家，使农民的民族从属于资产阶级的民族，使东方从属于西方。"

第二种是"金融—产业"依附。这种依附形式在 19 世纪末得到巩固，它的主要特征是大资本在霸权中心占据支配地位，并通过向满足霸权中心消费的原料和农产品部门投资来对外扩张。由此，在依附国国内形成了专门性的初级产品出口结构。这种依附形式与当时资本主义大国的经济变化及其对外扩张的方式有密切关系。19 世纪末，金融资本在资本主义国内形成金融寡头的统治，并通过资本输出的方式对外扩张，大量"过剩资本"投向依附国的原料和农业部门，在依附国建立起受中心金融资本控制的以满足中心国家需求的生产结构。这种生产结构往往以严格的专业化和地区单一化为特征。列宁在谈到资本输出造成的依附关系时指出，"金融资本和同它相适应的国际政策……造成了许多过渡的国家依附形式……它们在政治上、形式上是独立的，实际上却被金融和外交方面的依附关系的罗网缠绕着"。他举例："最近 25 年来，英德两国在阿根廷、巴西和乌拉圭投资约 40 亿美元，从而支配了这 3 个国家全部贸易的 46%。"由此形成中心对边缘的"金融—产业"控制，受中心金融控制的依附国因此成为工业原料产地、工业品倾销地和投资场所。

第三种是"技术—工业"依附。这种依附形态主要形成于第二次世界大战后，它的主要特征是跨国公司开始向那些面向不发达国家内部市场的工业部门投资。从第二次世界大战后到 20 世纪 70 年代，以国家主导和进口替代为特征的发展战略一度成为发展中国家的主流选择。这些国家从外部进口国内无力生产的设备、中间品及加工原料进行工业化。但这种购买受到两重限制：一方面，由于贸易条件的恶化，出口部门的创汇有限，无法通过购买进行进口替代，而且这些传统的出口生产部门及其生产关系的存在及相应的寡头政治妨碍着工业替代的发展；另一方面，由于发达国家公司掌握着专利，它们不愿通过国际市场出售这些产品，往往要通过资本形式入股发展中国家进口替代企业或让其高价使用。由此带来三个问题：其一，跨国公司控制着当地经济，并把大量的收益汇出，影响着依附国的积累。其二，技术和专利产生的大量费用使发展中国家国际收支状况更趋恶化。其三，为解决外汇不足而进行的国际融资附加了大量条件，这些条件要么有助于西方公司获得额外的优惠进入相关国家，要么使发展中国家被迫购买不需要的西方产品或不适用的技术，或要求投资于效益不高的产业。这些问题导致发展中国家替代性工业产品举步维艰，成本巨大，受制于西方跨国公司。这一切的根本原因是依附国缺乏技术，由此造成发展进程受制于人。

20世纪70年代以后，随着世界经济基本形态、发达资本主义国家占统治地位的经济类型及扩张方式、发展中国家内部的经济形势等因素的变化，依附的具体形式也呈现新的特征，即"技术—市场"依附。它的主要特征是：跨国垄断资本在发达资本主义国家内部占据主导地位并通过大规模对外直接投资和非股权经营安排向外扩张，由此造就了以全球生产链分工为特征的新国际分工。在这种全球生产链分工中，发达国家跨国公司凭借对核心技术和市场终端的垄断优势成为生产链的主导者，并获得高附加值，而发展中国家由于高度依赖发达国家跨国公司掌握的关键技术和市场终端，不得不接受来自它们施加的各种规则、标准及其他不平等的交换条件，往往从事低附加值环节。正是这种"技术—市场"依附使发展中国家在全球生产链分工中的收益和积累远不如发达国家的跨国公司，即使与自身水平相比有所增长，也是缺乏自主性和稳定性的依附式发展。

5.2 资本主义世界体系对贸易空间的拓展与固化

资本主义世界体系对于贸易空间的扩展是资本主义资本积累的过程，德国著名思想家罗莎·卢森堡认为原始积累的过程并不是仅仅出现于资本主义发展的早期，它是贯穿资本主义历史始终的。她指出："马克思特别着重强调欧洲资本对殖民地国家的掠夺。但是，这一切都只是从所谓'原始积累'的角度来分析。"在马克思看来，这些过程是附带发生的，说明资本的发生史即资本在世界上的最初出现情况。它们表现了资本主义生产方式从封建社会母体内出生时的痛苦过程。当马克思进行资本生产和流通过程的分析时，他又重新申述了前提，即资本主义生产占普遍而唯一的统治地位。资本主义世界体系的根本动力是无止境的资本积累。那么资本主义是从何时产生的呢？对此，国际著名经济史学家李伯重先生曾这样说过："'资本主义'一词，尽管是当代世界政治语汇中最重要和最常用的术语之一，但含义却一向不是很明确。"并且说道："最令人诧异的是，马克思本人似乎从未使用过'资本主义'一词，'资本主义'这个词是 20 世纪初才开始流行起来的。"新马克思主义经济学家杰弗·霍奇森在《资本主义、价值和剥削》一文中认为，马克思并没有为"资本主义"下一个明确的定义，对于"资本主义"最好的定义是后来的曼德尔等人做出的，那么写出长篇巨著《资本论》的马克思会忽略这样的基本问题吗？关于"资本主义"的定义问题，终究不能忽略其内在的本质。从某种程度上来讲，马克思本人可能的确并没有为名词形式的"资本主义"下过明确的定义，但这不代表我们可以越过马克思本人来谈"资本主义"，事实上，马克思对于资本主义早就提出了自己的理解。在马克思看来，资本主义其实本质上是一种"社会经济形态"，而其具体体现正是"资本主义生产方式"，这样的生产方式是资本运作的体现。对于资本主义的起源问题，马克思是放在"生产方式"在历史进程中的变化中研究的。他认为新的资本主义产生并取代旧的封建主义本质上是生产方式变化的一种体现。但是资本主义社会的经济结构最初是从封建社会的经济结构衍生出来的，封建社会瓦解之后资本主义才能得以进一步发展，也就是说，资本主义最开始的萌芽蕴含在封建主义之中，它在一定的条件下逐渐扩大进而取代了封建社会。马克思认为，"雇佣劳动"是所有资本主义的起点，但正如恩格斯所指出的：雇佣劳动从古至今便已存在，需要通过一定的成长条件才能使其发展，那么这样的成长条件究竟是什么呢？马克思认为，这个特殊的条件就是发展到一定水平的商品经济，在这种经济下，劳动力也变成了商品，资本主义的"雇佣劳动"是资本与劳动力的交换。那么资本主义到底产生于何时呢？马克思认为："最先在 14 和 15 世纪，在地中海沿岸的某些城市，已经稀疏地出现了资本主义生产关系的萌芽，但是资本主义时代是从 16 世纪才开始的。"①

5.2.1　资本主义世界体系贸易的开端

不同国家、不同民族的资产阶级在世界历史进程中所处的地位是不一

---

① 马克思恩格斯全集（第 23 卷）［M］. 北京：人民出版社，1972：784.

样的，这是由它们的生产力水平决定的。这同时也就决定了卷入"文明史"中各民族的相互关系具有分工和内部交往的发展程度。生产力发达的资产阶级往往在世界历史进程中占据主导地位，而生产力水平相对落后的则只能从同于前者。那些"被卷入"世界历史进程的民族则只好听命于前两者的使唤和奴役。结果，在世界历史进程中就形成了一种特殊的层级关系。地理大发现使欧洲资本主义世界经济逐渐发展成全球性的世界体系。"三角贸易"尤其是奴隶贸易，为资本主义发展带来了巨额的资金，推动了西欧和北美地区工业的发展，北美的殖民地也就因此发展起来。这种贸易，特别是建立在暴力统治与武力镇压基础上对殖民地财富的不平等交换，以及转口贸易和多边支付，是对殖民地生产者的剥削，而殖民地宗主国的资本家却从中获得巨额利润，积累起原始的资本。在资本主义的不断扩张过程之中，美洲新大陆凭借着从非洲输入的奴隶，建立起种植园经济，从而将非洲也卷入资本主义发展的历史进程之中。除去非洲，遥远的东方也没能幸免，自从第一批到达东方的葡萄牙与西班牙殖民者踏上东方国家的土地，暴力的掠夺便接踵而来，掠夺印度和东南亚殖民地，使原本在欧亚贸易之中占据优势的亚洲财富流回欧洲。

世界的贸易中心在这个过程中也发生着转移，从地中海转移到了大西洋，进一步为世界市场的形成做了铺垫。跨洋交易给美洲、非洲和亚洲带来的是殖民暴力统治，加速了资本的原始积累，进一步促进了西欧封建制度的解体和资本主义制度的发展。资本主义世界体系的构建使资本和商品的输出、市场的控制、原材料的争夺都能在世界范围展开，资本主义的生产方式也因为国际分工体系变得更加国际化。马克思在其著作中曾指出，"对外贸易和世界市场既是资本主义生产的前提，又是它的结果"①，"世界市场不仅是同存在于国内市场以外的一切外国市场相联系的国内市场，而且同时也是作为本国市场的构成部分的一切外国市场的国内市场"②，"资产阶级社会的真正任务是建立世界市场……和以这种市场为基础的生产"③。作为资本主义生产方式的历史产物，世界市场也从此开始建立。大

---

① 马克思恩格斯全集（第26卷）[M]. 北京：人民出版社，1972：278.
② 马克思恩格斯全集（第46卷）[M]. 北京：人民出版社，1979：175，238.
③ 马克思恩格斯全集（第29卷）[M]. 北京：人民出版社，1972：348.

西洋三角贸易是一种不平等的贸易，它推动了西欧和北美早期资本主义的发展，但是也造成了非洲人口的大量损失和财富的流失。

马克思、恩格斯认识到，不仅西欧资本主义与东方国家之间的发展是不平衡的，而且西欧资本主义国家内部的发展也是不平衡的，这从而使资本主义"生产的国际关系"产生了两个层次的国际政治经济关系：一是发达资本主义国家内部的国际政治经济关系，是西欧发达资本主义国家与落后国家之间的国际政治经济关系，包括宗主国与殖民地、西方与东方之间的国际政治阶级关系。这两种国际政治经济关系必然会导致两种结果是阶级冲突，即资产阶级与无产阶级之间的冲突，这两个阶级的冲突不仅在一个国家内部，而且在全世界范围内都因资本主义发展的不平衡性而愈演愈烈。二是生产关系的重组，这一结果主要是指发达资本主义国家对落后国家生产关系的重组，特别是西欧资本主义国家通过殖民的方式对东方印度等的生产关系的重组。因此，不平衡发展、阶级冲突、生产关系重构构成了马克思、恩格斯发展理论的核心内容。

伊曼纽尔·沃勒斯坦曾指出，无止境的资本积累是资本主义生产也是世界体系发展的根本动力，为了进一步获得资本积累的空间，资本家们需要在国内发动斗争，而长期的跨洋贸易给了他们这种资本。欧美各国发生的资产阶级革命，如英国的资产阶级革命、法国的大革命和美国的独立战争标志着资产阶级接手政权并进一步改造国家的开始。他们制定有利于资本主义经济发展的政策，以巩固资本主义制度的经济基础。资本主义的政治制度陆续在相应的国家建立起来。其中具体的表现就是废除封建的土地制度，用资本主义的方式实行地产再分配，进而推动了工商业的发展。

从 15 世纪到 18 世纪中期，随着新航路的开辟、早期的殖民掠夺、大西洋贸易的迅速发展，资本主义工商业不断发展壮大，欧亚非及美洲之间的联系日益加强，资本主义世界体系的雏形已经呈现。

5.2.2 资本主义世界体系贸易的发展

18 世纪后期，浩浩荡荡的工业革命在欧美主要国家先后展开；直到 19

世纪末，欧洲各国大致实现了工业化。工业革命的后果是欧洲的生产力得到了大幅度的提升，经济有着生产的驱动于是高速发展，进而为资本主义制度的确立和巩固奠定了经济基础，也为资本主义世界经济体系和殖民体系在全球的扩张提供了物质基础和技术手段。马克思和恩格斯在《共产党宣言》中说："资产阶级在它的不到一百年的阶级统治中所创造的生产力比过去一切时代创造的全部生产力还要多，还要大。"[①] 工业革命带来了生产力几何倍数的增长，资本主义工业生产和国际上的贸易迅速发展。与此同时，在社会上，工业革命引起了社会结构的重大变革。随着机器化的工厂制在欧美国家的建立，社会中逐渐形成了两大对立的阶级——工业资产阶级和工业无产阶级，这两个阶级的激烈对抗也是近现代资本主义社会的矛盾。资本主义工业的发展为资产阶级带来了财富，社会的生产力提高了，然而处于无产阶级的人们居然越来越贫穷，认识到这个现实的无产阶级为了改变自己的处境，开始与资产阶级进行斗争，工人阶级逐渐形成了自己的政治力量。

工业革命把农村的劳动力引向城市，城市化进程开始了，在这个过程中，人们的生活方式和价值观念在逐渐地发生改变。世界各地之间的联系在工业革命的历程中变得越来越密切，世界的面貌也在逐渐改变，资产阶级接手了这个世界的统治权。英国作为最早完成工业革命的国家，直到19世纪中期已经变成了"世界工厂"，而且在军事方面拥有强大的海上力量。北美和欧洲其他各国也相继加快了工业革命的步伐。

随着工业革命的进一步发展，列强们为了争夺世界范围的商品市场和廉价原料，加速进行殖民扩张，把亚洲、非洲、拉丁美洲等地区变成他们的殖民地或者半殖民地。在这个过程中，西方的先进技术和生产方式传播到了世界各地，与这些地区原本的经济和社会结构发生了剧烈冲击，传统的体系引入了新的要素，为资本主义的滋生提供了条件，但与此同时，西方对于这些殖民地或半殖民地的掠夺加剧了当地的贫穷。

工业革命所带来的物质基础和先进的技术手段促进了资本主义世界经济体系的发展和殖民扩张，直到此时，以英国为中心的资本主义世界贸易

---

① 共产党宣言［M］. 北京：人民出版社，1966：30.

体系已经形成，而这种贸易体系的基础便是国际分工，国际分工是社会分工发展到一定的阶段，国民经济内部分工超过国家界限的结果，是社会生产力进一步发展的产物，资本主义经济制度的确立与扩展使国际分工产生了。在欧美国家大部分完成工业革命以后，在这些国家内部，资源和市场难以满足机器大工业带来的生产力发展的需求，从而需要将需求转向国外，最终促进了资本主义国际分工的形成。马克思就此论述道："在英国，机器发明之后分工才有了巨大的进步，这一点无须再来提醒。……在机器发明之前，一个国家的工业主要用本地原材料来加工。例如，英国加工的是羊毛，德国加工的是麻，法国加工的是丝麻，东印度和列万特加工的则是棉花等。由于机器和蒸汽的应用，分工的规模已使脱离了本国基地的大工业完全依赖于世界市场、国际交换和国际分工。"① 资本主义国家凭借着机器大工业，把廉价的商品销售到技术落后的亚洲、非洲和拉丁美洲，摧毁了这些国家的民族工业，在世界范围内形成了工业国和农业国的分工，此时的世界贸易是农业国围绕着工业国进行的，国际分工使各个国家的人力资源和自然资源都得到了更加充分的利用，在世界范围内，生产力发展了。但是这种国际分工其实是一种垂直分工，本质是发达的工业国对于农业国资源的掠夺，造成了亚洲、非洲和拉丁美洲的长期贫困。

随着资本主义制度的确立和进一步的巩固，资本主义国家加紧了全球扩张，世界市场也迅速扩大。因此，各国的资本家迫切想要改进生产技术，扩大产品生产。对于自然科学的研究在各个学科的重大突破，为资本主义的发展所需要的新技术革命提供了条件，工业革命开始进入了一个以电气化为主要标志的新阶段，人们将其称为"第二次工业革命"，第二次工业革命引起了生产领域内部的一系列变革，进一步推动了社会生产力的大幅度提升。第二次工业革命不仅使一些旧的生产部门如煤炭、钢铁工业等由于技术改造而得到新生和迅速发展，同时使一批新兴工业部门如电力、电器、化工等迅速崛起；更重要的是导致了先进资本主义国家的工业结构发生了重大的变化，逐渐从由轻工业为主导转变为以重工业为主导，资本主义国家的工业化基本实现。与此同时，由于生产的技术和产品的结

---

① 马克思恩格斯选集（第 1 卷）［M］. 北京：人民出版社，2012：102.

构逐渐变得复杂，生产设备体型的变大，企业的规模也逐渐扩大，各种股份公司有了发展的空间，超大规模企业互相垄断的组织也在这个时候得到了发展，这使资本主义的经济增长速度大大加快，资本主义过渡到了垄断资本主义阶段。

垄断组织是生产和资本集中到一定程度的产物，资本主义大企业之间为了独占生产和原料，控制市场和价格，攫取高额利润进而联合组成了这样的经济同盟、超大型企业或者企业集团，跨国公司也是垄断组织的一种形式。垄断组织出现在 20 世纪 60 年代前后。在经历了 19 世纪末经济的高速增长和 20 世纪初的经济危机后，垄断组织在所有的先进资本主义国家得到了普遍的发展，并且成为所有经济生活的基础。由于各个国家的社会、经济和历史条件不同，在世界经济从资本主义过渡到垄断资本主义的时候，垄断组织的具体形式和发展方向也有很大差异。

随着工业生产和工业资本的集中，银行资本也逐渐集中。与此同时，银行资本和工业资本互相结合，进一步形成了金融资本。金融资本形成以后，进一步又形成了金融寡头。少数的、最大的垄断资本家掌握着金融资本，控制着整个国家的经济和政治，从而巩固了自己的统治地位。这种金融资本最先出现在工业发展迅速但缺乏金融资本的德国和美国。为了获得更多的利润，先进的资本主义国家将大量的"剩余资本"以放高利贷或者投资兴办各种企业的方式输出到落后的国家和不发达的资本主义国家。作为资本主义的高级发展阶段，垄断资本主义虽然有着其优点，推动了生产的进一步发展，但是其也有消极的一面，即资本主义本身所带有的剥削性质和侵略性质。首先，垄断组织的形成是大资本在生产竞争中吞并小资本的结果，在这个过程中有着各种各样的暴力和欺诈行为。其次，资本家们为了在垄断的过程中获得更多的利润，影响着国家的政治、经济，使资本主义国家最终成为垄断资产阶级的工具。最后，垄断组织的发展使对殖民地的资本输出进一步扩大，推动了殖民掠夺和殖民扩张。在 19 世纪末亚非殖民地被帝国主义国家疯狂的争夺，但这样的殖民扩张和争夺必然导致世界霸权的出现及帝国主义战争。

第二次工业革命也引起了社会生活领域的许多变化，人们的生活方式和生活的面貌发生了很大的改变。工业企业的迅速增加和生产规模的迅速扩大使资本主义各国的城市化进程速度明显加快。随着社会财富的不断增加，先进资本主义国家之中，从事经营管理、脑力劳动和技术工作的中产阶级的人数不断增加，他们的生活水平得到了明显的提高，并且大量雇佣仆人；广大工人阶级的生活水平也有了明显的提高，但是由于生产规模和社会财富的集中化，社会上的贫富差距也不断扩大。

19 世纪末 20 世纪初，资本主义世界经济体系由世界市场、资本输出和国际性垄断组织等因素构成，资本主义世界经济体系迅速发展。广告业、电信业的诞生推动了国际贸易的迅速发展。到了 19 世纪末，随着国际贸易的发展，多边结算制度出现了。国际结算制度一般分为双边国际结算制度和多边国际结算制度。在国际贸易的初级阶段，各国之间的贸易主要是双边贸易。双边贸易的特点是：除了物物交换之外，对外贸易结算的时候必然伴随着贵金属货币的流动。为了缓和支付手段短缺对国际贸易的制约，"三角贸易"的形式便发展了起来，它的优点是减少了贵金属的流动。但是"三角贸易"也有不少的缺点，首先它受到贸易国家数量、贸易规模和贸易流向的限制。国际贸易的发展要求消除缺少支付手段的障碍。在这样的环境之下，多边贸易支付体系便发展起来了。多边贸易支付体系是一种更加间接地抵销贸易逆差的途径，可以既不扩大贵金属货币国际流动，又让更多的国家参与到国际贸易之中。这时，英国是国际贸易支付的中心。各国由于国际贸易而产生的债权债务关系基本上都通过在伦敦的银行进行结算。除了英国，一些新型资本主义国家在地区中也发挥着半中心的作用。德国在东欧、中东和拉丁美洲有着规模迅速扩大的贸易关系网，相应的德国便成为这些地区的一个中心；美国则在北美、拉丁美洲、远东等地区逐渐形成自己的辐射网，成为这些地区的中心。当资本主义进入了垄断资本主义阶段，生产和资本越来越多地集中于少量的大企业，在利润高的部门形成了较高的贸易壁垒，而资本的本质使其对于利润率比较低的生产部门不屑一顾，进而产生了大量的过剩资本。为了继续获得更高的利润率，垄断资本家们于是把目光放到国外，将"过剩资本"输出到落后的国家或者后发展起来的资本主义国家。落后国家的资本有机构成低，劳动力容易获得，为资本的输出提供了条件。这种资本输出的萌芽在资本主义自由竞争的时候就已经出现了，直到 20 世纪初才有了大规模的发展。总的来讲，资本输出主要有两种形式：第一种是借贷资本输出；第二种是直接资本输出。英国的资本大部分输送到其殖民地、半殖民地及北美，大多数资本采取的是直接投资的形式。法国的资本输出主要投放在欧洲，主要投放给俄国，主要采取的是借贷资本的形式。但本质上来说无论是哪种形式，资本输出除去有着促进和推动落后国家经济在某种程度上发展，但是也加强了垄断资本对落后国家的控制和剥削，使这些国家的经济不能全面发展，民族经济衰退，对发达国家的依赖大大增加。在资本的来源这一方面，英国和法国在第一次世界大战前是主要的资本输出国，德国的对外投资开始的比较晚，但是增长较快。至于俄国和日本，在20世纪开始后也有少量资本输出，但基本上还是资本输入比较多。美国在第一次世界大战之前仍然是资本输入大于资本输出的国家。资本首要输出的地区是经济发达的欧美地区，仅在1890年欧洲对美国的投资就高达30亿美元。1900～1916年，加拿大每年吸收的外国投资平均有4亿美元。在拉丁美洲，英国、美国和德国的资本输出数量都很大。美国一方面从欧洲输入大量的资本，同时又在向拉丁美洲输出资本。亚洲和非洲也是帝国主义国家资本输出的重要场所之一。在资本输出的过程中，帝国主义国家设在殖民地的银行和分行起到了非常重要的作用。列强通过资本输出的方式得到了惊人的财富。

在各国垄断资本于世界市场中争夺和妥协的过程中，国家最大的垄断组织——国际垄断组织出现了。他们为了控制生产规模，规定垄断价格，垄断原料来源，划分投资市场以保证获取高额垄断利润，根据协定结成瓜分世界市场、制定垄断价格和规定生产规模等的国际性垄断集团。国际垄断组织形成的基本动力是垄断组织之间瓜分世界市场、原料产地和势力范围的激烈竞争。国际垄断组织也有一个逐步形成和发展的历史进程。国际垄断组织的萌芽时期，在19世纪60～80年代。到了19世纪末20世纪初，自从垄断组织在国内确立了统治性的地位，国际垄断组织也迅速地增加和发展起来。国际垄断组织的形式有：国际卡特尔、国际辛迪加、国际托拉斯和国际康采恩。其中最主要的形式是国际卡特尔，它是各个最大的垄断组织在世界范围内，通过协定划分销售区域、规定市场价格和销售限额、交换技术发明和共同享有专利权等。自此以后，帝国主义垄断在世界范围内进一步发展为国际垄断。对此，列宁曾评价说："资本主义早已形成了世界市场。所以随着资本输出的增加，随着最大垄断同盟的国外联系和殖民地联系以及'势力范围'的扩张，'自然'使得这些垄断同盟之间达成全世界的协定，形成国际卡特尔。"

国际垄断同盟的形成，是各国垄断组织进一步发展的体现，世界范围内的生产和资本进一步集中。虽然这种同盟是暂时性的形式，世界经济的瓜分斗争才刚刚拉开序幕。各国垄断组织占领世界市场的份额大小，主要是按照资本和实力进行划分的。各国的垄断组织之间签订的每一个协定、做出的每一个妥协，背后都是以各国之间的实力为依托。由于资本主义经济政治发展状况参差不齐，各种实力之间的对比也是在不断变化的，从这个角度可以看出这种暂时性的协定的不稳定性，一旦各国背后的实力对比发生改变，就会导致协定的破裂，根据新的实力重新确定协议，从这个角度讲，之后会出现新的矛盾和尖锐的斗争是必然的。

资本主义世界体系的一个体现就是世界殖民体系。到了垄断资本主义阶段时，帝国主义国家基本将世界瓜分完毕，1885 年先进资本主义国家签订的《柏林会议关于非洲的总议定书》标志着世界殖民体系的形成。马克思以英国在印度的统治为例，指出了殖民主义的双重使命："一个是破坏性的使命，即消灭旧的亚洲式的社会；另一个是建设性的使命，即在亚洲为西方式的社会奠定物质基础。"这两种使命便是殖民主义造成的两个方面的结果，两者是相辅相成的。其中，破坏性的使命造成的后果更加严峻，时间跨度更长，往往要在之后的一段历史之中才能体现出来。对于资本主义经济和政治制度发展比较充分的国家来说，双重使命中积极一方面的作用的实现相对来讲会更突出一些。这是因为他们的资本主义生产方式已经有比较高程度的发展了，这种发展便要求他们采取相应的方式去改造被统治国家的社会、经济、政治和文化，这使得被殖民国家在独立后，更容易逐步进入资本主义的发展道路。但是对于那些本身资本主义发展不足，在政治上实行专制统治的国家，他们的殖民统治更多的是消极的作用。他们本身制度的落后使他们只能用同样落后的方式去改变殖民地。从本质上来说，殖民主义的双重使命是资本主义生产方式扩张和资本运动规律在世界范围的体现。从某种程度上来讲，这是西方资产阶级改造世界面貌过程的一部分。把西方创造的先进生产力和资本主义制度推向全世界，是近代西方资产阶级的历史任务。而殖民主义的双重使命则是资产阶级推动历史扩大到世界范围的一种表现形式。当资本主义进入到垄断资本主义阶段以后，由于资本输出导致的殖民主义的双重使命便逐渐呈现出来。首先，殖民主义破坏了殖民地的社会经济结构，使其经济具有单一性和依赖性。例如，古巴专门种植甘蔗、巴西种植咖啡、塞内加尔种植花生、印度尼西亚开采石油并且种植各类经济作物、科特迪瓦主要生产咖啡、锡兰生产橡胶和茶叶、玻利维亚发展锡矿。其次，资本输出促进了殖民地国家资本主义的诞生。虽然在这个过程中，殖民地国家受到本国封建主义和外国资本主义的限制，资本主义的发展是畸形的，但这的的确确对于向资本主义社会的过渡有着积极作用。殖民地的这种变化也在更深程度上把自己拉入到了资本主义世界体系之中。到了 19 世纪末 20 世纪初，资本主义政治制度、资本主义世界殖民体系和资本主义世界经济体系一起在全世界占据了主导地位，共同组成了资本主义的世界体系。

霍布森认为，发达国家通过向不发达的地区不断输出资本、积累资本的制度，通过经济和政治的双重影响，甚至使用军事来加强对于不发达国家的控制，建立起了发达国家与不发达国家的不平等关系，是依附悲观理论的源头，拉丁美洲作为依附的"边陲"国家，在不平等的世界经济关系之中处于劣势，外围国家对中心国家存在着严重的商业、金融和技术依附，这种关系有些像"大都市"与"卫星城"的关系。

列宁和布哈林认为，帝国主义是资本主义的最高阶段。列宁将资本主义划分为自由资本主义和垄断资本主义，而"帝国主义是资本主义的垄断阶段。这样的定义能包括最主要之点，因为一方面，金融资本就是和工业家垄断同盟的资本融合起来的少数垄断性的最大银行的银行资本；另一方面，瓜分世界，就是由无阻碍地向未被任何一个资本主义大国占据的地区推行的殖民政策，过渡到垄断地占有已经瓜分完了的世界领土的殖民政策"①。

进入到 20 世纪，资本主义世界体系又有了新的发展，世界逐渐进入全

---

① 列宁. 帝国主义是资本主义的最高阶段. 1917.

球化时代。这股全球化的浪潮首先从经济领域开始，逐渐延伸到政治、文化等各个领域。全球化是资本主义世界体系发展到 20 世纪的新形式。

在 20 世纪，空间范围内的全球联系和相互依赖的程度加强，这种对于空间的扩展和程度的深化具有明显的时间特征。从时间上来看，全球化的过程才正式开始，第一个阶段是从 1945 年到 20 世纪 70 年代中期，第二个阶段是从 70 年代中期到 80 年代末，全球化的高潮阶段则是从 90 年代初至今。

从某种程度上来看，全球经济的主要特征在工业革命时期便逐渐体现出来。18 世纪末期蒸汽动力的出现，使人类历史上第一次出现了经济的长期持续增长。超远距离交通技术的发明，也使经济社会结构发生了很大的改变，进一步导致了国内外经济社会机制实现最终的转型。工业革命所带来的远距离运输成本的降低，使欧洲从海外进口食物和原材料变成可能。这些革新导致了新型的国际劳动分工和贸易及生产的国际互补性专业化分工。资源丰富的国家对欧洲的生产者开放了交易市场。国际贸易和资本流动向海外领土的地理扩张也不断加快。

但是从 20 世纪初期直到第二次世界大战结束期间，这种有利于全球经济快速发展的趋势受到了一系列战争与革命及经济发展周期性的制约。与工业革命时期相比，全球经济的不稳定程度增加，进而形成了人为的全球经济联系的阻隔。为了阻止国际经济大萧条传到本国，各国纷纷制定了关于国际支付和贸易的限制政策，对资本和劳动力的流动设置了严格的限制，采用高关税和对贸易的严格数量限制。这种状况一直持续到第二次世界大战爆发。从 1945 年到 20 世纪 70 年代中期，第二次世界大战的结束打开了世界经济发展的黄金时期。第二次世界大战之后形成的布雷顿森林体系建立了新的国际货币制度，《关税与贸易总协定》通过大幅度削减关税壁垒和消除非关税壁垒，推动了全球贸易的自由化。欧洲也出现了地区性的经济组织，逐步消除对外贸的数量限制。到 50 年代末期，欧洲分裂成了两个经济联盟：欧洲经济共同体和欧洲自由贸易区，成为推动欧洲在 60 年代经济增长的主要力量。在这样的体制和政策的大背景下，新的支付体制、自由贸易体制和国家进口需求的增长使国际贸易的数量迅速增加。与此同时，国际贸易的自由化使发达国家的发展势头传播到了发展中国家，出口商品成了发展中国家进入全球经济中的主要手段。发达国家经济的迅速增长、国际贸易的自由化为发展中国家通过出口而进行快速的增长创造了有利环境。外国的资本援助，投资和贷款等形式的资本流动促进了发展中国家的经济进一步发展。从总体上讲，这个时期的全球化尽管还缺乏一定的系统性，国际组织还没有使制定的国际规则发挥作用的话语权。

到了 70 年代中期，布雷顿森林体系逐渐崩溃，取而代之的是浮动利率体系。一方面，国内的供需能力决定着一国货币在国际汇兑市场中的价值。如果贸易收支顺差（逆差）出现，浮动利率将会自动增加（降低）其货币的价值，这样就提高（降低）了卖给外国的商品的价格。这样的国际浮动汇率体系刺激了国际货币流动的速度。另一方面，服务业的兴起使国际经济出现了结构性的调整，贸易和资本流动在经济中占据的份额越来越重要。国际货币兑换制度的变化，从根本上改变了国际资本流动的路线，使世界各国在经济上的互相依赖性显著增强，经济全球化稳定地发展着。

为什么说资本主义世界市场体系是一个极不平等的市场体系？马克思、恩格斯仍然是从资本的本性来进行分析的。第一，资本为了追求利益最大化而对外拓展市场，而拓展世界市场的方式主要有商品输出、资本输出、生产国际化、奴隶贸易和建立殖民地等。这几种方式的过程和结果没有一种是平等的。商品输出的目的是为了控制落后国家的市场。这是因为，在资本主义扩大再生产过程中，相对过剩的危机首先是在其国内爆发的。为了缓解危机，资产阶级总是努力寻找外部市场并使之成为商品倾销的市场，最终就是要力图控制已经占据的外部市场。由此可见，资本主义的商品输出绝不是为了解决落后国家商品短缺的问题，而是为了解决其内部利润率下降的问题。前文述及，资本输出的原因在于资本主义国家内部存在着过剩资本，而过剩资本并非它在国内已经绝对不能使用，而是因为到国外使用能够获得更高的利润率，这可以说是资本输出的最重要的推动力。随着资本输出而来的是资本主义生产的国际化，通过资本输出和生产的国际化，资产阶级就能够在更大程度上掌控着落后国家的经济命脉。至于罪恶的奴隶贸易和建立殖民地，根本就没有任何平等可言。奴隶贸易可以说是资产阶级在人类史上罄竹难书的罪恶，而建立殖民地和在殖民地的统治，资产阶级也是根据资本的利益来执行"双重使命"的，即为了征服殖民地和落后国家，资产阶级必须在殖民地执行"破坏的使命"，也就是彻底摧毁殖民地的社会经济关系。但是，不发展殖民地的经济对资产阶级并没有好处，因而资产阶级又根据自身的需要来执行所谓的重建使命。第二，成熟的市场经济是一种法治经济，因而应该是一种平等的市场经济。但是，在马克思、恩格斯时代，资产阶级开拓世界市场并非要建立一个平等、和谐的乌托邦，而是通过将落后民族、落后国家纳入资本主导的文明进程，继续保留既有的不平等，从而获得最大的收益。尽管从理论上讲，落后国家作为世界市场体系中的一员，理应分享世界经济增长带来的收益，但事实上，由于资产阶级掌握着雄厚的资本等经济要素，从而拥有更大的优势来获得机会并把危机转嫁到落后国家身上。也就是说，在世界经济体系运行过程中，几乎所有的代价都是由落后国家，特别是由它们中最穷的国家来承担的。第三，资产阶级开拓世界市场固然以贸易为手段，但在贸易的背后往往是不可避免地要通过战争来维护本就依靠不平等的贸易获得的收益。马克思、恩格斯在《德意志意识形态》中指出："随着工场手工业的发展，各国进入竞争的关系，展开了斗争。这种斗争是通过战争、保护关税和各种禁令来进行的，而在过去，各国只要彼此有了联系，就互相进行和平的交易，从此以后，商业便具有了政治意义。"马克思进一步指出："我们每天都看到，不仅称霸世界的列强和它们的臣民之间、国家和社会之间、阶级和阶级之间发生冲突的迹象日趋严重，而呈现出列强相互之间的冲突正在一步步尖锐，乃至剑拔弩张。"正是战争和贸易所开拓的世界市场使落后国家陷入更严重的灾难之中。

5.3 全球价值链对贸易空间的拓展与固化

价值链这个概念最早是由管理学大师迈克尔·波特在 20 世纪 80 年代末提出的。从 20 世纪末到 21 世纪初，世界生产和经济逐渐走向全球化，各经济体间的垂直分工日益显著，进而价值链这个概念被推广到全球范围内，形成了全球价值链的概念。

全球价值链概念的背景是一个完整的产品生产过程被分割成不同的阶段，在各个阶段都有不同的增值特点，这些在生产上又可以连续分割的增值阶段便构成了完整的全球价值链条。一个标准的全球价值链条，包括上游的产品设计、中游的组装生产再到下游的销售。价值链的高端环节是研发和营销等高增值阶段，低端环节则对应为加工组装和简单部件生产等低增值阶段。根据各个阶段的特点，又产生了微笑曲线，在全球价值链学说的微笑曲线上，上游研究与开发阶段及下游市场营销阶段是高附加值生产阶段，而中游的加工制造阶段属于低附加值阶段。处于两端的少数企业得到了全球价值链中的大多数附加值，然而大多数处于中间位置的企业，只得到了极少份额的附加值。

全球价值链的驱动模式是供给与需求模型。格里芬（Gereffi）等在对于全球价值链的研究中，认为全球商品链运行存在着生产者驱动和购买者驱动两种模式。生产者驱动是指依靠生产者的投资来推动市场的整体需求，进而形成本地生产供应链的垂直分工，投资者一般是希望推动地方经济发展、建立工业体系的政府，也可以是拥有技术优势、希望开阔市场的跨国公司。生产者驱动主要出现在资本、技术密集型的产业中，如飞机和汽车制造行业、电子、计算机、通信企业等。购买者驱动是指拥有销售优势的大型采购商协调发达国家和发展中国家市场的生产、设计和销售，这种驱动主要出现在发展中国家的劳动密集型产业。

随着经济全球化的不断推进，越来越多的国家参与到全球价值链中。在 2008 年全球金融危机之后，"全球价值链与增加值贸易"迅速成为全球贸易与投资关注的焦点。由于传统的全球贸易统计框架并不能反映各国相对的贸易量等数值，无法从根本上揭示出各个国家之间复杂的价值链分工所得，同时也存在着大量的"重复核算"的问题。在这样的背景之下，一种全新的、能够真实反映全球贸易运行和贸易秩序的核算方法——贸易增加值算法越来越受到关注。这种算法不仅能衡量各个国家在价值链之中的对于增加值的贡献，也将对全球产业格局的变化和中国的产业升级战略产生深远地影响。目前来看，当前全球价值链发展呈现出以下几点特征。

首先，跨国公司在全球价值链中占据主导地位。近几年，各个国家的海外业务不断拓展，跨国公司推动生产全球化的方式也变得多种多样，跨国公司通过供应链网络和服务外包等方式推动企业规模的扩大，进而优化其在全球的资源配置，实现产业的全球布局。在此背景下，为了使成本最低化，跨国公司在全球对价值链进行的配置推动了经济全球化和全球价值链的进一步发展，最终成为全球价值链的主导者。据联合国贸发会议数据显示，跨国公司主导的全球价值链占全球贸易的80%，2011年全球100家最大跨国公司的海外销售收入和雇员人数的增速都明显高于母公司的业绩增长。随着全球价值链的进一步发展，全球价值链生产外包和增长阶段的拆分程度不断增加，从国家层面上来讲，跨国公司对全球价值链的治理与掌控能力变得越来越重要，在全球价值链中扮演的重要角色成为跨国公司的核心竞争力。跨国公司利用其在价值链内的特殊地位，按照自己的方式分解着价值链的各个阶段，不断深化在全球生产销售的配置，最终成为全球价值链的有效治理者。发达国家的跨国公司相对广大发展中国家的跨国公司占据着优势，他们操控着全球生产链，获得微笑曲线两端最大的附加值，然而后者却在承受着环境污染等负面影响，依附于发达国家，最终使得世界贸易空间固化。

其次，全球价值链发展的基础是国际贸易投资。自第二次世界大战以来，全球贸易爆发式增长，从贸易角度来看，中间产品在其中发挥了很大的作用，中间产品的外包和离岸生产是全球价值链形成与发展最重要的因素，国际贸易投资成为全球价值链的发展基石和手段，具体表现为中间产品的外包和离岸生产。根据联合国贸发会议报告显示，从1995年以来，全球中间产品的出口额与全球总出口额的比值一直在50%以上，最高甚至能达到将近70%，28%的进口国进行商品进口的原因都是为了将其作为中间商品进行加工处理。由这些数据显示，全球贸易市场基本被中间商品的贸易所占据，这样的国际贸易特征，是全球价值链进一步发展所导致的必然结果。

与此同时，国际贸易投资的发展为全球价值链的发展注入了新生力量。但发展中国家和一些落后的国家参与全球价值链最重要的途径是直接对外国投资。从1980年开始，国际贸易投资便进入了高速增长阶段，到了

1990 年，全球对外投资的速度激增，在这背后是跨国公司进行外包和离岸生产发展。通过国际投资产生的价值在过去的 30 年里飞速增长，而且这一趋势还将继续下去。

接下来，服务业成为全球价值链的有机组成。全球价值链的发展过程中，服务业发挥的作用与日俱增。其中比较突出的是生产性服务行业，如金融、商业服务、通信、交通等。在某些行业，服务成为企业的核心竞争力及生产成本降低的主要因素。由于产品的生产及销售是一个非常复杂的链条，有很多方面其实都可以通过服务业进行扩张。服务对于许许多多的企业都有着提高生产效率的作用。当前世界超过 2/3 的 GDP 都是由服务业贡献的。在某一个国家内部来讲，一个国家收入水平上升了，那么这个国家服务业占总 GDP 水平的份额也增加了，两者在某种程度上讲有一定的正相关性。高收入国家服务业增加值大约占 GDP 的 70% ~ 80%，而中等收入和低收入国家只有大概 40% ~ 60%。即便服务业增加占比不高，服务业依旧是低收入国家和中等收入国家的核心贸易活动。服务业对于 GDP 的贡献明显超过工业和农业所有加在一起的总和，在任何经济体中，服务业都发挥着无比大的作用。

最后，新兴发展经济体在全球价值链中的作用进一步增强。就目前发展势态观测，在全球价值链中，新兴发展经济体的作用显著增强。未来几十年，全球各经济体相互依赖发展，新兴发展中经济体或将把参与全球经济链的布局方式发展向海外布局，意在增强其在全球价值链中的作用。近年来，吸引投资与对外贸易是新兴发展中的经济体渐渐融入国际生产体系和全球分工的方式，其优势更在于以较低成本参与全球价值链，为将来融入世界经济获得新兴发展谋求道路。

2014 年《世界贸易报告》提供的数据表明，新兴发展中经济体的全球价值链参与指数 1995 ~ 2000 年提升了 10 个百分点，发达国家则提升了 7.6 个百分点。此外，对外投资和跨境并购能更深层次地反映出新兴发展中经济体参与全球价值链的态势不断提高。联合国贸易新兴发展会议 2016 年的数据表明，新兴发展中经济体在全球外国直接投资流入方面位居第一位，2014 年流入新兴发展中国家的外国直接投资创历史新高，总投资为 6810 亿美元，同比增长 2%，世界上排名前十的国外直接投资接受国中，有 5 个是新兴发展中经济体，中国已然成为世界上最受欢迎的外国直接投资接受国。商务部最新发布的统计显示，2014 年中国对外投资总规模近 1400 亿美元，超过外资利用总规模达 200 亿美元，成为 "净资本输出国"为中国带来巨大经济效益，企业参与全球经济链、供应链乃至价值链的重构节奏加速，新兴发展中经济体跨国公司的跨国扩张也创历史新高，中国对外直接投资中，新兴发展中经济体占 35%，这相对于 2007 年的 13% 占比无疑是创纪录般的进步。此外，服务业的跨境并购正以惊人的态势快速增长。2014 年，跨境并购的净价值增加了 28%，高达 3990 亿美元，且将继续转变向服务业投资，2012 年服务业占全球国外直接投资存量的 63%，高于制造业（26%）2.5 倍，高于第一产业（7%）9 倍。

随着世界经济的深刻变化，20 世纪 70 年代以后逐渐形成了一种新的国际分工形式和基于这种分工之上的新的依附形态。这种新的国际分工即为全球生产链分工。与以前的国际分工形式相比，其最主要的特征是生产在全球范围内的地理分散化。全球生产链分工突破了过去的产业/产品间分工，是一种产品内分工，即同一产品的不同部分和工序/环节的分工。而且这些不同的生产环节又突破了民族和国家的疆界，分散在世界各地，由此形成全球生产链式的分工形式。如今，越来越多的国家都深度参与了全球生产链分工。

全球价值链的逐渐加速扩张发展远不及于此，从空间角度上看，随着全球产业分工网络及信息技术更深程度的进步，世界各国的技术和资本等要素的自由度得到提升，因此各国的资本回报率出现相似化态势。然而，全球的劳动力跨境流动仍存在很大的问题，使不同国家的劳动工资差异显著。为了追求更廉价的劳动力，很多跨国公司不得不把一些不具有竞争优势、低附加值的生产环节转移到经营成本相对低的国家与地区去，因而产生国家间水平分工或垂直分工。近几年，全球价值链环节在空间布局上呈现不断加速升级的态势，一个国家的产业结构变动会导致周边国家或地区的产业结构发生变动，同时，周边国家的产业结构的改变也会影响本国。所以处于同一价值链或同一地区的各个国家产业结构应相互连接、相互依存，形成一个动态区域整体，进而逐步出现国际性区域产业结构的联动。

新一轮产业革命对全球价值链发展产生了巨大作用。首先，在新一轮产业和工业革命引领的技术创新的新产业中，新能源、新材料、节能环保、生物医药和智能制造等新兴产业仍保持传统经济的姿态。在金融危机之后，全球创新发展氛围达历史最高。2012 年，美国研发强度达 2.8%，日本则为 3.4%，德国为 2.8%，欧洲到 2020 年战略目标为 3%，韩国和以色列已超过 4%。现代工业以"德国工业 4.0""中国制造 2025""韩国制造创新 3.0""美国工业互联"为标志性特征的第四次工业革命的到来，更使全球研发的发展阶段不断增强。其次，近几年，随着新一代信息技术的发展，数据产品和数据交易试图抵抗着 WTO 框架下的贸易规则，并使数据贸易应该适用货物贸易的规则还是服务贸易的规则难以确定。全球电子商务网络的迅猛发展意味着数字化发展趋势不断增强。数字贸易的大环境下，跨境数据流动已成为全球价值链深化发展的重要元素，催化了其进程。

随着全球经济链的发展，各种隐形贸易壁垒开始频繁出现。全球价值链在各国之间能否顺畅流转开始受到各国供应链壁垒的干扰。目前而言，随着传统的"货物贸易"（trade in goods）逐渐转型成为"任务贸易"（trade in tasks），供应链壁垒也将代替旧型货物贸易壁垒成为全球经济一体化的重要组成部分。现在的供应链壁垒主要包括市场准入、边境管理、运输和通信基础设施及营商环境四个方面。一份世界经济论坛的研究报告表明，如果每个国家只改善两个关键的供应链壁垒，这两个壁垒分别是边境管理与运输和通信基础设施及相关服务，使运作效率提升至全球最高水平的 50%，就能促进全球 GDP 增长 5%，全球出口额增长 15%。但供应链壁垒带来的额外成本将把本国吸引外资的既有比较优势抵销。事实上，全球价值链是受各种形式的贸易保护主义和投资保护主义影响的。随着全球价值链的高速发展，各国为了获取更大的利益和附加价值发起的技术标准、知识产权的保护等各式各样的贸易摩擦手段悉数登场，WTO 范围的技术型贸易壁垒协定（TBT）和实施卫生与植物卫生协定（SPS）开始广为人知。有关数据表明，截至 2000 年 TBT 通报量为 606 件、SPS 为 270 件，到 2012 年 TBT 和 SPS 分别上升到了 2185 件和 1214 件，同比增长 2.6 倍和 3.5 倍，两者合计从 876 件增加到 3399 件，增长 2.9 倍。其中值得注意的一点，新兴经济体面临全球价值链的进入壁垒，据联合国报告显示，新兴发展中国家进入全球价值链要面临的三大主要壁垒分别是：国内基础设施不足、贸易融资限制和标准履行。而运输、基础设施、供应链不稳定等问题也是新兴发展中国家特别是最不发达国家进入全球经济链的阻碍。许多龙头企业和供应商也认为运输成本、交货延迟、烦琐的关税手续比关税许可证对贸易影响更大（WTO，2014）。2013 年世界经济论坛发展报告指出，供应链壁垒可导致海关和行政手续效率低下、监管体系复杂、基础设施不足等问题。

2013 年《世界投资报告》概括了国家价值链升级的战略方法：将全球价值链体系植入政府整体发展计划和产业发展政策；保持积极的投资环境；增强当地企业生产能力，尤其是企业的谈判能力；扶持中小型企业发展；鼓励技术创新，等等。例如，印度软件业的发展就是得益于国家政策的扶持和长期以来对 IT 人才的培养。

目前，仅次于美国的第二大计算机软件出口大国是印度，其软件出口额占全球市场份额的 20%。很难想象，软件行业已经成为印度的国家品牌产业。印度软件业的发展并不是由企业引导的利益驱动，而是国家层面政策安排的结果。虽然印度经济发展速度及规模都远不及中国，但是却实现了软件行业的整体升级。说到底，政府层面的价值链升级战略作用巨大。由于印度曾是英国的殖民地，印度政府反而利用其英语语言优势进行国内开发大大降低了开发成本。印度政府对软件产业高度重视，为了鼓励软件出口，印度政府提出了多点方案鼓励企业发展：允许出口单位选择交纳关税的方式，同时放宽了对计算机的进口限制，减少行业壁垒。积极鼓励私人部门投资开发软件行业，积极引导外资投资。更为重要的是，印度政府高度重视高新技术人才的培养。早在 20 世纪 50 年代末和 60 年代初，印度就建立了 5 所世界一流的理工院校，通过全国高标准选拔学生、聘请世界知名学者任教等方式培养了一批批优秀软件人才。印度还把计算机课程作为高中生的必修课，加大社会培训力度。除了政策扶植、人才培养以外，在严把软件质量关方面，印度政府也一丝不苟，在国内建立了严格的质量管控系统，保证其软件出口质量，提升国际竞争力。通过战略布局，印度软件产业价值链水平实现了国家层面的整体升级。目前，中国传统的服装纺织业也正向非服装用纺织品如汽车皮具等方向发展，这也是由中国国家政策导向和战略调整引起的。这些案例事实证明，国家调控可以作为实现价值链升级的重要推动点，可以说是行业的旗帜。

胥弗雷和施米茨（Humphrey and Schmitz，2000）提出了四种企业价值链升级的模式。第一，产品升级。产品升级指提升产品附加值或者直接将生产转向更先进的生产线。例如，在旅游业当中可以提升住宿质量或者将传统形式的旅游转变为生态旅游。第二，流程升级。流程升级是将生产流程标准化、规范化、先进化的过程。例如，采纳"良好农业规范"已成为许多跨国公司对其供应商的硬性要求。通过采用该流程，可以吸收新技术，改善、提升生产流程。第三，功能升级。在价值链升级过程中，还可以通过新增功能或放弃已有功能来实现升级。例如，发展中国家的贴牌生产企业逐步新增研发设计功能，实现企业转型的过程。第四，跨产业升级。跨产业升级是功能升级的终极形式，即从之前的功能升级中，把从某一产业获得的功能发展为新的产业。例如，从低附加值的服装业转移到汽车制造业。

巴赞和阿莱曼（Bazan and Alema，2003）研究了巴西 Sinos 地区鞋业产业集群，结果表明，在不同的地区全球价值链的升级方式各有利弊。进入美国的企业流程升级最快但最少见；进入欧洲的企业比进入美国的企业具有更高水平的功能升级；在拉美国家的企业功能升级水平最高，但流程升级和产品升级相对较差。迪辰（Dicken，2001）、格里芬（Gereffi，2001）和斯科特（Scott，2002）强调产业集群不能封闭发展，必须融入全球产业网络以实现持续升级。彼得罗贝利和热贝罗蒂（Pietrobelli and Rabellotti，2005）通过对拉丁美洲 40 个中小企业集群的实证调研和分析，认为升级同时受企业各组分的努力和行动及企业所在环境的影响。

众多文献研究表明，通过对外投资可实现母国企业价值链升级。坎特韦尔和托兰惕诺指出，发展中国家企业技术能力的提高与对外直接投资的增长直接相关。发展中国家企业初期不具备条件进行大量研发创新，可以先通过海外投资间接获得海外先进技术，利用"学习经验"和"组织能力"掌握和开发生产技术。一般认为通过海外投资可对母国产生"技术外溢"和"竞争效应"。

通过海外并购，不但可以获得海外先进的专业技术，而且可以获得海外优质资源和市场。海外投资的这些效应可以回流至母国，实现母国从劳动密集型产业向技术资本密集型产业的转型发展。此外，外部的竞争效应也会对国内的生产产生一定积极的影响，促进生产效率提高，从而实现产业升级。

根据邓宁（Dunning，1993）的划分标准，可以将企业海外直接投资动机分为四种：资源寻求型、市场寻求型、效率寻求型和资产寻求型。第一，资源寻求型对外直接投资。资源寻求型对外直接投资的企业一般属于资源密集型行业，这些企业往往具备雄厚的资本存量和相对先进的技术。外向直接投资在提高本企业资源利用效率的同时，也可以通过技术反向外溢效应改变国内资源密集型行业粗放的增长模式，提高国内整个产业自然资源的产出效率，从而促进国内产业升级。第二，市场寻求型对外直接投资。市场寻求型对外直接投资主要是为了解决国内产能过剩问题。首先，该类产业通过外向直接投资开拓国际市场，可以将国内资源集中于发展更具优势的产业，促进国内产业结构优化及整体产业升级。其次，获取规模经济效应也是市场寻求型对外直接投资的重要诱因。新兴产业和高技术产业大多属于知识技术密集型行业，这类产业拥有相对先进的技术水平，基于市场寻求的外向直接投资能够提升出口结构，并通过反向技术外溢效应将先进知识传导至国内产业，促进本国产业升级。第三，效率寻求型对外直接投资。效率寻求型对外直接投资其主要目的是提高国内外投入产出的效率，在世界范围内进行资源配置。随着全球化进程的不断推进，包括中国在内的发展中国家企业深刻融入全球采购、生产、销售等环节。同时，国内的传统优势日渐微弱，如廉价劳动力、土地等生产要素。在这两重环境的影响下，企业开始在国际市场寻求新的廉价生产要素聚集地，通过海外投资的方式获得生产效率的提升。近年来许多企业通过寻求东道国的优质劳动力和廉价要素，以降低企业成本。在这一过程中，企业生产效率的提高会大大促进产品和流程升级，生产效率的提升增加了企业收入，企业可以将更多资源投入研发部门，同时也为品牌升级打下了坚实的基础。另一方面，效率寻求型企业还可以获取海外熟练劳动力，企业可以通过海外投资将国内的非熟练劳动产业移植到国外，从而实现企业流程和产品的升级。第四，资产寻求型对外直接投资。资产寻求型对外直接投资旨在获取国外的先进技术或关键性生产要素尤其是对核心技术的掌握，以此来保持或强化自身的国际竞争力。大型跨国公司多通过资产寻求型对外直接投资进入东道国的高技术产业集聚地，借助东道国的研发基地来分摊研发费用，然后将先进的生产技术传导至国内，以提高国内的产业技术发展水平，从而实现品牌升级及跨产业升级，进而提升全球价值链地位，加速产业转型升级。

不同动因企业对外直接投资促进产业升级的共同机理。随着发展中国家经济实力的不断提升，开始出现了发展中国家对发达国家的逆向投资，发展中国家对外直接投资的母国产业效应成为研究热点。坎特威尔和托兰惕诺（Cantwell and Tolentino，1990）基于发展中国家的研究表明，发展中国家跨国公司通过对发达国家的对外直接投资，可以利用当地的技术资源优势获得逆向技术转移，从而促进母国的产业升级。都灵（Dowling，2000）等的研究发现，赶超型经济体在其工业化进程中，产业升级与对外直接投资之间存在较为显著的正相关关系，其中，亚洲"四小龙"比亚洲"四小虎"的这一关系更为显著。德利菲尔德（Driffield，2003）等确认了技术获取型对外直接投资对母国产业升级的积极作用，并强调其效应在研发密集行业中更为明显。库勒格（Kugler，2006）通过建立一个估算框架，衡量了对外直接投资的技术外溢及外部联系，结果表明对外直接投资是促进国内产业升级的有效途径，波特（Porter，1985）提出了价值链理论，该理论指出企业的竞争优势来源于企业内部价值链的优化，之后很多学者从价值链的角度研究企业的竞争优势。格里芬和塔姆（Gereffi and Tam，1998）提出产业升级是企业从低利润和劳动密集型实体向高利润或资本与技术密集型实体演进的过程，并进一步分析了在这一过程中企业在贸易和产品网络中地位的改变。格里芬（1999）认为产业升级和创新可分为四个层次：一是在产品层次上的升级和创新；二是在经济活动层次上的升级和创新；三是在产业内层次上的升级和创新；四是在产业间层次上的升级和创新。胥弗雷和施米茨（Humphrey and Schmitz，2002）在格里芬（1999）分类的基础上提出了一种以企业为中心由低级到高级的四层次创新分类方法：流程升级、产品升级、功能升级和跨产业升级。从理论角度分析，一

般认为产业升级是遵循从流程升级到产品升级再到功能升级最后到跨产业
升级的顺序，但有时候也可以是几种升级过程的集合。

5.4 跨国公司在推动世界体系中的作用

资本流通时固定与运动之间、积聚与分散之间、对本地的承诺与对全
球的关注之间的张力使资本主义的组织能力受到了极为沉重的压力。跨国
公司拥有全球视角，却必须在诸多地点同当地的情况相整合。它们或许极
度依赖于在本地分包生产的模式，因而或许会在有限的程度上参与对本地
联盟的支持。它们把资本集中到了自己的组织当中，但这无一例外地会与
空间中的分散相伴随；这意味着某种程度的对本地的承诺和责任，但与此
同时，它们也有能力在本地通过直接或间接的威胁来行使巨大的权力。跨
国公司与本地的整合使得在一个特殊的地点保留或关闭一家分厂的决定成
为一个艰难的决定。在跨国公司的等级制内部，同一项事务在一个层面有
道理未必在另一个层面有道理。跨国的商人资本也要面对同样的两难。对
本地的承诺与在可以获得剩余价值的无论什么地方占有剩余价值的努力是
有张力的，需要全球性的战略来弥合。尽管权力看起来仿佛总是位于这些
等级结构的顶端，但这种权力的最终来源总是在特殊的地点进行的生产。
跨国公司内化了固定与迁移之间、对本地的承诺与对全球的关注之间的张
力。它们唯一的优势在于，可以按照有意识的计划来组织自己对空间的占
有和自身的地理环境的历史。唯一的问题是这些计划是在资本积累的环境
中设想的，但是积累受困于不确定性，而且充斥着矛盾。

西方跨国垄断资本的扩张方式是非股权经营安排。国际生产综合理论
认为跨国公司在同时具备所有权优势、内部化优势和区位优势这三种优势
时，才会选择以直接投资的方式进行跨国经营。当缺少其中的某类优势
时，则会选择出口或技术转让。非股权经营安排正是跨国公司介于直接投
资和贸易之间的一种经营模式，跨国公司通过合同协议而非股权来获取对
东道国企业的某种控制。它的具体形式非常多样，包括合约制造、服务外
包、特许经营等。跨国公司之所以能够通过合约对东道国企业进行控制，

主要是依靠其技术垄断优势和对市场的控制力。承诺非股权合作公司能够获得其专有技术、进入其内部市场、享受品牌的市场影响力等是跨国公司议价能力的主要来源。

1. 跨国公司推动世界经济演进的主要方式与途径

尽管跨国公司诞生于近代世界经济发展进程中，但是跨国公司一出现就反过来成为推动世界经济发展的主要力量。跨国公司推动世界经济演进的主要方式与途径包括发明创新与产业引领、加速要素跨境移动、带动东道国经济社会发展、推动国际产业转移等。

纵观跨国公司的几百年发展史，尤其是那些延续至今的百年跨国公司大多数从发明创新开始，可以说一个发明就有可能造就一家百年跨国公司，如奥的斯电梯公司源于创始人奥的斯的安全电梯发明（1852 年）、索尔维公司始自氨碱法的发明（1864 年）、西门子公司则发端于直流发电机的发明（1866 年）、奔驰汽车公司则始于世界第一台汽车的出现（1885年），类似的例子还有很多。实际上，跨国公司极大地推动了发明创造的商业化和实用化。如果没有这些跨国公司的商业推广和全球经营，发明创新要么被埋没，要么迟迟无法转化成生产力。可以说，早期西方跨国公司得益于工业革命带来的发明创新和技术进步，同时也反过来推动了科技以更快的速度进步和实用化。

随着跨国公司实力的增强，部分跨国公司不再满足于创始人的发明，开始大规模开展研发活动，甚至有少部分大型跨国公司开始设立专门的研究机构，用于基础科学研究，直接推动人类文明的进步，以期开拓新领域和引领新兴产业发展，典型例子是贝尔实验室。

1925 年，美国电话电报公司（AT&T）正式创立了贝尔实验室，被称为"思想工厂"。贝尔实验室设立之初主要致力于解决通信网络建设中的工程挑战和问题。20 世纪 20 年代后，贝尔实验室转向基础科学研究领域，取得了辉煌的成绩。1984 年美国电话电报公司（AT&T）因被指控垄断不得不分拆，贝尔实验室也受到影响；1996 年贝尔实验室转为朗讯科技（lucent technologies）的一部分；2007 年又与阿尔卡特研发部门合并，并入阿尔卡特－朗讯公司。尽管贝尔实验室由跨国公司设立，但其影响却是世界级的。贝尔实验室是晶体管、激光器、太阳能电池、发光二极管、数字交换机、通信卫星、电子数字计算和移动通信设备、长途电视传送、仿真语言、有声电影、立体声录音、通信网等重大发明的诞生地，为信息技术产业发展和人类文明进步做出了卓越的贡献。近 90 年来，在贝尔实验室工作过的研究人员共获得了 8 次诺贝尔奖，其成果无一不是极大地推动了科技进步和行业发展的革命性和开创性贡献。类似地，1928 年美国当时最大的工业企业杜邦公司设立了基础化学研究所，开展了纤维研究，并于1938 年成功研制出了尼龙。

2. 提高全球生产要素配置效率

跨国公司为了进行海外投资和经营活动，用资源、能源和原材料的跨境移动，包括对全球技术资源、人力资源，以及管理资源的整合的方式，进行资源和要素的跨境移动与重新组合配置。这样的资源配置形式，使系统内的要素流动加快，提高了资源配置的效率，最终的结果是促进了世界范围内经济的高速发展。跨国公司对全球生产进行布局，发展海外分支机构的生产经营活动是其提高全球生产要素配置效率的方式。

3. 促进东道主国家发展

跨国公司通过在全球生产布局，发展海外分支机构的生产经营活动促进了东道主国家的发展，主要有以下几个表现。

首先，跨国公司为东道主国家创造劳动岗位，满足当地的需求。跨国公司的本质是资本主义扩张的产物，在这个过程中，新的生产方式、技术等迅速扩展到世界各地，提高了整个世界的总体生产力水平。在英国爆发的第一次工业革命使英国成为全球贸易的中心，在美国爆发的第二次工业革命，使经济走向全球化，跨国公司所生产的新产品和技术一经研发便可以在全世界发布，这使得世界进入了一种新的状态，各地的联系更加密切。

其次，跨国公司的资源和要素配置，为东道主国家的工业化奠定了基础。在新航路开辟之后的时期，美国和英国的跨国公司便为美洲和亚洲的基础设施建设做了铺垫。19 世纪末，美国早期的跨国公司主要从事的是铁路建设。1897年海外投资存量总额的22.7%都是美国铁路的海外投资，金额更是高达1.4亿美元，这样高额的铁路投资一直持续到了第一次世界大战之前。巴拿马铁路建设是美国最大的海外投资项目，1848年巴拿马铁路公司在美国纽约创建以后，投资到巴拿马铁路建设项目中的资金高达750万美元。巴拿马铁路建成后不仅促进了后来的巴拿马运河的建成，还一直是横跨美洲最好的路线。

最后，跨国公司也为东道主国家带来了技术和管理外溢等效应。这些技术溢出和扩散作用的主要途径包括示范效应、竞争效应、技术应用效应、人力资本外溢效应和市场开拓效应等。但事实上，这种跨国公司的海外发展对东道主国家的好处政府也看在眼里，并将之作为自己的发展战略，政府利用发达国家的技术和管理外溢，进而发展本国的产业，推动工业化的进程。所以，虽然跨国公司的快速发展对于东道主国家有消极的作用，但是同时也带来了一定的正面作用，促进了东道主国家的经济和社会等全方位的发展。

4. 跨国公司的全球资源要素配置通过国际产业转移促进了母国的产业升级

（1）第二次世界大战以来的产业转移背景。第二次世界大战以来，全球范围内发生了三次大规模的产业转移。第一次产业转移发生在20世纪50年代，产业主要由美国向日本、德国等国家进行转移，而这些产业一般是传统的钢铁、纺织产业。美国为了进行生产的结构调整，同时出于两大阵营对立形势下对于日本、德国的扶持，将具有极大战略意义的钢铁和纺织行业转移到了这些国家，以此来适应国内外市场生产成本的变化及本国工业结构调整的需要，而国内将研究重点则放到了半导体、电子计算机和通信等新兴技术密集的产业。日本、德国等国家则利用这次发展的机遇，全力引进美国的传统行业，进而加快了本国的产业升级和工业化进程。第二次产业转移发生在20世纪60~80年代，产业从美国、日本、德国等国家向"亚洲四小龙"转移，产业主要是资本密集型和劳动密集型产业，主要原因是"亚洲四小龙"等新兴的工业化经济体有着廉价的劳动力，而美国、日本和德国等国家的劳动力成本在不断上涨，"亚洲四小龙"进入工业化初期，于是需要发展劳动密集型产业，进一步发展本地区的工业。第三次产业转移发生在 20 世纪 90 年代，产业从美国、日本等地区向中国沿海和其他发展中国家转移，发达国家大力发展新能源、新材料等高新技术，并将劳动密集型和低附加值的企业转移到国外，一部分转移到了泰国、菲律宾、马来西亚等东南亚国家，很大一部分产业也转移到了中国，带动了东南亚国家和中国的经济发展，推动了产业的升级，进而推动了这些国家的工业化进程。

（2）跨国公司推动产业转移。在第二次世界大战之后的三次国际产业转移均以跨国公司为主体，跨国公司进行海外投资和产品跨境交易，形成了全球分工生产体系。正是第二次世界大战之后的三次国际产业转移才形成了今天的跨境产品生产和体系，其中，在国际生产分工体系形成的过程中，生产环节的跨境转移发挥了巨大的作用。第一次的国际产业转移由于大部分是传统行业，所以尚未形成明显的全球分工体系，而第二次和第三次的国际产业转移则与第一次大为不同，生产环节的跨境转移形成了相关国家和地区密不可分的供应链关系，与此同时，这种关系在外包、直接投资活动及生产层次复杂化的过程中，使各个国家、地区上下游产业链的联系强度增大，最终形成了以亚太、北美、中东欧为中心的世界范围的国际生产分工体系。在这几个体系之中，亚太生产网络尤其是东亚地区的生产网络体系最完备、分工体现最明显。第二次世界大战以来，三次产业转移的过程有着明显的地理趋向性，生产向中心聚集，中心是实力强大的跨国公司的母国，美国是第二次世界大战以来产业转移的核心之一，将产业扩散转移到了日本、德国，而德国、日本则作为下一个核心，将产业扩散到了"亚洲四小龙"，这样的一系列核心转移与外延，共同形成了第二次世界大战以来的三次产业转移。

无论如何，跨国公司的本质都是资本主义扩张与掠夺的工具，虽然给东道主国家带来了一定的好处，但是其弊端与消极作用也不可忽视，阻碍着东道主国家的经济社会发展，主要体现在以下几个方面。

首先，跨国公司掠夺东道主国家的资源，也因此东道主国家的经济发展受到了阻碍。在这百年的历史长河中，有无数的例子佐证了跨国公司利用其经济影响和政治影响损害东道主国家的利益。例如，早期西方国家对于中国铁路建设的投资，1898～1912年，中国政府向西方国家的贷款达到了1.24亿美元，进口的铁轨与车辆达到0.41亿美元。跨国公司通过投资和出口等方式争抢中国市场，进而对中国的经济造成影响，对中国的土地进行势力划分，在文化上、军事上侵略中国，使中国进入半殖民地半封建社会。在第二次世界大战以后，跨国公司对全球生产的推动和投资成为了许多发展中国家经济发展的动力，从而也是跨国公司在对外贸易过程中扩大自己在东道主国家影响力的手段，在商讨价格时，美、欧、日等发达国家往往利用这些影响力进而获取利益，发展中国家之间乃至地方政府之间为了获得利益进行争抢，反倒是被跨国公司钻了空子，与此同时，跨国公司将污染产业外移，为当地工人带来了恶劣的劳动条件，甚至有些跨国公司在东道主国家的影响力大到可以参与政治事件。

其次，跨国公司对于世界经济的发展也有着阻碍作用。现在跨国公司成为列强掠夺全球资源的工具，在资源的掠夺过程中，世界的经济结构在不断被改变。跨国公司这种能力得益于其有雄厚的资金人才，还有先进的科技水平，这使得它可以对全球的资源进行整合和利用。与此同时，跨国公司在全球的生产要素布局推动了全球范围内生产要素的直接和间接流动。而且跨国公司在全球资本的整合过程中，或多或少都体现着背后母国所代表的意志，这也造成了跨国公司为世界经济强国在全世界范围内进行资源整合。例如，在自然资源和能源的全球整合方面，起着主导作用的便是经济强国的跨国公司，他们拥有强大的实力和资源。这些跨国公司在全球各地投资能源和资源，并指导各个东道主国家建立海外的资源供应渠道和能源保障体系。这些跨国公司几乎垄断了全球的能源和资源的采掘、冶炼和分销。而且曾经一度形成了所谓的殖民地经济，虽然在第二次世界大战之后，名义上的殖民地已经不再存在，但从经济的角度来讲，经济殖民地依旧存在。以美欧为首的西方发达国家历史既是经济上的殖民者，也是经济体制的维护者。

跨国公司出于自身利益的考虑，阻碍了高新技术的应用传播，进行阻碍了社会的发展。跨国公司使用不合理的专利保护制度，攫取高额利润而不研发新技术，这种商业行为阻碍了技术的传播。例如，美国的柯达公司早在1976年就研发出了数码相机，但是这家公司为了保持胶卷市场的优势，迟迟不去发展数字技术，最终走向没落。

5. 跨国公司对全球价值链的助推作用

全球生产链分工的形成是跨国垄断资本在全球范围内大规模扩张的必然产物。跨国公司通过股权或合约获得了对其子公司或非股权合作公司的某种控制权，将其纳入自己的生产系统。随着跨国公司不断地将生产分布安排在资源能够得到最佳配置的地区，全球生产链分工逐渐发展起来。跨国公司作为这种新的分工方式的组织者和缔造者，自然地成为其主导者，因而全球生产链分工本身就是一种不平等的分工体系。无论是通过对外直接投资还是非股权安排，跨国公司能获得这种支配权的根源在于其所有权优势，主要表现为技术垄断优势和对市场终端的控制力。因此，技术水平和市场能力成为决定不同生产者在全球生产链中地位的根本因素。

发展中国家通过参与全球生产链分工所获得的增加值多寡、就业机会多少、技术和知识的转移程度、产业升级的机会等在很大程度上都是由跨国公司的具体决策决定的，因此其依附式发展所获得的发展空间在很大程度上也是受跨国公司制约的，是一种不自主的发展。例如，在技术学习方面，有研究表明，全球价值链中的技术扩散和知识转移范围与方式主要取决于其治理模式。由于发展中国家企业整体上处于所谓俘获型价值链中，它们获取知识的途径主要依赖于跨国公司母公司谨慎的知识转移，因此往往被限制在诸如组装等狭窄而简单的生产任务环节。发展中国家在产业升级方面也面临同样的限制。当发展中国家的企业试图进行更多技术模仿甚至自主研发或者寻求拓展市场以向上攀升时，往往受到跨国公司母公司的刻意压制和威胁。例如，通过制定更复杂的产品标准、加速产品更新换代或者威胁撤单等手段使发展中国家企业丧失自主创新和开拓市场的能力与主动性。在出口增值能力方面，由于很多发展中国家通过全球生产链获得的国内增加值的很大份额是由跨国公司的子公司及附属公司生产的，因此其具体捕获的价值量也受到其决策的影响。跨国公司决定了汇回的利润和利润再投资的份额。此外，跨国公司的转移定价行为可能会影响发展中国家的价值捕获。全球生产链的扩展同时也扩大了跨国公司操作转移价格的空间。据统计，发展中国家国内增加值的约40%都可能会受到转移价格操纵的影响，可能面临增加值泄露的风险。无论是利润汇回还是转移价格都有可能造成发展中国家的"价值泄露"，这使发展中国家在全球生产链中本就微薄的增加值收入被进一步削减。

5.5　本章小结

　　世界市场建立以后，在自由贸易框架下资本的空间积累逐渐陷入困境。推动贸易体系的动力，是建立在中心国家主导的世界体系上的。依附理论认为历史上存在三种依附关系：殖民地依附、"金融—产业"依附和"技术—工业"依附。世界体系理论由美国社会学家沃勒斯坦首次提出。他认为，世界体系是资本主义生产内在逻辑充分展开的结果，当今国际事务、国家行为和国际关系都是这一逻辑的外在表现。资本主义的延续性质是由它的深层社会经济结构的基本因果联系所决定，并规定世界面貌的形成。世界体系的形成同世界范围的资本积累有密切关系。国家互相作用体系是世界范围资本积累的政治结构。当原有的结构不能容纳世界商品生产和剩余价值分配的规模时，就会发生国家之间的冲突。世界体系的构建过程是资本积累的空间拓展过程，但也产生着固化资本积累空间的矛盾，全球价值链是固化这种矛盾的主要力量。资本创造和使用从地方扩大到国家和全球范围，然而全球市场新的空间有限，资本和市场已基本分割完毕，经济全球化无法继续开拓空间，加之这是一种"层级"分明的体系，价值链上土地、劳动、资本、知识等创造的财富不是共赢的，产业分工建立在发达资本主义国家所塑造的经济格局和制度环境之下，现有的体制无力解决空间桎梏矛盾，必然会固化原有分利机制。例如，在以美国为首的全球价值链体系中，资本会选择全球产业链中利润率较高的行业，在全球产业链分工中主导设计、研发、营销和售后服务等环节，通过维持在价值链"微笑曲线"两端获取大量附加值。全球生产链分工的形成是跨国垄断资本在全球范围内大规模扩张的必然产物，跨国公司作为这种新的分工方式的组织者和缔造者，自然地成为其主导者，因而全球生产链分工本身就是一种不平等的分工体系。跨国公司主导的全球价值链分工体系尽管细化了分工领域，拓展了贸易空间，但其分工的不平等性也决定了资本的时空扩张将面临巨大的阻力和挑战，新兴力量的崛起会冲击旧的全球价值链分工的固化体系。在此背景下，美国政府热衷于贸易保护主义来获取更多的时空价值，以缓解资本主义发展的内部矛盾。

第6章

工业化、去工业化、经济金融化
与贸易摩擦

6.1　三次产业革命对贸易扩张的时空压缩

促使货物到处迁移的能力界定了商品形式的资本所具有的机动性，要确保资本流通的连续性，就必须创造有效率的、在空间上整合起来的运输系统。迁移的速度也是至关重要的，"空间距离"由此就还原成了时间，因为"重要的不是市场在空间上的远近，而是商品到达市场的速度"。本章主要阐述技术革命对资本"经由时间消灭空间"的作用，也即新技术对加强贸易流通、资本流通中的作用，迁移的成本和时间的减少及运输服务的常规性和可靠性的改善都属于"资本对生产力的发展"，可以划分为第一、第二、第三次工业革命。

6.1.1　产业革命前的区域贸易活动

1. 奴隶社会

这个时期的贸易活动非常零散和稀少，因为人类开始使用铜器和铁器，但对自然条件依赖很大。经济和贸易发达的地段往往沿着河流分布，这是因为农作物的灌溉和货物的运输依赖于河流的流域分布，因此，四大文明古国基本靠河流分布，在西亚的两河流域、非洲的尼罗河流域、亚洲的印度河流域和黄河流域经济贸易得到了最初的生存空间。与此同时，欧洲版图上的奴隶制国家也遵循这个规律沿着爱琴海、地中海分布，贸易活动也开始了萌芽。甚至在军事和文化都很辉煌的古罗马时代，初步的生产地域分工和商品交换已经出现在了帝国与其附属国之间。

2. 封建社会

封建社会，顾名思义，就是以封建制为特征的社会，其生产力和生产关系都比奴隶社会时期有了一定的进步，按照历史记载，亚洲早于欧洲进入封建社会（前者时间约为公元前 5 世纪，后者的时间则稍稍落后，也基本于公元 5 世纪前后）。世界文明国家进入了封建社会以后，铁器和役畜在农业和手工业生产中应用广泛，与此同时，最原始的农耕也加入了技术成分，灌溉不仅靠河流和人力等自然安排，兴修水利工程也达到了较高水平。欧洲封建社会的发展于 11 ~ 15 世纪达到繁荣，此时的代表性区域商贸中心包括佛兰德尔、汉萨同盟和威尼斯、佛罗伦萨等。随着比利时西部和意大利北部手工纺织业的发展和中欧冶铁业的进步，欧洲手工业开始蓬勃发展，接下来我们将对这些区域性商贸中心的概况进行分析。

法国西北部的阿拉斯和比利时西部的布鲁日、根特等城市在封建社会分布的地区统称为佛兰德尔，其中心地区的商贸从 11 ~ 12 世纪就十分令人瞩目，以毛纺织手工业为代表产业。佛兰德尔已经表现出了国际加工贸易的雏形，原材料羊毛需要从英国进口，内河航运的发达方便了加工后产品的运输，这个终点就是香槟集市，为 13 世纪最大的呢绒市场。14 世纪商贸中心由香槟集市转移到布鲁日，因为汉萨同盟使其成为南北交通的要道，由此可见此时的商贸中心的地理位置还是决定性因素。西欧的商品贸易再次焕发出光彩。这个新的贸易中心连接着欧洲经济最发达的国家，同英国、法国、德国、意大利等有着广泛的贸易活动。

11 世纪以后，意大利北部的商贸中心也发展起来，最具代表性的城市有威尼斯。威尼斯一直是西欧最大的商业中心，一直从 12 世纪持续到 14 世纪，当然至今它也是意大利的贸易中心，还有佛罗伦萨、热那亚、米兰等城市，与其临靠地中海的位置密不可分，它们都是在交通方便的区域发展起来的。在 13 世纪汉萨同盟就有 90 多个加盟城市，或为贸易伙伴，以德国的吕贝克为中心，发展壮大到 14 世纪其内部成员多达 160 个，强大的盟约使得 14 ~ 15 世纪整个欧洲大陆的贸易都在其手中，没有一个贸易活动能脱离其控制，北海到波罗的海的通道和商贸活动也被其遏制。汉萨同盟不仅是中世纪时德国北部各城市进出口贸易商的经济同盟，还是重要的政治联盟。

6.1.2　三次产业革命对贸易扩张的时空压缩

降低在空间中运动的成本，尽量少用时间，这一直是科技创新的焦点。收费公路、运河、铁路、电力、汽车、空运业和喷气式运输已愈益把商品和人的运动从距离冲突的约束中解放了出来。邮政系统的类似改革，电报、无线通信、电信和网络现在已经使信息传输的成本（尽管不包括基础设施和终端设备费）几近为零。

1. 地理大发现

地理大发现使人类社会开始正式进入了世界联系和交往的时期。正是哥伦布发现美洲新大陆后的两百多年间，人类才把被海洋隔开的各大陆及被沙漠、高山隔开的各文明国家等紧密地联系起来，从根本上打破了世界联系和交往的闭塞性，使分散发展的区域民族史迈步转变为整体发展的世界历史。欧洲人远航的目的和动机显然不是带给印第安人文明和信仰，那么，远航行动的使命是什么呢？又是为什么可以得到皇室和贵族的支持呢？这是因为他们最根本的目的是追求财富，扩展商业版图，获得商业利益。地理大发现改变了资本的时空限度，欧洲国家获得了新的殖民地和商品倾销市场，他们不仅免费攫取了大量的金银财富，也使欧洲真正成为那个时代世界的中心。资产阶级的本质就是对剩余价值的无限占有，资本的本性就是唯利是图。资本的本性驱使着资产阶级对剩余价值的占有从一个国家、一个民族内部拓展到整个世界。

地理大发现不是偶然事件，而是西欧社会生产力的发展和由此加深的西欧社会经济的矛盾促成的。15 世纪末西欧与远东地区的贸易危机是促成地理大发现的一个重要因素。为什么当时的欧洲如此渴望财富，是因为奢侈的封建领主为了满足生活的开销，新兴的商业和产业资本家也对此表示了极大的兴趣，是为了廉价的原材料和更广阔的倾销市场，这些都需要黄金和白银。对地球认识的加深、科学的进步和航海技术的成熟为地理大发现创造了必要的物质条件。资本在此阶段，还处于简单而又粗暴的原始积累。

地理大发现对欧洲封建社会的瓦解、资本主义生产方式的形成和未来世界贸易中心地位的确立做了必要的准备，其影响是深远的。首先，地理大发现促进了资本主义的原始积累，使欧洲获取发展资本主义生产的大量廉价甚至免费的金银财富（货币资本）和原材料（工业的必需品）。其次，地理大发现后新旧大陆之间不再是相互隔绝的局面，东西方世界彼此建立了联系，扩大了世界各国之间的经济往来，有助于资本主义世界统一市场的形成。再次，新旧大陆之间生产要素的流动，如很多动植物的传播、奴隶贸易等，是在地理大发现之后完成的。最后，地理大发现的一个经济地理的重要结果是，地中海沿岸的区域贸易中心地位日落西山，而原来经济还十分落后的西班牙、葡萄牙、比利时、荷兰、法国、英国等国，由于地理位置靠近大西洋，是欧洲攫取财富的海上交通要道，资本主义生产方式迎来了发展的春天，大西洋沿岸承接了由地中海沿岸各国转移而来的世界经济贸易中心地位，成为新的繁荣之地。马克思指出："美洲金银产地的发现，土著居民的被剿灭（被奴役和被埋葬于矿井），对东印度开始进行的征服和掠夺，非洲变成商业性地猎获黑人的场所。这一切标志着资本主义生产时代的曙光，这些田园诗式的过程是原始积累的主要因素，接踵而来的是欧洲各国以地球为战场而进行的商业战争，这场战争以尼德兰脱离西班牙开始，在英国的反雅各宾战争中具有巨大的规模，并且在对中国的鸦片战争中继续进行下去，等等。"

2. 工业革命——蒸汽时代

马克思、恩格斯分析指出机器大工业对世界市场的形成有巨大推动作用。恩格斯在 1847 年的《共产主义原理》中就对此进行了分析。一方面，"大工业创造了像蒸汽机和其他机器那样的工具，这些工具使工业生产在短时期内用不多的费用就无限制地增加起来"①，在这种情形下，资本主义生产的扩展就变得更加容易，产品也更为丰富，但内部的需求却难以随着生产的扩展而迅速增加，于是资本主义生产的内部竞争日益激烈，特别表现为对市场的争夺，这就推动资本家不得不拓展国际市场。另一方面，恩格斯指出："大工业便把世界各国人民互相联系起来，把所有地方性的小市场联合成为一个世界市场，到处为文明和进步准备好地盘，使各文明国家里发生的一切必然影响到其余各国。"② 也就是说，正是因为大工业及其推动下形成的世界市场，才使得过去那种地方的和民族的闭关自守和自给自足状态消逝，代之而起的是各个民族各方面的互相往来和互相依赖。甚至进而可以这样认为，资产阶级在世界市场上的世界贸易从一个侧面体现了马克思所说的"两极相连"的原理。

所有这些都清楚地表明，使商品、生产能力、劳动力和金钱跨越空间自由流动的能力是多么重要。在这里，关键是要在交通和通信产业中取得优势。纵观资本主义的历史，这一领域的技术创新极大地改变了空间的状况（距离的阻力），并在资本主义的空间经济内部产生了所有形式的不稳定性。马克思所说的"通过时间来取消空间"的那种趋势的背后原因，以从理论上推导且与资本主义的历史—地理记录相一致的，是与持续不断减少（如果不是完全消除）空间障碍的动力相伴随的，是同样无休无止的加速资本周转的动力。运行成本和时间的减少已经被证明是资本主义生产方式不得不追求的必要条件。其内在地具有"全球化"发展的趋势，而资本主义活动的地理景观的演变就被周而复始的时间—空间紧缩毫不停歇地驱动向前。

这一进程所带来的更进一步的后果之一，就是寻求地理范围转化的持久冲动，资本主义活动就是在该范围内成为资本自身的。正如铁路和电报在 19 世纪的出现彻底重构了地区专业化的规模和多样性，以及更为普遍地重构了城市化和"区域性"的规模及多样性那样，最近一轮的革新（从喷气式飞机运输、集装箱到互联网的所有一切）已经改变了经济活动赖以形

---

① 马克思恩格斯全集（第4卷）[M]. 北京：人民出版社，1972：383.
② 马克思恩格斯全集（第4卷）[M]. 北京：人民出版社，1972：467.

成的标准。如果没有这些推动力，本书第二章中所说的霸权范围在物质上的改变将无法实现，在理论上也是不可理解的。在政治上进行类似于欧盟（启蒙运动时期诞生的这一梦想，在 19 世纪早期得到了像圣西门等乌托邦思想家们的积极提倡）的再次区域化进程，不仅变得更为切实可行，而且越来越成为经济上的必要准备。当然，这并不是说，政治变迁仅仅是这些物质性的转化在空间关系上的一项功用，事情远远复杂得多。但是就我们所见而言，改变空间关系对于政治重组来说的确是一个必要条件。正如我们即将看到的那样，这正是权力的领土逻辑和资本主义逻辑相互交叉的一个关键点。

18 世纪中后期，在英国悄然进行着一场没有硝烟的革命，这个革命是一场没有战争的深刻变革，其对人类历史发展有着里程碑式的重要意义，不亚于任何一场史诗级的战争。对至今的社会生活和阶级都还有着持续重大影响，是对地球和人类发展颠覆性的改变。恩格斯说："当革命风暴横扫法国时，英国正在进行一场比较平静的但是威力并不因此减弱的变革。"简单的手工业劳动不得不被机器的高效率工作所替代，物质和商品都极其丰富，科技进步的幅度前所未有，产生了新兴的资产阶级和无产阶级力量。资本主义对世界市场已经不是简单的探索阶段，而是逐步到了形成阶段，资本主义国家对世界市场的控制进一步加强。

工业革命的发生有着社会历史的必然性，它的产生正如《共产党宣言》所描述的那样："市场总是在扩大，需求总是在增加。工场手工业也不能再满足这种需求了。于是，蒸汽和机器就引起了工业中的革命。"[1] 首先是资产阶级统治的确立。不管是英国的自上而下的君主立宪制改革也好，还是如法国大革命一样的疾风骤雨，欧洲的大部分国家在此时已经确立了资产阶级的统治地位，他们控制着国家政治、经济和外交的话语权，这为工业革命的顺利进行奠定了坚实的政治基础。其次是圈地运动、殖民掠夺和奴隶贸易积累了大量资本。通过地理大发现的殖民贸易和殖民掠夺，资产阶级迅速积累了大量原始资本。轰轰烈烈的圈地运动又把农民赶到了城市里，他们不得不成为一无所有的无产阶级劳动者，必须通过参与

---

① 马克思恩格斯全集（第 4 卷）［M］. 北京：人民出版社，1972：487.

资本主义生产换取自己和家人的必要生活资料，以求得艰难的生存空间。在前面两个前提条件的支持下，资本主义工场手工业迅速扩张，资产阶级的实力又积累扩大，成为工业革命的另一个条件。工场手工业生产出了大量产品，国内的市场已经逐渐相对饱和，殖民地贸易又为其提供了产品倾销的市场，这是工业革命的根本性和必要性的条件。

机器的制造和发明首先从棉纺织业开始。1733 年，飞梭由纺织师凯伊发明，它的出现，使织布的速度有了质的提高，棉纱的供应出现了短缺，棉纺的大量需求推动了棉纺业的技术进步。18 世纪 60 年代的棉纺织工业的格里夫斯（纺织工人）发明了珍妮纺纱机，克服了以前的纱线细而易断且完全依赖人力的缺点。这是技术革命的第一步，却是人类历史上的一大步，标志着第一次工业革命的开始。随后扩展到冶金、采煤等行业。紧接着，瓦特发明蒸汽机。1785 年，瓦特制成的改良蒸汽机应用于纺织业，恩格斯认为，蒸汽机是第一个真正性的国际发明。这是第一次工业革命最具标志性和影响力的发明，是动力技术的革新，人类社会由此进入了"蒸汽时代"。基于此发明，推动了各行各业的颠覆性发展。例如，1826 年，史蒂芬孙父子的"火箭号"蒸汽机车；1807 年，美国人富尔敦制造了第一艘汽船，以蒸汽机推动船两侧的明轮，称为"轮船"，并在哈得孙河试航成功。这些标志着轮船和蒸汽机车带动的交通运输业的革命。

如今看来，第一次工业革命毋庸置疑地极大提高了社会生产力，使英国成为"世界工厂"。离开了大工业，即便有交往，这种交往都是在非常有限的范围内，更不可能产生全球化的趋势。恩格斯说，自从珍妮纺织机和蒸汽机发明以后，英国工业的生产效率大幅度提高，每天都将大量的工业品运往世界各地，原料和粮食运进伦敦，其他大城市和伦敦一样机器轰鸣，进行着工业生产和大宗的贸易，呈现出繁荣的景象。整个英国成了世界加工厂和商业首都，在工业生产和世界贸易体系中处于核心地位。"伦敦变成了全世界的商业首都，建造了巨大的船坞，并聚集了经常布满泰晤士河的成千的船只。"[1] 生产组织形式也发生了翻天覆地的变化，工厂彻底

---

[1]　马克思恩格斯全集（第 23 卷）[M]. 北京：人民出版社，1972.

挤垮了传统的手工业；经济结构也从农业文明步入到了工业文明，城市化进程开始初现雏形，在有的地方甚至发展得非常迅速，带来了一些城市人口过于集中的新问题。在社会关系上，产生了资产阶级和无产阶级两大新的社会主体，并形成对立的关系。在社会意识方面，自由主义、民族主义、社会主义思潮兴起；出现批判现实主义文学和艺术等形式，伴随着经济和贸易的发展，世界市场在 19 世纪中后期基本形成，密切了世界各地之间的联系，确立了资本主义对世界的统治，列强加紧扩张，使原本封建主义强大的东方从属于资本主义萌芽的西方。

世界市场的三角贸易完成了欧美资本主义国家的原始积累。世界贸易此时的地位是悬殊的，殖民国家与亚、非、拉殖民地进行的贸易是在双方完全不平等的基础上进行的，贸易活动是在带有殖民侵占性质的情况下进行的，世界贸易与军事占领、武力抢夺、屠杀土著是同时进行的。农产品、矿产、生活用品是欧洲殖民国家要从殖民地抢回来的主要商品。其中，虽然美洲大陆是大西洋沿岸的重要贸易地，但亚洲的殖民地也是西欧殖民国家不可能放弃的"一块香饽饽"，因为在欧洲人眼中，富庶的东方是全球拓展贸易不可或缺的一部分，与亚洲的贸易是欧洲殖民者用以优化商品结构、分摊贸易风险、保证利润率的重要手段。

资本对国际贸易的影响主要是三个路径。其一，都对世界经济贸易的横向联系起到了关键作用。例如，英国殖民者进入印度洋和太平洋加强了欧亚间的贸易和经济联系，而葡萄牙、西班牙殖民者进入大西洋加强了欧美间的贸易和经济联系。同时，不断加强的贸易和经济联系不但对殖民国家，也对殖民地经济和社会产生了深远影响。因此，在带给亚、非、拉人民深重灾难的同时，殖民运动推动了近代世界贸易的横向联系，进入全球大发展时期。其二，都使殖民国家与其殖民地之间形成了一定程度的国际分工，而这是导致近代以来发达国家和发展中国家之间不平等政治、贸易关系的重要原因。其三，资本成为主导近现代世界格局的主要因素。资本为抢占殖民地而发生的战争是 17 世纪以来多次战争的主要原因，并导致世界格局的多次变化。无论世界格局如何变化，处于统治地位的仍然是殖民国家，由原先的殖民地国家和地区构成的第三世界依然处于被剥削的地位，这种局面至今没有改变。

欧洲人鼓吹的自由贸易只是为了更好地掠夺财富，以及获取特权。这种自由贸易带来的是世界贸易国之间差距的扩大。再看所谓的资本主义"自由"贸易，资本在向海外开拓殖民地的过程中，对外贸易并非是完全自由的，例如，英国以东印度公司为组织形式的垄断贸易，东印度公司除了在东印度拥有政治统治权外，还拥有茶叶贸易、同中国的贸易和对欧洲往来的货运的垄断权，这是获取超额利润的制度前提。同时，资本商业不同于传统商业的最为重要的特征不是自由市场或自由贸易，而是军事保护。

虽然资本在殖民地是占优势的，但资本在欧洲国家内部是弱小的，来自资本主义经济的收入只能算是国民经济的补充，这也是中世纪以来所遗留下的些许自然经济特征。但资本主义国家一直坚持重商主义原则，海外贸易和掠夺一直是国家重要的资本积累来源。第一次工业革命以技术为主，但科学与技术还没有紧密结合，资产阶级刚开始不得不依附于落后的生产力和生产关系，以确保资本流通在时间上的连续性和空间上的继起性，依靠它们的力量发展世界贸易，世界仅仅是在空间上达到了认知的程度，而轮船等交通工具的发明，虽然在当时的社会来看，是具有划时代的提高时间效率的意义，但是远远不能达到资本所要求的空间拓展速度，要确保资本流通的连续性，就必须创造有效率的、在空间上整合起来的运输系统。迁移的速度也是至关重要的，"空间距离"由此就还原成了时间，因为重要的不是市场在空间上的远近，而是商品到达市场的速度。当资本更有力量以后，它就会推翻并吞并原有的社会生产力和生产关系，为资本的发展争取更多的空间和时间。

3. 第二次工业革命

与第一次工业革命有所不同，第二次工业革命几乎同时发生在几个资本主义发达国家，超出了一国的范围。正如马克思所言："只有当交往成为世界交往，并以大工业为基础的时候，只有当一切民族都卷入竞争斗争的时候，保持已创造出来的生产力才有了保障。"[1] 这就是说，尽管在大工业之前存在着一定范围的交往，但绝非是一种世界性的交往，世界交往必

---

[1] 马克思. 德意志意识形态 [M]. 北京：人民出版社，1961：76.

须是以大工业为基础的，从而在世界交往中才有可能引致全球化的趋势。在政治基础方面，资本主义制度在世界范围内基本确立；在经济基础方面，资本主义生产的迅速发展，资产阶级力量逐渐渗透与日俱增，早已今非昔比。与此同时，科学技术应用于工业的成就更广泛，转化为实际生产应用的时间更短，这个时期的技术成果主要表现在电力的广泛应用，其中爱迪生发明的碳丝灯，标志着人类从此从蒸汽时代进入电气时代，这个时期还有西门子研制成发电机，解决了用电的资源问题，内燃机和新交通工具的创制被广泛应用于石油开采业发展，促进了石油资本主义工业的产生。除此之外，交通工具也发生了许多革新，除了卡尔·本茨发明的内燃机驱动的汽车至今影响着人类的出行，还有柴油机、内燃机车、远洋轮船和莱特兄弟的飞机，与此同时，新通信手段的陆续发明与应用，贝尔发明的电话和无线电报为迅速传递信息提供了方便，世界各地的经济、贸易和文化联系进一步加强，科技的进步还推动了全球化学工业的建立，19 世纪80 年代从煤炭中提取氨、苯等化学产品，标志性的发明还有 1867 年诺贝尔发明炸药，以及 80 年代改良制造无烟火药的技术，化学的进步也使制造业迎来了新的发展领域，塑料、人造纤维开始投入制造业的生产和使用。由于资产阶级和工人阶级的矛盾日益加深，催生了工人运动发展和马克思主义发展，"十月革命"建立了第一个社会主义国家——苏联，产生了列宁主义，资本主义国家加紧对外扩张和瓜分世界，世界贸易向帝国主义控制的市场迈进，亚非拉殖民地民主意识觉醒，民族解放运动此起彼伏。

虽然，从历史的进步角度来看，第二次工业革命推动了生产力的发展，但资本主义列强之间的经济发展不平衡加剧，愈来愈深的矛盾触发了第一次世界大战，对世界贸易市场带来毁灭性打击。塑料和人造纤维、电力和内燃机等科技发明极大丰富和改善了人们的生活内容与生活方式，但资本主义国家中的资产阶级的力量已经十分强大，各行各业形成了越来越多的垄断和垄断组织。列宁指出："集中发展到一定阶段，可以说自然而然地走到垄断。因为几十个大型企业彼此之间容易达成协定；另一方面，正是企业的规模巨大造成了竞争的困难，产生了垄断的趋势。"[①] 由于技术

---

① 列宁选集（第 2 卷）[M]. 北京：人民出版社，1972：740.

的发展和经济发展的需求，各个帝国主义国家加紧对外侵略扩张，世界殖民体系最终形成。但是，各帝国主义国家之间的利益往往因为殖民地瓜分不均衡而产生分歧，资本和利益的争夺战时有发生，帝国主义国家之间的矛盾加剧和尖锐化。

正如马克思说的那样："资本害怕没有利润或利润太少，就像自然界害怕真空一样，一旦有适当的利润，资本就胆大起来；如果有10%的利润，它就保证到处被使用；有20%的利润，它就活跃起来；有的50%利润，它就铤而走险；为了100%的利润，它就敢践踏一切人间法律；有300%的利润，它就敢犯任何罪行，甚至冒绞首的危险。如果动乱和纷争能带来利润，它就会鼓励动乱和纷争，走私和贩卖奴隶就是证明。"① 第二次工业革命造成生产和资本的高度集中，形成帝国主义的温床，即垄断。这一时期资本的辛迪加，是指共同销售和采购原料协定，资本的托拉斯指的是生产、商业和法律上完全组成一体，卡特尔是垄断资本间的销售协定。垄断资本从资本循环的各个环节垄断了剩余价值并榨取了超额利润。

在地理大发现和产业革命的推动下，世界经济贸易中心地区完成了由地中海沿岸各国，向北大西洋东西两岸转移，欧洲西部和美国东北部成为世界经济贸易最发达的地区。这个时期货物到处迁移的能力界定了商品形式的资本所具有的机动性，技术革命对资本"经由时间消灭空间"的作用，也即新技术对加强贸易流通、资本流通中的作用，迁移的成本和时间的减少及运输服务的常规性和可靠性的改善都属于"资本对生产力的发展"。

国际分工的深化和与此相联系的生产国际化及各国经济相互依赖性的增强，以及在资本主义总危机加深情况下帝国主义矛盾的加剧、民族解放运动的加强，这一切促进了垄断资本跨国扩张的发展。

第二次工业革命带来国际联系的深化是前所未有的，国际贸易的分工合作也从局部的三角贸易分工发展到全球范围内贸易分工的进一步深入，国际经济贸易的依赖程度逐渐加深，但是，伴随着资本主义的发展，国内

① 马克思. 资本论（第1卷）[M]. 北京：人民出版社，1975：829.

外危机迭起，国内工人阶级和资产阶级矛盾深化，国外帝国主义矛盾加剧，殖民地运动和战争纷纷崛起。垄断资本在这样的背景下产生并获得发展，其原因跟资本的逐利性是密不可分的，因为国内社会化生产与生产果实私人资本主义占有形式的矛盾，为了转移这种矛盾，垄断组织纷纷将经营活动的跨国化和生产力向国外转移，这种转移需要垄断资本的生产、销售和采购，这无疑是资本主义一种自我修复的尝试。这种失败的自我修复以第二次世界大战来宣布其失败的惨烈。这个阶段垄断资本从经济上瓜分世界，他们的斗争囊括了全球的各个国家，涉及各个产业，从生产资本的领域（主要目标）蔓延到借贷资本的领域，从商品和服务的市场蔓延到劳动力的市场（最廉价的和熟练的劳动力），从各垄断资本的核心技术知识和科技成果应用的竞争蔓延到瓜分信息和投资领域的争夺。由于资本这种时间限度和空间范围的全球性全方位扩张，便出现了垄断资本各种职能形式交织过程的跨国化，这种交织的职能形式促使了资本主义国家经济中金融资本的产生。金融资本带来的社会经济结构的变化缩短了资本的时间距离和空间距离，这一过程的结果，便是各国金融垄断集团在全球范围内国际统治的扩大。

4. 第三次工业革命

第三次工业革命发生于以美国为首的资本主义国家，第二次世界大战只有美国没有被深入地卷入到战争中来，而其他欧洲资本主义国家都还在处理战争遗留问题和战后重建的历程中，殖民地国家更是没有产生工业革命的资本、技术土壤。20 世纪四五十年代，自然科学理论取得了重大突破，由于第二次世界大战的推动，各个国家特别是资本主义阵营和社会主义阵营的军备竞赛，由于处于冷战的微妙和谐中，这个时候世界政治反而相对稳定，第三次工业革命诞生的背景是复杂的。其主要内容包括原子能技术、航天技术、电子计算机的应用、人工合成材料、分子生物学和遗传工程等，这个阶段的特征是高新技术发展，科学技术在推动社会化生产力的进步方面起着弥足轻重的作用，科学和技术合作无间、相互促进。融合学科越来越展现出优势，如医学、经济学、物理学和信息学。科学技术在各个领域之间相互渗透，推动生活方式发生了翻天覆地的变化，产生了深远而重要的影响，不仅推动了社会生产力的发展，而且促进了社会经济结构和社会生活结构的变化。一方面，推动了国际经济格局的调整，加速了社会生活的现代化和全球化趋势；另一方面，也促进了武器的急剧变革和军事战略的调整，对社会文化生活和思想理论产生了影响。

第三次科技革命使科学技术大幅度提高，为世界文化的发展提供了雄厚的物质基础，并使全球的文化联系越来越密切，现代化呈现出多元化的特点。在学术上，出现了各学科之间的相互渗透的新特点，新的学术与科技思潮不断涌现。自然科学的巨大进步和发展，新技术、新发明层出不穷。资本主义确立了对世界的统治地位。第三次产业革命虽说建立在第一、第二次产业革命的基础之上，但他们又有本质上的区别，第一次产业革命是煤炭推动的生产力和生产关系的大解放，第二次产业革命则依靠石油和电力的支撑。但是化石燃料拉动的发展已经难以为继，虽然许多资本还在传统的行业中占有统治地位，但未来新能源必将取代不可再生燃料。

更重要的是，随着全球化的步伐加快，资本流转的速度越来越快，经由时间消灭空间变得更加接近事实，空间的距离变成了可达性和可达速度。空间的距离由于技术革命不再成为资本的必然桎梏，资本对国际贸易产品和服务的控制更多样化。例如，资本可以通过国际契约关系的成熟体系，扩大对各国技术型贸易的影响和控制范围，资本的跨国控制对战后全球贸易结构起了决定的作用。这些作用表现在，资本控制东道国的生产领域生产的商品可以直接销售，没有了空间的限制，也消除了国家间的贸易壁垒。在世界技术贸易领域，发达国家的跨国资本占有主流地位，特别是来自美国、日本、德国、英国等发达国家资本。目前，世界上80%左右的专利权由这些跨国资本所控制，国际技术贸易基本没有留给发展中国家喘息空间，在发达国家，大约有90%的生产技术和75%的技术贸易被这些国家最大的500家跨国公司所控制。

在实现剩余价值过程中，资本主义利润最大化的政策不仅要最大限度地获得超额利润，也要挤占其他小资本的利润，经常的手段：一是在垄断性操纵世界市场和各国贸易市场价格的基础上实施不正当竞争；二是打着贸易市场一体化的幌子巧妙避税，资本的数量及其投资额在保税区和自由贸易港迅速增长。利用资本在全球化分布的优势，为达到资本主义攫取最大限度剩余价值和超额利润的目的，利润转移到保税区结算。资本操纵的外资企业的大部分出口贸易属于公司内部供货。随着垄断资本贸易规模的增长，保税区对跨国公司最大限度剩余价值榨取的目的可谓是恰逢其时，帝国主义国家之间从经济上瓜分税收优惠的贸易区的竞争也在相应地膨胀。

以美国为首的全球价值链体系的价值分配不仅把当前的价值而且把未来的价值分配都纳入全球价值链体系中，已经走到极致。在时间上，已经无法扩张，也无法延续。在空间上，全球价值链是国内价值链的外溢。

6.2 去工业化动摇全球价值链的基础

6.2.1 去工业化的含义

"去工业化"这一概念最早出现是出于对第二次世界大战轴心国的惩罚和限制，对其工业力量和经济基础进行强制性削弱。但是随着 20 世纪 70 年代的石油危机，美国、英国等发达国家的第二产业部门增加值和就业比重持续下降，而第三产业服务业的发展却异军突起，这一现象在经济研究的领域被命名为"去工业化"。一部分学者认为去工业化国家的经济水平向前发展的必然阶段，与之对应的概念是工业化，去工业化和工业化都没有什么不同，是一种正常的经济现象（Rowthorn and Ramaswamy，1999）。另一部分学者从产业结构的角度展开去工业化内涵的探讨，皮尔（Pieper，2000）和康（Kang，2005）认为经济体的结构由工业经济向服务经济的转型可以概括为去工业化，换种方式理解就是去工业化是一种 GDP 中制造业占比下降而服务业占比上升的经济发展阶段。从更为广阔的层面如全球一体化的角度看，去工业化是指工业（尤其是制造业）由发达国家向发展中国家转移，发达工业化国家就业率下降，先进制造业逐渐收缩的过程，这一过程具体指标可以认为是第二产业就业率和产值的不断下降（Fligstein，1999）。另一部分学者在表达去工业化的指标上利用第二产业占 GDP 比重持续降低、第二产业就业人口持续减少和第二产业净出口额占 GDP 比重的持续降低的过程（王展祥等，2011）。一般来说，去工业化的形式在学界比较广泛认可的有两种：一种是结构性去工业化，即产业的核心保留，只降低落后产业比重，保留核心科技和利润率高的环节；另一种是总量去工业化，即第三产业兴起和第二产业衰退的过程。总量去工业化为一般意义上的去工业化，即简单的制造业衰退、服务业兴起的过程。

概括起来，去工业化的含义：一是第二产业在国内需求方面不能达到最优均衡，在国际供需也达不到平衡，生产力提高但是竞争优势下降的结构性失衡（辛格，1977）；二是国际需求绝对下降导致国际收支差额，政府境外投资的增加导致制造业过剩，从而进一步造成经济增长减缓（培根和瑟尔沃尔，1986）；三是劳动力和其他资源由制造业转向其他商品和服务领域的类型（罗森和威尔斯，1987），这种去工业化也包括"荷兰病"，即一国发现了大量的自然资源后，发展起了出口信贷和旅游业，也可能指的是在中等收入水平的国家，政策的"放开"也引起了去工业化；四是国家贸易特别是南北贸易造成制造业的转移，制造业中生产力的系统性增长要高于服务业，伴随着这种国际贸易的趋势的工业转移；五是存在国内给予服务提供者的外包行为意义上的"专业化"现象。

6.2.2　去工业化的原因

大量事实表明，一场去工业化运动已在全球范围内形成。全球价值链体系中，不同的经济体的去工业化的原因是很复杂的，可以将这些繁复多样的成因归结为以下几个方面。

第一，化石燃料等不可再生资源匮乏危机。第一次工业革命依赖煤炭资源的拉动形成以英国主导的工业资本主义全球价值链，第二次工业革命依赖电力和石油资源形成以美国为主导的军事资本主义全球价值链，这些资源虽然目前看来还是比较丰富的，但是资源再生的速度远远赶不上人类开采利用的速度，工业化单向向前发展的路径缺乏新的动力，新的技术革命只能围绕新能源的开采和利用展开，而现在新能源的领域又暂时没有巨大的突破。全球性的资源匮乏是资本企图把未来的价值在现在实现，以牺牲未来人类的利益为代价的发展模式，资本的时间限度是工业化不能持续性膨胀的一个重要原因，是以美国为首的全球价值链中资本自身的局限性，也是去工业化的内在动因。地球资源的匮乏很大程度上是由全球价值链时空延展而引起（许恒兵，2018；高玉林，2015），作为一种传统资本主义发达国家主导的秩序，资本对资源的争夺导致世界性的工业资源匮乏，恰恰体现了资本逻辑限度——空间生产与再生产的"边界复垦"迭代不平衡及资本逻辑所倡导的时间利益"自掘"（王秋艳等，2019），这是工业化生产的最大局限性，也是去工业化的首要原因。

第二，环境污染和生态恶化危机。工业化不断发展蔓延导致温室气体排放规模过大，废弃物长期以来不能被再利用和吸收，导致地球整个环境的污染、生态的破坏、物种的灭绝和人类的困境。以美国为首的全球产业链向前推进的过程也是许多不可忽视的环境生态问题爆发的过程——交通拥堵、空气污染、效率低下、资源短缺、社会不公等。在工业区域的核心地区因为环境的恶化导致区域空心化。虽然欧洲也受到去工业化的影响，但是在美国这一现象在多种因素综合作用下被成倍放大了。美国大都市区的工业和就业出现从中心到郊区、外围地区和乡村地区的离心化趋势，甚至离开美国本土，迁移到其他环境管制更为宽松的发展中国家，这种去工业化不可避免的要对全球产业链中外围的国家生态产生破坏。

第三，人口老龄化和低生育率已经是发达国家不争的事实，而发展中国家由于人口平均年龄较小的优势，人口的赡养率暂时性低于发达国家，但这一数据随着发展中国家人口出生率预期的降低和居民生命周期的推演正以极速的姿态上涨。人口老龄化意味着劳动人口的减少，在地区经济发展的层面上影响重大，如劳动力供给的下降、资本形成的减少和全要素生产率的削弱，也将对工业的增长潜力产生负面冲击，去工业化会因为这些因素而加速。国外大多数研究也表明人口老龄化对经济增长、医疗保障体系、财政支出等都将产生不利影响。人口老龄化意味着养老金和养老服务的需求增加、国家税收的压力扩大，公共设施等福利会受到一定的影响，公共交通和学校等教育机构会缩减，城市公共支出的减少会增加市区建筑空置率。在工业化发达国家，人口老龄化结构较早发生，所以去工业化也是资本不得已而为之的选择。这些原因从价值链的结构看，不同国家要素禀赋差异决定了全球价值链分工利益，作为发达经济体不断将非核心生产环节向外转移，价值链的后向参与度不断提高，最终引发的深层次改变使处于全球价值链不同位置的经济体的利益发生了变化。

第四，经济金融化危机。当前全球价值链国民经济体系中，宏观上金融部门的规模日益膨胀，特别是进入 21 世纪以来，居高不下的金融利润对整个社会产生巨大的"虹吸效应"，福斯特（Foster）曾概括当今世界发展的三大趋势："在过去三十年引导资本主义变化的三个主要特征——新自由主义、全球化和金融化中，金融化占有主导地位，新自由主义和全球化的本质是金融化的垄断资本在全球范围的扩张。"欧美国家金融化的弊端显而易见，经济金融化基于资本的逐利性，在竞争性市场上，等量的资本要求获取等量的收益。然而，金融行业长期处于垄断地位，获取了高额的垄断利润，也违背了金融风险和收益相匹配的基本原则，导致社会资本的疯狂进入，从而获取暴利。与之相反，制造业的利润率却在下滑，等量资本难以获得等量利润。随着发达国家去工业化的进程加快、发展中国家金融行业市场准入的放开，资本更偏好周期短、流动性强、利润率相对较高的金融投资，产业资本加速流入金融行业。更甚者，资本可以通过衡量当期实业资产与金融资产的收益差距，来决定下期投资比例，经济金融化逐步加深。在此背景下，实体企业利润的获取也越来越依靠金融投资，这显然背离了金融服务实体工业化的初衷。那么，对于工业化而言，既然可以通过货币资金自行增值，理性管理者自然而然地会退出制造业领域。学术界关于经济金融化的内涵没有形成普遍接受的定义，我们根据这些解释并结合经济金融化现象可以归纳出两个基本方面：其一，从量上看，经济金融化表现为金融资本在社会总资本中比重上升；其二，从质上看，经济金融化则体现在实体经济的利润获取越来越依靠金融手段而不是通过生产和贸易。其结果是整个社会日益形成了非常矛盾的现象：制造业产能过剩，美好生活的需要却不能得到有效满足。金融化趋势导致资本和资源的错配，显著抑制了工业化的发展，加剧去工业化的趋势。

第五，过度资本化与市场不足危机。过度资本化是指资本过度的扩大再生产，加速积累，想要人为地突破美国主导的军事主义全球资本价值链体系，其实他们也不曾想到资本的时间限度，只是资本的本质就是要最大限度地攫取剩余价值，在这个过程中，他们的做法更加剧了时间延展的桎梏。这种持续的过度投资造成了产能相对过剩，而需求相对不足，资本主义经济危机由此埋下祸根。由于美国主导全球价值链，其可以通过低端产业转移和无限制发行美元，来借贷全球的钱，即榨取全球的剩余价值，以维持美国国内的福利水平，所以美国 2008 年的次贷危机不是本土的产能不足，而是全球的消费不足和产能过剩。过度资本化还表现在商品的价值分配，资本占有的比例越来越大，而劳动力的价值逐渐被挤占，各国阶层的贫富差距扩大，全球国家之间的贫富不均就是这个问题的最好例证。这样更会导致消费的不足，因为广大的无产阶级没有能力消费，产能继续过剩，两极分化日益严重。

6.2.3 主要国家去工业化的进程

1. 美国去工业化过程

独立战争时期的美国，是欧洲的殖民地，只有新英格兰地区的少数几个港口城市有一些带有殖民性质的工业部门，如费城的造船业。南北战争以前，美国的资产阶级力量比较弱小，欧洲的工业也把此时的美国当作工业产品的贸易倾销市场，南方奴隶主的政治经济力量威胁到工业的进一步发展。但是美国抓住了第二次工业革命的契机，完成了资本的原始积累，并在第二次世界大战的初期没有卷入战争，反而通过买卖军火和物资发了一笔战争的横财。第二次世界大战以后，美国凭借强大的工业在全世界一枝独秀，完成了对老牌资本主义国家的弯道超车。不仅在制造业方面有着得天独厚的优势，而且其拥有的跨国企业也是世界上数量和资本最多的国家，一体两翼的发展模式，即工业体系现代化的发展和金融业、物流业的强力支持铸就了美国头号强国的地位，以美国为首的全球价值链逐渐形成。

在经历了 20 年经济高度增长后，20 世纪六七十年代美国出现资本主义盈利危机，此时日本、德国和一些经济基础较好的欧洲国家在世界市场上已经有实力与美国竞争，美国资本的利润率不断下降，1965～1973 年，美国制造业部门实际资本利润率下降了 43.5%，而且成本相较于德国和日本都没有比较优势，资本投资回报率受到其他国家的挤压，而且由于制造业大规模的转移，在全球贸易中失去了大量的外贸收入，美国从全球最大的债权国变成最大的债务国。工业化从最初的扩张变为现在的去工业化，例如，美国"锈带"地带的城市都是由第一次和第二次工业革命带来经济繁荣、人口激增和工业化成熟。但是由于去工业化的影响，近半个世纪以来，底特律城市人口锐减 50% 以上。工业化的发展，包括增长与收缩，具有其阶段性特征，都会经历萌芽、发展、成熟和衰落。无独有偶，工业化也有其时间性特征，不会一直去工业化，一部分失去生命力的产业会消亡，去工业化自然随着产业的湮灭戛然而止；一部分会在未来的发展中继续不同程度的萎缩，甚至极度的收缩，我们可以称为夕阳的工业或者垂死的工业；还有一些地区在去工业化的同时，局部地区由于新产业或新规划表现出了局部的再增长。但是这都不是一朝一夕的突变，而是发生于几十年或者几个世纪的时间轨迹内，去工业化在一定范围内具有相对稳定的性质。

最后是 1971～1973 年布雷顿森林体系的崩溃，美国得以在国际竞争中维持自己的优势，这个体系的瓦解导致美元相对于日元和德国马克大幅升值。结果是日本和德国等国家制造品的相对成本剧烈上升，发达国家之间利益不均衡，造成全球范围的生产危机，因此，造成实际工资率不断下降、盈利能力直线下降的危机。资本主义国家的矛盾决定其没有能力使利润率恢复到原有的水平，因此这个时期也是去工业化过程中的经济增长的停滞期。20 世纪 90 年代初，美国制造业告别了长达 20 年的寒冬，迎来了新一轮的春天，但是这个时期全球价值链上的资本主义发达国家中，只有美国的盈利能力危机得到了改变，这种改变不得不说是建立在德国和日本等国家的利益之上的。在美国经济发展过程中，增长的思想占绝对的主导，由此催生了国家的工业化目标，但是当工业化和城市化进程达到巅峰之后，去工业化就跃然于我们的生活和视野。由此可见，工业化和去工业化并不是一成不变的，去工业化正是产生于以增长为理论核心的工业体系之中，根植于现代社会扩张的预期之中，体现在经济社会两极化的地理空间中。同样，去工业化的同时也伴随着区域产业经济适度地发展，北英格兰地区的老工业城市在不断收缩的同时，也体现出了新的生命力，一部分产业部门持续下滑，而有的产业部门通过结构调整和新的工业计划和产业计划的实施，实现了就业率的不断提高和行业活力的持续增长。工业化和去工业化可以存在于同一时间线和同一地理空间，这是它们之间的内在联系。例如，美国的工业化出现了两种截然不同的动态发展：一种是强烈快速地去工业化；另一种就是在收缩产业内部进行"再工业化"，为衰退的产业注入新的活力。

在全球化时代，美国制造业在全球价值链上可以分为两种表现形式，一种是没有竞争力的夕阳产业，这些产业已经停产并且由于从国外进口成本更低，这种产业就完全依赖于世界贸易市场的进口，那么进口的货币从何而来，这就涉及美元霸权体系，简单来说就是美国可以通过印钞、发行国债、征收全球铸币税，来维持国内的需求和供给。另外一种是虽然属于传统的制造业，但在世界市场还有竞争力和利润空间的行业部门，通过跨国公司和资本投资，大规模地将产业转移到生产成本要素低廉的国家和地区，成为离岸的美国企业。21 世纪以来，在自由思潮的引领下，动荡不安的停滞期为经济危机埋下了伏笔，加之经济金融化的日趋激烈，终于在2008 年美国金融危机爆发，并迅速通过全球价值链的关联性席卷全球，这次危机有新的特征，基于资本的长期盈利能力的下降（时间延展的困境），资本的循环不需要经过生产剩余价值的过程，直接在流通过程拆分和扩张，虚拟经济造成的泡沫无限大，这种生产的系统性过剩的时期范围更长、空间更广。但是归根结底，是资本主义的基本矛盾决定的，即生产社会化和私人占有的矛盾。

美国的工业实质上的脱实入虚的负面影响从 20 世纪末开始，即使美国本土不布局实质的工厂，也能从全球价值链的体系中攫取高额的专利利润，当然这与美国掌握了全球的核心尖端科技是密不可分的。但是随着去工业化的势头一发不可收拾，资本大量流出美国本土，劳动力也流向利润率更高的服务业，美国意识到经济疲软，制造业空心化的时候已经出现了大规模的失业和经济增长的下滑。原本美国认为只要将落后产能转移，实现升级换代，或者将高能耗高污染的工业转移即可扭转，但是随着去工业化的趋势，美国在全球价值链中占主导的技术密集型产业也开始衰退，这是美国资本不能容忍的，因为他们垄断的地位和攫取超额利润的途径已经不是一家独大了。经济已经处于停滞现象，呈现出倒"U"形的架构后半段周期的特征。美国工业化现代体系的核心构造被去工业化和第三产业的发展削弱了，导致美国核心制造业的衰落。

经济泡沫的幻灭和经济危机使政治家与企业家们认识到，强大的工业是保证就业率、经济稳定增长、社会和平、公民幸福的重要保障；也正是强有力的工业才促使了服务业的发展。奥巴马政府推行再工业化但杯水车薪，因为措施并不是行之有效的，而且要求资本出让部分利益，这就导致推行困难重重，由于美国选举政治，奥巴马没有很好地解决失业问题，就失去了底层选民的支持，资本也认为他没有维护资本的利益，正是在这种背景下，特朗普被时代推到了历史的舞台。特朗普政府力推行霸权主义，贸易政策和全球价值链体系都基于"美国利益优先"原则而不是自由竞争，通过种种再平衡战略，试图让"美国制造业再次伟大"。去工业化导致美国的制造业在其 GDP 中所占的比重不足 20%。一种普遍的社会认知觉得，第二产业已经如第一产业一般走向没落，第三产业特别是金融服务业才是高利润率和高收入行业。正是基于这种思潮，资本的决策和政府部门行为就会忽略制造业的重要作用和对国民经济的带动特征，作出错误的投资和产业决定。例如，美国针对半导体行业做过设计和制造分离的尝试，更倾向于技术投入和把控，以此作为拯救半导体产业衰退的对策。这一产业政策完全受到了半导体行业的资本的欢迎，因为企业为追求高额垄断利润而普遍采取"后福特模式"，即全球产业链中只垄断高附加值的设计、售后等环节，而将低附加值的芯片产品制造外包给价值链外围的国家，从而在整体上加速了美国半导体产业的衰落。因为政府可能会更难适应，他们的本能是保护已经存在的行业和公司，而不是那些会搞破坏的新兴企业。他们给那些老企业补贴，并且排挤那些要将厂区建到国外的企业家。他们花费数十亿美元去支持他们认为能够占优势的新技术。而且，他们坚持一个理想化信念，那就是制造业比服务业更有优势，更别提金融业了。任何经济理论都无力解释美国贸易干预政策，美国隐藏在"促进自由、公平和互惠的经济关系"诉求背后的政策目标是促进本国经济振兴和维持全球价值链收益。

2. 巴西去工业化过程

工业化是推动巴西经济增长的关键，使其成为金砖国家之一，一度吸引国际资本的大量疯狂涌入。从 20 世纪 60 年代开始，巴西的制造业突飞猛进，被称作经济高速发展的奇迹，在全球价值链体系中，承接了发达国家特别是北美诸国的工业转移，巴西的第二产业异军突起。而此时，资本主义主要发达经济体正在经历去工业化过程和资本主义盈利危机，甚至伴随着石油危机，为巴西的发展提供了契机。

一方面，这是因为发达国家和发展中国家处于工业化的不同阶段，所以经济增长率呈现出不同的景象，发达国家已经进入后工业时代，是工业高度发达繁荣后的去工业化阶段，而巴西正处于工业化发展繁荣的阶段，这一过程资本主义发达国家也经历过，只是面临的国际形势有所不同。另一方面，随着全球价值链上产业的后向参与度的提高，新兴经济体的制造业的竞争力也逐步提高，通过学习和吸收，甚至可以称作模仿、复制跨国公司的先进技术和管理经验，民族企业得到了发展。

然而，这个黄金时期持续了 20 年，随后的 20 世纪 80 年代，巴西的工业却令人意外的呈现断崖式下降，巴西的经济增长出现了后工业化国家常见的停滞、经济增长率徘徊不前的状况。巴西的整体社会经济水平并没有达到欧美发达资本主义国家的平均水平，社会软实力和民众素质也远远落后，这个时期出现的去工业化是过早去工业化。

与此同时，第二产业占 GDP 比重下降，第三产业占 GDP 的比重却一直上升，1995 年以后这个上升趋势引起各界关注，资本此时更偏向于亚洲国家。因此，基于全球贸易市场一体化的背景，巴西国内制造业受到来自亚洲国家的舶来品的挤压，第二产业竞争力不足，对资本的吸引力逐渐下降，在资本原始积累没有完成的情况下就出现了去工业化，这对巴西来讲，其全球价值链地位面临陷入"低端锁定"。

作为一个新兴制造业国家，巴西本来有机会完成工业化进程，改变国内落后的经济面貌，提升自己在国际价值链的微笑曲线中的地位，但是源于其内生的政治改革，国际贸易领域突然的自由化，伴随着国际经济金融化趋势，国内的金融市场也累积了许多风险，泡沫经济摧毁了有竞争力的

实体企业。区域随着工业化进程由单中心模式向多种新模式转变，多数人
察觉到去工业化带来的弊端：高端人才流失、房屋空置、公共设施陈旧
等，认为去工业化让国家面临着巨大的压力，而随着产业转移及土地利用
的空间扩展，也会带来一系列的社会、经济、环境问题。但是不妨从历史
的更深层次和更广阔的思路来看，正是这些因素的满足，才能为产业破旧
立新、大范围的改革提供充足的动力，才让政府的大规模规划变得阻力更
小。去工业化的进程可能会带来根本性的改变，树立新的大政方针，颠覆
传统的经济行为模式，改变人类历史的不一样的实践经验，形成新的视角
下的工业发展模式。

相较于资本主义发达国家的去工业化过程，巴西的去工业化过程更值
得我们关注，因为同样作为发展中经济体量较大的国家，同样面临制造业
拉动经济发展的转型，也同样有贸易和金融领域开放和国际接轨的问题，
因此，巴西去工业化的经验教训值得我国在制定经济、金融和产业政策的
时候深思。例如，我国东北地区城市是我国计划经济时期重要的制造业基
地，有着以钢铁、机械、石油、化工等为核心的完整工业体系。但20世纪
90年代市场经济体制改革以来，东北基地在全球化、信息化浪潮中，工业
发展迟滞，增长乏力，技术增长缓慢，劳动生产率低，产品竞争力差。由
于振兴老工业基地的实施，东北的去工业化与巴西的模式类似，呈现新老
工业交错分布形态。老工业基地收缩的本质是工业基地主导产业结构性和
周期性衰退，东北需要结合自身特点，应对去工业化的调整，进行产业结
构的转换和优化。

3. 哥伦比亚去工业化过程

哥伦比亚拥有富饶的资源，这些资源主要以不可再生能源为主，如煤
炭、石油、天然气等化石燃料，黄金、铁矿石等贵金属材料。这些丰富的
资源成为哥伦比亚工业化过程中巨大的助力。除了矿产资源得天独厚的优
势，哥伦比亚的旅游业、花卉业和咖啡种植业也是比较发达的，在国际上
都享有盛誉。

从工业发展历程看，1930~1945年哥伦比亚经历了飞速的工业发展，
因为哥伦比亚通过咖啡和烟草的大量出口，实现了原始资本积累。此间该

国的基础设施建设和城市化助推工业化，内需增长拉动产业发展，企业之间不断进行兼并和改革，一度提高了制造业的生产效率。1945～1967 年哥伦比亚逐渐调整产业结构，由劳动密集型产业转为资本密集型产业，产业的发展主要依靠国内的贸易保护政策、国外的资本投资和国家的借贷。直到 20 世纪 70 年代国内的产业和金融政策都集中于资本的管理和汇率的调控，随后哥伦比亚和拉美其他主要经济体一样，进入了经济停滞时期，哥伦比亚工业部门一直在缓慢而稳步的增长。

总而言之，由哥伦比亚的工业化过程不难发现，其核心制造业占比较低，资本技术构成较低，工业产值主要集中在制糖业、咖啡加工及纺织等农产品加工业和初级制造业。与此同时，哥伦比亚国内的技术密集型产业一直没有很明显的起色。在国际贸易的过程中，出口的都是偏初级制造业和原材料、农副产品，而进口的都是机械设备等价值链高端的产品，哥伦比亚的贸易结构陷入全球价值链的"低端锁定"。

无可厚非，哥伦比亚的经济发展是依靠自身不可再生能源。类似的资源型工业区还有德国鲁尔工业区、英国曼彻斯特大工业区及日本的歌志内市、夕张市等。这些资源工业化区域随着资源的枯竭，失业率极高且没有再就业的机会，产业结构性失调，只剩下弱势群体集聚于几个散点式分布的社区，他们往往是区域仅剩下的居民，周围是大面积的空置地块或闲置房产，形成类似郊区的低密度、零星式空间特征。但不同的是，在哥伦比亚，由于工业基础的薄弱，"荷兰病"的影响好像被扩大化了，整个国家的经济社会发展围绕资源展开，却面临着资源诅咒，如精密机械制造业等技术密集行业投资周期较长，资本循环较慢，资源反而会对这些产业部门产生排斥的内生动力。

例如，哥伦比亚咖啡种植业和花卉业的大量出口，积累了高额的外汇储备，由于通货膨胀，比索汇率不断提高，那么这就对国内新兴的技术密集型工业造成了致命的打击，出口大幅度减少，国内物价水平提高，再加之本身工业基础比较薄弱，所以哥伦比亚的"荷兰病"更加突出，特别是对未来发展有潜力现在还比较弱小的行业更是如此。哥伦比亚的经济陷入恶性循环，也即我们所说的资源"诅咒"。

大多数发达国家于人均收入水平约 9000 元左右，经济和工业占比出现拐点，开始去工业化过程。与这种传统意义上的去工业化相比，哥伦比亚似乎表现出了另一种更为令人意外和担忧的去工业化，其人均收入水平仅为 605 美元。而且，哥伦比亚国内的工业发展阶段属于早期，国内工业化程度水平较低，很显然，这一人均收入水平远低于那些发达国家，属于过早去工业化加"荷兰病"的双重特征的模式。对于资源依赖型国家，去工业化的进程难以避免，那么只能转变长期的工业化扩张的思想，进行产业转型规划，调整工业部门的性质和功能。引入多元化的资金进行绿色生态恢复，发挥非政府机构的作用，清理工业污染环境，进行绿色网络化改造，工业废弃地进行生态型可持续开发，提升环境吸引力和土地使用价值。综合考虑地区消费和绿色生态，构建多元化、信息化、网络化的产业投资，抓住契机进行产业的升级换代。进行土地管理和估值，建立土地银行。逐步有计划地收缩传统落后的生产部门，在改造传统工业部门技术的同时，投入培育现代化高新技术核心产业。改善老工业基地的产业结构，平衡轻重工业。从根本上提高资源利用效率，逐步减少初级原材料工业生产规模。调整工业布局，引导企业有序地向外围转移。

6.2.4 去工业化对贸易的影响

有研究将去工业化分为积极的去工业化和消极的去工业化。基于历史角度，我们可能还无法对其作出价值判断，因为消极的去工业化和积极的去工业化有可能在不同的部门同时发生，甚至在同一价值链的上下游产业同时存在，它带来的影响本身就需要以辩证唯物主义的方法来看待。

首先，我们来看去工业化的经济影响，这个过程是复杂而广泛的。经济增长的速度和可持续性的影响是受去工业化的性质决定的（消极或积极），大多数持积极观点的学者认为，去工业化是与产业结构高级化相关联的，生产要素从第二产业转向第三产业是因为劳动力生产率的提高，会促进经济的增长，对可持续发展也具有积极的影响。

但是不少学者认为，劳动力结构的改变并不能从根本上影响经济增长率，起决定性作用的是资本，即相比于第二产业，第三产业对资本的需求降低，资本—劳动比率会降低，投资需求的减少影响整个经济的投入，从而降低经济增长率。基于多恩布什—费希尔—萨缪尔森模型，利用去工业化和贸易的数据，学者们得出了贸易促进了经济向服务业转型的结论（Spilimbergo，1997；Du，2005），虽然降低了东道国经济增长率，但增进了其福利水平。这些学者的理论溯源于卡尔多式的研究方向，强调实体经济的作用，其他产业取决于工业的发展程度和水平，工业化是经济的增长引擎，是工业社会现代化体系中的核心构造（Kaldor，1978）。沿袭这种理论观点，去工业化对经济增长的作用就会是消极的。他们的研究也关注社会经济结构不平衡带来的效率损失，如过度金融化、实体空心化的消极影响，这种影响是缓慢而深远的。对去工业化消极影响的研究，表明了各个经济体对资本在去工业化过程中的空间限度，古典经济学的比较优势理论不能解释全球范围的资源优化配置会导致经济结构失衡的问题，资本主义的自我修复也达不到新的均衡，这是因为，历史无法复制类似开发新大陆、殖民地拓展及开放社会主义阵营的地缘等"空间革命"，而电子技术和通信技术革命也仅是把"世界变成平的"，资本主义国家构建的未来全球价值链蓝图，不过是有利于资本主义资本分配的价值重塑，新兴经济体必然对这种全球价值链产生冲击，会动摇全球价值链的排序。

去工业化也有一系列社会影响，有证据表明，去工业化也造成了更为广泛的社会经济影响。例如，就业结构变得向服务行业倾斜，那么女性的经济地位就更加独立，有独立的经济能力、有独立的生活能力、有独立抚养子女的能力。在社会家庭构成中，女性对男性的依赖性不断降低，那么单亲家庭数量就会相应增长（Rowthorn and Webster，2008）；以及制造行业就业水平相对下降的原因及分离出的劳动力再培训的问题，工人能否被服务行业吸收的问题（Rowthorn and Wells，1987）。劳动力在新的岗位就业中，如服务业对男女性别工资差异（Kongar，2008）和劳动力再就业对种族工资不平等的影响（McCall，2001），杜萨尔等（Doussard et al.，2009）基于芝加哥五个不同收入阶层在去工业化过程中的收入变化数据展开研究，结果表明去工业化对高收入者是福利改进，而对低收入者来说则是福利恶化，并加剧了社会收入的不平等。在去工业化程度较高的区域，如欧洲，债务危机引发希腊经济萎缩，企业停产或减产，民生日常用品匮乏，公共服务物品短缺，通货膨胀现象迅速扩张，公民的收入、生活水平和社会福利降低，高失业率及政府对社会保障的缩减会导致工会的罢工和游行，导致经济的进一步萎靡。如美国费城，经济发展在造船业的衰落后出现滑坡，政府的公信力明显下降，公众的心理处在一种比较普遍的紧张不安的状态当中，并在 2001 年爆发规模性群体行为，造成社会的动荡，直接导致了费城市区出现 2 万余套独栋住宅的空置和 3 万余套空置的公寓，政治和社会环境在去工业化的影响下呈现不稳定态势。

由上述分析可知，资本发展到一定阶段遇到的时间和空间的限制，这种桎梏并非某一个国家的偶然性事件，去工业化具有必然的逻辑和普遍的现象意义。从目前对世界各国经济数据的定性和定量分析来看，所有的发达国家都正在经历或者已经经历了去工业化的阶段。因此，我们认为，去工业化过程是资本主义和社会主义国家经济发展到一定程度所必然面对的经济现象，是所有工业时代的社会形态不可避免的经济发展阶段。所有发达资本主义国家，如工业革命起源地英国、较早成熟的德国东部的鲁尔地区、美国新英格兰地区和五大湖地区，都在 20 世纪 80 年代以后经历了去工业化的历程，但是国际贸易的红利让去工业化的阵痛并不是很凸显，直到美国次贷危机和欧债危机将资本主义国家的社会矛盾暴露无遗，资本主义经济学界又将目光锁定去工业化，并提出结构去工业化进程，例如，美国试图让"美国制造业再次伟大"、德国工业战略中的"德国工业 4.0"。发达国家制造业等传统重工业的长期萧条趋势不可逆转，区域支柱产业的缩减对产业链的负面影响，国际贸易分工向发展中国家的制造业转移，或者自由市场经济的工业紧缩政策导致了城市化、工业化、就业和消费之间的累积衰退的恶性循环。而英国撒切尔政府执政时期的货币化和财政紧缩没有提高生产率，反而加速通胀，持续了英国的经济衰退，工业发展处于低迷的累积因果循环，工业结构被迫作出持续收缩的改变。区域政策拉动短期投机式的工业投资，对贸易和经济的效果十分有限，投资潮使国际大企业的分支机构进入，但本地经济已经丧失了与之竞争的活力，工业的生产率和适用性没有得到相应的提高，加剧了失业和社会不稳定。后现代化和后福特主义对经济进行"去组织化"，家庭从事服务业岗位无法与工业岗位的收入相提并论，家庭财富锐减，社会经济持续低迷，居民健康和基础设施使用率不断下降。

伴随着全球化进程，沟通频次和效率加速，时间和空间在资本的系统功能得到释放，工业化相对于去工业化其对于资本利润率的优势在缩小，在原有工业区雇佣劳动力、进口原材料成本上升，出口制成品竞争加剧，贸易壁垒等因素导致资本的利润率下降，资本的逐利性将人口和工业自然而然地转移到拥有更廉价的土地和相对开放的空间。一方面，对于发达国家的第二产业的主体来说，要在全球范围配置最具竞争力和最廉价的资源，以期保持商品和服务的国际竞争力及资本的利润率，随着发达国家第二产业成本的攀升，发展中国家原材料、劳动力和土地成本相对较低，成为吸引资本转移的因素；另一方面，虽然去工业化的是发达国家，但由于新兴经济体的崛起，原有的价值分配模式必然受到冲击，发达国家工业发展空间受到挤压，以美国为首的全球产业链体系在空间拓展面临挑战的情况下，企图把未来价值分配固化到现有体系中，因此时间维度的拓展也陷入困境，最终加剧当今工业空心化程度。所以，去工业化是资本时空限度的必经结果，是全球一体化的一个发展阶段，是难以逆转的经济结构变动潮流，新兴经济体也面临这样的问题。

从现实的角度来看，由于新技术革命及中国等新兴经济体自 20 世纪 90 年代以来的迅速发展，以美国传统工业城市为代表的制造业开始衰退，美国制造业增加值占美国 GDP 的比重呈逐步下滑态势。中国等新兴经济体国家承接了大量制造业产业。

6.3　经济金融化加剧贸易领域矛盾

本节阐述的核心内容是中心国家存在严重的资本过剩问题，在产业资本领域的积累面临困境，因此寻求利用加速金融资本积累的方式，实现经济再繁荣，资本从实体产业部门流向金融部门，进一步弱化了实体经济的基础，对维持全球价值链形成冲击。

6.3.1　经济金融化

20 世纪 70 年代末以来，资本主义国家经济出现了一系列深刻的重要转变：一是经济结构的信息化或后工业化，服务业成为国民经济的主体；二是经济全球化特别是资本的全球化，资本主义生产方式真正具有了全球性；三是资本虚拟化或金融化，虚拟经济相对于实体经济急剧膨胀；四是新自由主义化，以私有化、自由化和国家干预最小化为核心的政策获得了支配地位。上述四个方面变化是相互联系的一个整体，信息化技术赋予了资本以高度的流动性和灵活性，为资本的全球化和金融化提供了技术基础和物质条件；新自由主义政策取消和缩减了国家和社会对资本逐利活动的各种限制，为资本的全球化和金融化提供了制度基础与政策保障；全球化和金融化则使资本摆脱了国家主权的制约及物质形态的束缚，为资本运动创造了更大的空间和更有效的形式。

约翰·贝拉米·福斯特认为在过去30年里，资本主义变化的特征通常被人们用三个词来概括：新自由主义、全球化和金融化。众多论著探究了前两个现象，金融化现象却鲜被关注。然而，金融化日益被视为三者中的主导力量。资本主义的金融化，即经济活动的重心从产业部门（甚而从诸多正在扩大中的服务业部门）转向金融部门，成为当今时代的重大事件之一。为获取更大的积累，资本家必须千方百计地为先期积累的剩余寻找投资出路。但产生这些剩余的同类条件又限制了盈利性投资的空间。因而，资本所有者面临的困境是，在营利性投资机会日渐稀缺的情形下，如何营运巨额可支配盈余？20世纪70年代以来，他们采取的主要应对措施是扩大金融产品需求，将金融产品作为货币资本保值、增值的方式之一。这一进程的供给方即金融机构则推出了期货、期权、衍生产品、对冲基金等一系列新的金融工具。结果，金融投机甚嚣尘上，并持续至今。

资本主义国家经济的上述变化集中体现在金融资本的相对独立发展上。从微观层面看，由于金融机构及金融业迅速发展，非金融企业通过银行借贷、证券市场等筹集的金融业资本总量在金融资本内部赶超产业资本并占据优势地位，企业利润来源越来越多的是以金融资本为主，即金融资本在微观层面占据垄断地位；从宏观层面看，在一国内乃至国际间，金融部门相对于实体经济膨胀，金融业利润在利润总量中比重上升甚至超过产业资本利润，经济活动以金融资本运动为主，国际实物和服务贸易居于次要地位，即金融资本在宏观层面占据垄断地位。金融资本脱离了产业资本，特别是随着资本二级市场的发展，金融资本似乎具备了"钱能生钱"、不需要实体生产就能直接创造价值的能力。因此，有学者认为，金融资本在时间和空间上，对资本的使用价值的生产实现了全面的、不间断的、有效的控制，金融因素在资本增值中逐渐占据主导和统治的地位。

阿瑞吉把金融化理解为一种积累模式，关注利润来源和形式的变化，在金融化的积累模式中利润的来源发生了变化，体现为日益依赖于金融渠道而非商品生产和贸易渠道。阿瑞吉认为金融化是资本主义体系积累过程中周期性出现的现象，在每一个体系积累中都有一个处于主导地位的中心国家，处于主导地位的国家都会经历物质扩张和金融扩张两个阶段。阿瑞吉指出金融资本的扩张既不是资本主义的最新阶段也不是资本主义的最高阶段，而是从早期欧洲资本主义时代的最初开端就一直存在的反复出现的现象。迄今为止，资本主义体系经过了四个积累周期，在体系积累周期中处于主导地位的中心国家分别为荷兰、英国和美国，当今资本主义体系正处于以美国为中心的第四个体系积累周期。阿瑞吉指出，在四个体系积累周期中，荷兰通过保护成本的内部化取代了热那亚的中心地位，英国通过生产成本的内部化取代了荷兰的中心地位，而美国通过销售成本的内部化取代了英国的中心地位。当任何一个中心国家进入金融扩张阶段即金融化时代表着其霸权的危机，资本将由衰落中心向新兴的中心流动。从历史上看，热那亚、荷兰、英国在失去了生产和贸易的竞争优势时进入了金融扩张阶段，而今天的美国正在经历着相同的金融扩张。然而，当前的金融扩张已经与以前已有的模式分道扬镳，与美国的金融化阶段伴随的是大量资本的流入。

工业扩张与世界市场的形成互相促进。一旦蒸汽机和机器大规模利用使工业技术发生了革命性变革，工业扩张本身就成了使全世界市场合并成单一市场的主要因素。单一世界市场的形成反过来又作用于工业扩张，赋予各国的生产和消费一种"世界特征"（杰奥瓦尼·阿瑞吉，2008）。虽然世界市场的形成建立在工业扩张的基础上，工业资本主义在资本主义国家的确立赋予其强大的物质生产能力，积累起巨额财富，但资本主义基本矛盾带来的实体经济利润率的下降使其难以通过持续的工业扩张获利，从而不得不将工业转移。因此，资本主义国家通过资本输出来缓解国内生产相对过剩的矛盾，在进行资本输出的同时也在输出资本主义的生产关系，而金融的扩张总是伴随着工业的转移。由此可见，工业化为金融扩张奠定了物质基础，但工业的发展是否一定会转变为国家财富和权力的扩张，阿瑞基指出这取决于两方面的条件：一是工业化在高附加值环节取得突破；二是产生有利于工业化的社会结构。这里我们就要问一下，资本关注的究竟是工业制造能力还是资本增值能力？通过上面的论述我们可以看到，工业制造只有当它能快速促进资本积累的时候，才能转变为国家财富和权力的扩张。资本增值能力才是资本主义的核心竞争力，而资本的增值能力主要通过资本积累的速度和规模表现出来。资本积累既包括物质资本积累，也包括金融资本积累，不要把"预设的生产中心论强加于资本之上"。

信贷体系形成的同时也导致一些地区容易受到投机资本和虚拟资本流动的冲击，它们既能刺激也能损害资本主义发展，甚至在近些年来还会导致严重的贬值。1980年以来，地区债务越来越成为一个全球性的问题，许多较为贫穷的国家（甚至包括一些大国，如1998年的俄罗斯和2001年之后的阿根廷）发现自己的债务不可能偿还，于是威胁将不再偿还。为了解决这一难题，19个债权国创立了被称为"巴黎俱乐部"的常设机构，用来建立规则，以便为那些无法偿还债务的国家重新制定还债计划。自2000年以来，已经有大约37个国家被迫接受其计划，"巴黎俱乐部"承受的压力也越来越大，有种声音要求债权国完全免除一些最贫穷国家的债务。谢里尔·帕耶所说的"债务陷阱"的确将最贫穷的国家也都"拉拢"进资本循环体系的过程，如此一来，这些国家都能成为接收剩余资本的可用"器具"，而这些国家也有责任这么做。接收国将不得不承担资本贬值的风险，而债权国则免除了资本贬值的危害。于是，在债务偿还的苛刻规则之下，接收国的资源很容易就会遭到掠夺。

6.3.2　经济金融化是金融资本积累和产业资本积累的分化

马克思"把剩余价值当作资本使用，或者说，把剩余价值再转化为资

本，叫做资本积累"。① 就资本积累的整体性而言，可分为产业资本积累和
金融资本积累。产业资本积累在本书中是一个扩大的概念，既包括传统意
义上实物生产部门的资本积累，也包括服务性部门的真实资本积累。而金
融资本积累指的是纯粹以借贷资本和虚拟资本为主要存在形式的资本积
累。研究经济金融化有必要对资本积累双轨制的原因和过程进行分析。

　　首先，资本的周期性闲置为资本积累分化提供了条件。产业资本积累
有两种途径：资本积聚和资本集中。资本积聚是剩余价值的资本化，马克
思指出"为了追求私人利润并把这种利润主要用于资本积累的生产方式所
具有的无情的和不可抗拒的增长趋势"②，但要实现剩余价值的资本化，必
须使它的积累达到一定的量才能投入生产。因此，生产过程中不可避免地
产生了闲置资本。这首先表现在"已经实现的剩余价值虽然要资本化，但
往往要经过若干次循环的反复，才能增长到（也就是积累到）它能实际执
行追加资本的职能的规模，即能进入处在过程中的资本价值的循环的规
模。因此，这个剩余价值凝结为贮藏货币，并在这一形式上形成潜在的货
币资本"③。其次，已纳入产业资本循环体系、资本化了的货币资本也存在
闲置情况，"资本的一定部分，必须不断作为储藏货币，作为可能的货币
资本存在，这就是：购买手段的准备金，支付手段的准备金，一种在货币
形式上等待使用的闲置的资本；而且资本的一部分不断以这种形式回
流"④。如果这些资本在闲置期内不能带来利润，对资本家而言就是一种
"原罪"，资本家必须为这部分货币资本寻找出路。在工业资本主义时期，
产业资本循环部分货币资本会游离出来，在获取一定利息的基础上出借给
职能资本家，演化为借贷资本。在借贷资本积累过程中，"创造新货币与
信贷扩张之间的这样一种联系使货币本身变成了金融资本"⑤。资本积累开
始走上分化道路。

　　其次，资本有机构成提高从根本上推动资本积累分化。从资本的价值

---

① 马克思恩格斯全集（第 23 卷）［M］. 北京：人民出版社，1972：650.
② 欧内斯特·孟德尔.《资本论》新英译本导言［M］. 仇启华，杜章智，译. 北京：中共
中央党校出版社，1991：1 - 2.
③ 马克思恩格斯全集（第 45 卷）［M］. 北京：人民出版社，2003：91.
④ 马克思恩格斯全集（第 46 卷）［M］. 北京：人民出版社，2003：352.
⑤ 弗朗索瓦·沙奈等. 金融全球化［M］. 北京：中央编译出版社，2001：54.

形态来看，由不变资本（C）和可变资本（V）构成，并且由资本的技术构成决定。而资本技术构成决定了企业生产资料与劳动力的配置比例。随着企业技术水平的提高，在很大程度上缩短必要劳动时间，提高了劳动生产率，单个劳动者所能使用的生产资料上升。这加速了流动资本与剩余价值的周转速度，与此同时，固定资本的积累也随之增加。但是，固定资本流动速度较慢，周转周期更长，一个周转周期要经历多个流动资本的周转周期。因此，随着资本有机构成不断提高，固定资本在总资本中的比例越来越大，企业需要的预付资本量迅速增加。[①] 资本积聚受到剩余价值量绝对增长的限制，单独依靠产业资本家内部积累或者相互间提供信用已经不足以支撑产业资本的扩张，因而增长缓慢，而资本集中通过兼并或联合中小资本可以在短时间使企业集中大量资本，竞争和信用是资本集中的两个最强有力的杠杆。同时，个别资本家利用信用扩大了企业规模、提高了劳动生产率，由此获得超额利润，极大地刺激了整个产业部门对信用的需求。以信用为基础，新的积累模式呼之欲出。

再次，银行信用加剧资本积累分化过程。随着竞争的加剧和资本有机构成的提高，企业规模不断扩大，行业间产生的借贷资本已经难以满足再生产的要求，资本家的货币缺口也会越来越大。同时，行业内部的借贷面临信息不对称、交易成本高等诸多问题，部分借贷资本家还兼具产业资本家的身份，而借贷活动本身和生产并无关系，这部分资本家需要投入大量的精力和劳动来兼顾生产和借贷活动。资本主义银行信用的产生，完美地解决了上述问题，主要表现在两个方面：一方面，资本主义早期以银行资本为代表的信用体系，迅速地把闲置资本积累起来，并配置到职能部门，获取更多利润；另一方面，银行提供专业化服务，提高了资本的积累效率。但是，在资本主义早期，由于银行资本对流动性的要求，资金被配置在流动性更强的流动资本上。随着固定资本规模的扩大，资本家自身资本积累不能满足其需求，银行信用被要求突破原有范围，增加对固定资本供给。这迫使银行关注点也不再局限于企业暂时经营状况，同时将企业未来发展潜力纳入考虑范围，只要符合银行内部风控标准的借贷活动，就会为

---

① 鲁道夫·西法亭. 金融资本 [M]. 北京：华夏出版社，2013：64.

其提供信用。这极大地改变了产业资本与银行信用的关系，在一定情况下信用被拒绝也就意味着企业破产，产业资本的积累愈发依赖信用的积累。

最后，虚拟资本的快速发展推动金融资本独立化积累。虚拟资本积累过程与真实资本积累和货币资本积累不同，虚拟资本积累是索取权的积累过程。"这种索取权或权利证书本身的积累，既不同于它由此产生的现实积累，也不同于以贷放的货币为中介而实现的未来积累"①。而这种索取权是资本幻想价值的积累。在工业化的早期，产业资本扩大依赖虚拟资本的发展，助推了虚拟资本的膨胀，而随着现代计算机技术在金融领域的广泛应用，资本积累愈发虚拟化。金融资本可以脱离物质生产领域实现几何倍数价值增值，又加剧社会资本的流入，进一步提升虚拟化水平。

6.3.3　经济金融化弱化了中心国家实体经济基础

一般认为，经济金融化是经济增长和发展的必然结果，其得益于金融创新、金融领域规制的放松及非银行等金融机构的迅猛发展等因素。然而，如有些学者所认为的经济去工业化是一种积极的经济高级化的趋势一样，经济金融化是一种经济高级化的趋势吗？或者对于整体经济而言，经济金融化是一种积极的过程吗？现实中对此问题的回答是否定。显然，这些关于经济金融化或虚拟化成因的解释过于表面化，或者说，这些成因本身即是其他深层的结果或是以此为背景。从时间上看，经济金融化的进程缘起于20世纪70年代中后期，并在20世纪80～90年代获得了飞速发展。但不是缘于一种历史的巧合，而是缘于历史的必然，这一时间与1965～1973年盈利能力危机及1973年以来的经济长期停滞状态基本吻合，也就是说，经济金融化是伴随着经常长期停滞状态的出现和持续而发生并发展起来的。资本的盈利能力危机与长期停滞既是经济金融化兴起和不断持续的原因，又是这一趋势持续至今的时代背景。当然，在更深的层次上，经济金融化是全球制造业生产持续过剩的结果，是资本主义制度的必然产物。

①　马克思.资本论（第三卷）[M].北京：人民出版社，2004：575－576.

在生产持续过剩及资本盈利能力下降的情况下，大量本来应投资于实体经济（主要是制造业）的过剩资本，绕过产业资本的形式，大量涌入金融部门，通过债务债权和投机的方式获得利润——利润越来越依赖或来源于金融领域，而非实体经济中的商品生产和制造品的国际贸易。以美国为例，2004 年，美国金融行业获得的利润是 3000 亿美元，而与此相对应的美国国内实体经济（非金融行业）创造的利润是 5340 亿美元。另外，随着布雷顿森林体系的崩溃，美元与黄金的脱钩，货币、信用与资本日益金融化和虚拟化，加之全面的凯恩斯主义政策向以经济自由化特别是金融自由化为特征的新自由主义政策的转变，都导致了金融资本急剧膨胀，并与实体经济严重脱节。结果是，第二次世界大战后美国金融资产流量的 GDP占比从 1952～1979 年的平均 25.7%，大幅上升到 1980～2007 年的平均41.8%；非金融公司的资产结构——金融资产与实际资产的比例，从 20 世纪 70 年代的 40% 多上升到 90 年代的接近 90%；与此同时，金融部门所获得的利润与非金融部门所获得的利润的比例，从 1970 年的 20% 大幅上升到 2000 年的 70% 左右。

金融衍生品渗透进产业资本的再生产过程，改变了产业资本，特别是制造业原有的经营模式，如期权激励促成了股票市场"对美国企业行为的统治作用"，因为，如果企业无法实现季度指标几乎无一例外地表示公司股价会出现大幅下跌。如果这种情况经常出现的话，那么股票价格下跌会造成高级管理人员股票期权的报酬下跌，并损害股东利益。因此，现代股票市场变成了美国管理者紧盯的目标。股票市场的动向决定着他们的投资、经营和计划决策及美国经济本身发展的道路。公司管理者更愿意为了自身利益和股东利益外化生产成本，即将生产过程"外包"，从而使许多美国制造企业蜕变为没有生产过程（国外企业代工）而只有产品设计和销售的金融—物流经营模式。由于这样的美国公司拥有核心技术、品牌和全球销售网络，因此只需专注产品的设计，而无须在美国本土大批量生产完整的产品，就能获得高额的垄断利润。由于许多高端产品不再在美国国内大规模生产或属于非贸易产品，而大多数中低端产品因其丧失了竞争力而不再生产，所以美国进口的制造业产品的总值必然大于其出口的制造业产品的总值，相比之下，美国农产品的出口量就显得很大。"没有生产资本的资本主义"导致美国这个在全球拥有最先进技术的国家的制造业在整体上衰落了。失去工业支撑的美国物流业只能依托于进口货物得到发展；而失去工业支撑的美国金融业只能利用金融衍生品投机和诈骗，如次级贷款的证券化等，制造一个又一个的泡沫。正如诺贝尔经济学奖得主罗伯特·席勒所言，"泡沫的不断增长是产生目前次贷危机等类似事件的根源"。泛金融化导致市场总是朝着产生泡沫的方向发展，形成脱实向虚的趋势。由此，美国与历史上的霸主殊途同归——在霸权衰落时期，形成衰落的工业与过度繁荣的金融业并存的格局。

去工业化与经济金融化或虚拟化之间的关系，可以从两个角度加以理解。其一，二者可以被理解为因果关系，即经济金融化是经济去工业化的结果，它是伴随着经济的去工业化（实体经济的停滞和萎缩）而发生和发展起来的；其二，二者是同一深层次原因在经济上不同方面的表现——一枚硬币的两面，即它们是全球工业制造业领域生产持续过剩所导致的盈利能力危机的结果。

6.3.4 经济金融化视角下的美国经济结构与贸易

经济金融化改变了美国的经济增长力量，反映在产业领域表现为产业结构的改变，最终也必然影响其贸易结构，具体而言表现为以下几点。

1. 美国经济增长长期依赖个人消费拉动，表现为负债消费和贸易赤字

美国经济增长的一个显著特点是依赖个人消费，从 20 世纪 90 年代开始，美国居民消费对经济增长的贡献超过 70%，个人收入的 90% 用于消费性支出。与之相对应，这种高消费是建立在低储蓄率的基础上。2018 年第一季度，美国净国民储蓄率仅为 1.8%。低储蓄率通常伴随较低的资本投资率或生产率，因此，美国家庭部门的高消费也不是由个人工资的实际增长推动的。个人要想维持高消费，必然通过高负债率等一系列手段，或者建立在虚拟资本的金融收入水平上。从国民经济核算角度来看，表现为经常项目的赤字，为平衡国内经济收支状况，美国不得不通过贸易赤字形式大量利用外国储蓄，由此导致贸易逆差形成并长期存在。据统计，2017 年美国与 102 个国家存在贸易逆差。因此，美国贸易逆差是一种内生性、结构性、持续性的经济现象。从这种意义来看，存在于中美两国之间的贸易逆差问题，只不过是美国国内问题的外在表现，是美国全球贸易逆差的个别反映，仅要求中国做出让步改变贸易逆差状况，并不是解决问题的有效途径。

2. 金融地位上升、实体经济产业结构变化与贸易

伴随着金融部门在产业部门中经济地位的上升，美国产业结构发生显著变化。表现为，美国金融业为主的服务业所占 GDP 的比重持续上升，而制造业在 GDP 中的比重却持续下降，产业空心化趋势明显，实体经济不断萎缩。据统计，2017 年美国三次产业在 GDP 中的比重依次为 0.9%、16.6% 和 82.5%，第三产业所占比重远远超过第一、第二产业之和，同时金融服务业在第三产业中所占比重为 20.8%，相当于占 GDP 的 17.16%，超过制造业的水平。金融业不创造价值，但在利润获取时却取得相对产业资本更为优势的地位。金融利润在总利润中的比重也在上升。从 1965 ~ 2015 年（见图 6 - 1），美国制造业利润在国内总利润中的比重由 55% 下降到 20% 左右，最低时仅为 10%，但金融业利润在国内利润总额的比重自 20 世纪 80 年代中期以后迅速提高，金融利润的比重持续维持在 20% 以上，最高时期甚至超过 40%。

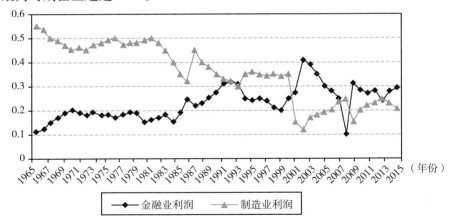

图 6 - 1   1965 ~ 2015 年美国金融业、制造业的利润占国内总利润的比重

资料来源：美国经济分析局（BEA），通过总统经济报告，2018 年，表 B - 6。

经济金融化导致美国产业结构发生改变，对虚拟经济的疯狂投机加速实体经济部门的衰落，进而改变了美国的贸易结构和对外投资结构，一方面美国需要进口大量的消费品；另一方面又必须大量输出金融产品。这种贸易结构容易受到各种金融风险冲击，2008 年金融危机以后，美国时任总统奥巴马针对危机的严重后果，曾提出"再工业化"的计划，然而并不能逆转去工业化的因素，特别是经济金融化趋势，贸易结构呈现出金融化特征。

3. 经济金融化背景下的美国对外贸易产品结构转变的具体表现

伴随着经济金融化趋势的加剧，美国对外贸易结构也随之调整。根据马克思的资本循环理论，资本循环是货币资本、生产资本和商品资本三种形式的统一。尽管每种资本形态的循环有着自身的特征，但代表着金融、工业和商业三类活动，结合马克思的国际分工理论，美国当前的贸易结构主要表现为货币资本、金融产品的生产，而将生产资本、商品资本置于其他国家进行。这决定美国将在服务、资本和金融产品方面大量出口，而在实物消费品方面大量进口。据统计，在 2018 年，美国实物贸易的逆差为8913 亿美元，较上年增加了 10.4%。而中美贸易争端的主要聚焦点就是货物贸易，美方指责中国对美国贸易顺差过大，却不把两国双边经贸关系中超出货物贸易范围的金融服务贸易和本国企业的海外子公司利润考虑进来。长期以来，美国出口的产品主要是美元资本，利用资本的跨国流动，对边缘、半边缘国家进行直接或间接投资，在全球范围内赚取金融高利润。总体来看，2018 年美国跨国公司汇回的海外利润中，股息部分就高达6649 亿美元，再投资收益也达到 1416 亿美元，仅对外投资获得的净利润就有 1854 亿美元。

资本的循环可以整体描述资本主义生产方式的产生、发展、繁荣的过程，其运动过程中涵盖了社会所有单独的、个别的资本，且资本的循环过程是三种循环形式：货币资本循环、生产资本循环和商品资本循环的有机统一。尽管三种形态会独立地进行各自的循环，但它们依然是社会资本总循环的构成子系统，正如马克思所说，它们每一个循环同时是"总社会资本再生产"的局部运动。国内资本向国际的扩张，拉动资本的生产规模急剧膨胀，社会资本的总循环依靠国际经济的"东风"，获得了形态上的高级化状态。但是资本的这种国际性的扩张和原始积累却是客观决定的，不以人的主观意志为转移。例如，相似厂商通过国际贸易获得新的市场，革新新的生产技术和生产组织，提高了剩余劳动时间和剩余价值量，那么市场的规律决定了其他厂商的行为必然是不断地提高技术水平和组织管理水平。如果原地踏步或者进步得不够快，那么市场就会优胜劣汰，落后的企业会面临剩余价值率的不断下降，有破产和倒闭的危险。这种资本主义市场竞争推动了资本的国际化，在全球化进程中也促进了参与者不断地革新技术和管理组织水平，最终带动先进的技术和管理经验不断改善和推广。

但是，事物的发展总是在曲折中前进的，这一过程充满了各种阻碍。资本的循环会因为这些阻碍形成周期，周期的长短不同但是过程一致。具体而言，资本循环周期包括五个过程，即复苏、繁荣、生产过剩、危机、停滞。根据马克思的理论，复苏阶段，也就是市场新兴时期，是由新市场的开拓或者新技术的应用造就的，货币的大规模扩张是这一时期资本循环的主要特征。企业为了获取最大的利润，会最大限度地利用货币供给扩张来扩大生产规模和商品品类，并进一步剥削劳动力来榨取剩余价值。每个企业都受到利润的驱动却缺少统一的管辖和统筹，从而无法提高整个社会的福祉，这就导致资本主义的基本矛盾，即劳动者创造的价值始终大于其获得的报酬，资本家无法放弃超额回报来提高劳动者的消费能力，产能和市场的扩张无法永久持续，最终将导致生产过剩和经济危机的发生。

生产过剩发生之后，市场的商品整体供给大于需求，因此商品价格降低，生产活动带来的利润也就随之降低。资本家面临两个选择：进一步通过货币信贷维持生产或提高生产效率来保持剩余的收入；或是关停生产进入其他更加有利可图的行业，如金融业。资本家可以通过投资股市、期货等金融市场来保持较高的回报水平，而劳动者可以通过借贷来保持现有的生活水平，政府也会扩大信贷规模来刺激经济纾困，这就导致货币的进一步扩张。

通过金融市场刺激经济的方法会在短时间内有效，但又为经济危机的产生进一步埋了下隐患。金融业产生的根本是服务于生产性企业，使企业能够通过金融市场在付出一定成本的前提下扩大生产规模，降低生产和销售风险等，因此金融市场的扩大就意味着企业的利润必须有所增长，也就是必须榨取更多的剩余价值。在生产过剩的情况下，生产企业的利润无法再通过信贷获得增长，并且有一部分企业已放弃生产转而投入金融业，那么货币供给的增长必然超过生产能力的增长，最终会导致严重的通货膨胀。同时，仍在进行生产活动的企业进一步剥削劳动者会加剧阶级对立，增加社会的不稳定。并且通过进一步剥削劳动者会使生产过剩更为严重，市场供给和需求的差异会进一步扩大，矛盾的积累最终会使这种经济模式难以为继，导致危机的发生。

金融形势的不稳定及美元贬值造成的投机行为日益增多导致 20 世纪 70 年代的全球性危机终于开始爆发，而随着 1973 年布雷顿森林体系的崩溃和整个工业化国家普遍实行浮动汇率制更是将这种危机推到了顶点。1973 年最后的几个月里，石油价格提高到以往的四倍之多，再加上股票市场的大幅度跌落，全球经济状况变得更加恶劣。1974 年，金融滑坡与世界性经济危机随之而来，1973～1975 年，道琼斯指数、标准普尔指数及金融时报指数经历了大幅度的下降。经济衰退期间，债务水平和价格水平都会有较大的上升，这将会加剧全球性竞争。在这样的情况下，西方政府尽管及时采取了紧缩的宏观经济政策也无法阻止通货膨胀率的上升。与此同时，失业率的不断上升也加大了工业化国家的政治压力，迫使他们只能采取更为变通的宏观经济政策。这在一定程度上缓解了社会压力，但直接引发的后果就是消费者与政府债务水平的提高。例如，美国家庭的债务水平在 1975～1982 年从占可支配收入 72% 增加到 80%，英国从 55% 增加到大约 65%。而经济发达国家随着政府开支的不断增加，政府债务占 GDP 的比重在 1973～1986 年从 16% 上升到 33%，增长了一倍以上。

综上所述，我们不难看出，企图通过货币手段克服经济衰退只会使国际资本循环变得更加不稳定。发达国家为了改变这样的状况，帮助生产过剩行业和非生产行业维持现有的地位和规模，减轻了对于结构调整和生产率的要求。与此同时，货币供给量的异常增加使国内的政治局势也失去了稳定，这些条件都为资本寻找新的突破口创造了条件。因此，许多发达国家的厂商开始利用发展中国家的廉价劳动力和较宽松的管制环境来重构他们的业务活动。在这样的契机之下，跨国公司得到了进一步发展的机会，国际生产和分配开始出现，夕阳工业尤其是重工业也开始由发达国家向外转移。与此类似，金融资本也开始涌入，积极地开发并扩张到新兴市场经济国家，1975 ~ 1982 年间，整个发展中国家的外债从 1600 亿美元猛增到 5400 亿美元。然而，发展中国家的经济越来越依赖出口，但这些出口机会却因发达国家的经济衰退被严重损害的时候，这种扩张只会使世界经济的生产能力进一步超过它的消费能力，最终导致生产过剩和全球债务问题的加剧。

在 20 世纪 70 年代末期，全球经济增速依旧缓慢，于是工业化国家寻找除了干预政策以外的其他出路，使用重视市场本身作用的新自由主义经济政策，通过这样的政策来对抗工人阶级，组织信贷进一步增长，达到使羸弱的低效资本清零的作用。而宏观紧缩政策也使资本的全球性循环面临更多的窘境。宏观经济上，需求的萎缩致使发达国家的经济面临进一步倒退，与此同时，美元因为较高的利率水平面临升值，这迫使发展中国家的债务水平达到新高，由于大部分国家的外债都是用美元计价，到 1982 年，这些问题最终造成了危机的爆发，这时的墨西哥（还有巴西、阿根廷及其他许多发展中国家）威胁要求债务减免甚至债务拒付，这时债务累积程度已经从 1973 年的 86 亿美元达到创出新高的 820 亿美元。

为了降低国际金融市场面临崩溃的风险，缓解经济衰退带来的压力，主要的工业国开始放弃通货紧缩政策，转而开始扩大货币供应量，为债务国重新提供国际借贷资本。尽管这类政策在 20 世纪 80 年代中后期导致大量的国际借贷资本以每年 185 亿美元的速度流向大部分发展中国家，而其中的绝大一部分国际资本重点流入东亚的新兴经济体。这就使很多新兴经济体常年的经济年均增长率是同期工业化国家的 2.5 倍。同时，"冷战"时期美苏开展核军备竞赛导致军费开支急剧增长，而美国的贸易赤字率也高居不下（这就使美国在 20 世纪 80 年代末 90 年代初成为第二次世界大战以来首个债务国），此外各种使世界经济自由化的措施不断施行，所有这一切都进一步加速了全球货币的流通和循环速度。而发展中国家因为当初获得债务援助而附加的条件现在也面临经济结构性调整的局面。发达国家则继续强调私有化的推行，非管制措施和国家干预性措施则进一步被削弱。

在之后的几年中，这些措施是富有明显成效的。货币循环流通的大幅度提速和资本主义经济在全球范围内持续扩张和输出（同时它也受到了信息通信技术进步的催化作用）使需求进一步扩大，世界贸易额也因此而大幅攀升，而且在外表上解决了 20 世纪 70 年代以来遇到的种种困难。但比这些都更为重要的一点在于，东欧剧变和苏联解体导致"冷战"在 20 世纪 90 年代初戏剧性地结束了。但在接下来的 10 年中，由于信贷规模的高度扩张，巨额美国贸易赤字的初次显现，东亚新兴经济体的高速增长及主要的几个资本主义国家对新自由主义经济模式的狂热追捧等，这一切都把世界经济从突然陷落的"泥潭"中拉了出来，但这也为生产过剩局面的下一次出现在客观上创造了条件。生产力的不断提高，全球经济竞争不断加剧，以及国际金融资本的大规模流动（这是经济全球化最重要的要素）进一步提高了对经济的适应性和灵活性的更高层次的要求，另外也削弱了有工会组织的劳动工人们的力量，并且对工资标准的提高和利润的扩大产生了更大的压力。尽管全球总产出在 20 世纪 80 年代到 90 年代中期平均每年增长率为 3.3%，平均每年产出水平大约增长 2.8%，但是每小时工作收入和单位劳动价格的增长率却呈现大幅度缩减的局面，分别从 10% 下降到 4.7%，从 7% 下降到 2.1%，同时，虽然在 80 年代全球的通货膨胀水平高于 70 年代（这会使实际工资率下降），但是通胀的实际增长率却开始呈现下降的趋势。随着世界经济进一步开始面临供给大于需求的局面，它已从原来的 8.5% 下降到 6%。虽然经济的繁荣和增长还在持续显现，但是，60 年代末开始再一次显现的生产过剩的资本主义经济危机在 80 年代末又将重新回归（80 年代早期因为国际货币循环的不断扩大使经济危机被推迟了）。

20 世纪 80 年代末，一些行业生产过剩严重，如化工、钢铁和航空航天业等，由此推测出世界生产和商品循环逐渐恶化，是因为资本数值反复加速增加的世界货币循环系统。在一些主要工业化国家，国企投资早已对债务水平望尘莫及，就好比当今工业大国美国，其债务占 GDP 比重从 1981 年到 1991 年由 30% 上升到了 43%。世界股票市场上出现了一种短暂而绚丽的繁荣，金融时报上涨了四倍的指数，而日经指数更是上涨了四倍半以上。

到了 20 世纪 80 年代末，那个繁荣的股票市场终于崩溃了。和往常一样，全球金融水平又被这次风暴影响而导致衰退。1990～1992 年，一些指标大幅度下降，如生产出厂增长水平、生产效率、投资水准和获利能力。这再一次说明部分资本家发现了一种运用非生产手段搞钱的同时，导致失业率增加了，但投资活动也增加了，这种手段迫使欧洲货币不断贬值，并且不仅搅乱了欧洲货币联盟的计划，还危及整个联盟组织。1992～1993 年的这一段时间里，这种手段对欧洲货币市场造成了巨大的投机性冲击。而且许多的资本家在发展中国家寻求庇护。1991～1996 年，流入量竟然从950 亿美元暴涨到 2450 亿美元，这个数值是历史上从未达到的峰值，东亚的资本繁荣被这种流动推进得更加繁荣，所以使当时东亚的 GDP 水平超过世界最发达经济体的 3 倍。但这并不是长久之计，世界市场的东扩不仅不能解决全球产业生产过剩问题，也不能承受住债务的增加与投机的代价，这完全与表面现象相反。在 20 世纪 80 年代，日本作为东亚地区最大经济体和世界第二大经济体，由于大量的坏账导致"空壳"，使日本历年积累的繁荣功亏一篑，使经济加速了衰退，由此看出东亚所需要的生产性投资与流入的资本根本不成正比，甚至连一半都不到。

被逼无奈，西方国家不得不再一次放松宏观经济，想用之前的办法来解决衰退问题，想重新发展经济使其振奋起来。平均短利率从 1991 年的8.1% 下降到 1993 年的 5.3%，狭义货币也不例外，从 1991 年的 6.9% 增长到 1993 年的 8.8%。由于一些经营无效的企业破产，导致失业率增长，使劳工们放弃了对削减工资的抵抗，由此资本价值被大幅度贬值。利用这次金融危机，工业化国家对信息和计算机技术进行重新整改，推动了全球经济自由化。例如，1992 年建立了以推动全球经济自由化为方向的统一的欧洲市场和亚洲自由贸易区，所以说建立北美自由贸易区也是同样的道理。

无独有偶，1995 年前后的种种迹象表明此种政策又一次显现成功的势头。在最强牛市中世界股市飞速上涨，与此同时，世界投资水平与产量正在逐步提高，失业率稍稍下降（但是意义非凡）。和 20 世纪 80 年代末至90 年代末期相比，在 2000 年秋季，恒生指数、道琼斯、德国的 DAX、FT和 S&P 的市值都已经增加了好几倍。然而此类数字只是被再一次证明的假象而已。对于 20 世纪 90 年代初期的经济下滑，扩张性宏观经济政策和经济重组等有形的"手"专横地伸向各个领域。但是随后却造成了生产过剩的旧局面。一个代表性的老问题就是从 20 世纪 90 年代中期之后，由于全球商品都出现供过于求的局面，导致通货膨胀率下降，而且利润率也开始下降。从全世界来看，通货膨胀率从 20 世纪 80 年代的 16% 开始，到 20 世纪 90 年代已经跌至 12%，这种下跌尤以工业化国家为甚，其通货膨胀率从 6% 跌至 2.4%。造成生产过剩的重要因素是国际环境下的竞争变得更为激烈以及生产率和产量的不断提高。对于工人们来说，上述增长超过了时薪的增加，导致他们的实际工资下降。而 90 年代中后期，发达国家的生产率年均增长已是时薪增长率的两倍有余。同时，经合组织成员国的"雇员补偿水准"跌至原来的一半水平，由 70 年代到 80 年代中期的 9.2% 跌到 4.6%。此次经济危机主要聚集在高技术产业、农业和初级产品生产领域。初级产品的价格由于原材料供过于求的生产过剩而大幅下跌，而发达国家在高新技术产品如通信设备和计算机的生产过剩对严重依赖高新技术产品出口的东亚地区的众多国家造成很大的市场压力。实际生产活动环境一次次恶化，世界货币循环再次戏剧性地扩张。这明显地表现在全球债务的增加上。亚洲发展中国家的外债从 1992 年的 3670 亿美元涨至 1998 年的 6550 亿美元，而新兴市场经济国家的外债从 1995 年的 1.2 万亿美元跃升至 2002 年的 2.2 万亿美元。更为夸张的是，阿根廷的债务从 1994 年占 GDP 的 1/3 涨至 1999 年占 GDP 的一半以上，同时期巴西的债务增加 2.5 倍，而印度尼西亚的债务则从占 GDP 的 67% 上升到占 GDP 的 96% 以上。这种增长持续超过生产率的增长，已经达到了无法承受的程度。

另外，从全球范围来看，公司债务水平的增长也快于资产增长，但是对于发达国家来说，它们的需求则更加依靠高消费支出来支撑。1996 ~ 2000 年这种支出的平均增长（3.2%）显然高于 1990 ~ 1995 年的增长（2.1%）。并且这种支出是由消费者的超过家庭财富增长的负债增长来支持的。更值得关注的是，投机活动的增长和世界货币循环持续扩张也反映在世界金融市场结构的变化上。金融市场业务日益复杂（如衍生品和期货市场扩大），外汇交易使用的资金迅速上涨，从 1973 年的仅 200 亿美元猛增到 20 世纪末的 1.25 万亿美元，90% 的资金是用来投机。的确，投机的不断增加是 20 世纪 90 年代后半期世界股市的惊人上涨的重要原因。这充分体现在股票市场组成部分的前后变化中，这时传统行业的股票与过度扩张的高新技术股票的规模差距悬殊，从 20 世纪 90 年代中期到 20 世纪末，欧洲高新技术股票的比例占整个股票市场的比重增加了约一倍，在亚洲也将近增加了一倍，在拉美和美国则从 1/5 的规模扩大到 1/3。

在种种原因之下，到了 20 世纪 90 年代后半期，整个世界的金融体系陷入了不稳定的状态。首当其冲的是欧洲货币体系在 1995 年遭遇的投机性冲击。后来，墨西哥因为有着庞大的债务等待清理，面临着几十年以来最大的危机。为了不让国家陷入更大的麻烦，墨西哥政府只能使比索贬值，并向西方国家寻求贷款。亚洲国家与地区的工业化刚刚兴起就遭遇了 1997 年投机浪潮的冲击，这些国家债务大大增加，经济衰退，货币贬值。亚洲地区的经济危机对市场造成了不良的影响，投资者信心大幅度下降，新兴市场资本青黄不接，从 1997～1998 年几乎减少了一半。后来危机发展到了俄罗斯。市场投资的撤出导致无法兑现支付，全球信贷危机的隐患逐渐变大，卢布也遭受了毁灭性打击。与此同时，在地球的另一边，拉美最大的经济体——巴西也遭受着通货膨胀和投机浪潮的冲击，经济状况急转而下，负债增重，最后也不得不贬值。

不得不承认，以美国的经济繁荣为主体支撑着 20 世纪末惨淡经营的世界经济。在此期间，美国的经济增长率上升一倍，从 20 世纪 90 年代前半期的年均 2% 上升到后半期的 4%；其纯利润在 1999 年达到了 25 年的新高；通过信息技术与经济广泛结合和超过其他西方国家劳动力剥削（包括低工资高工作量）的刺激下，劳动生产率从 70 年代到 90 年代中期年均增长 1.5%，进而在 20 世纪 90 年代后半期达到大约 2.25%。但是这种增长是靠经常账户的巨额赤字（从 1992 年的 45 亿元膨胀到 1998 年的 2330 亿元）、外债的大幅提高（从 1996 年的 5480 亿元猛增到 1998 年的 1.5 万亿元）、公司和个人债务的大幅增加实现的。例如，美国公司的利息负担（占固定成本的比例）从 1996 年的 10% 上升到 2001 年的 18%，而在 2003 年家庭债务占可支配收入的比例达到了空前绝后的 94%。

国际资本循环过程在 20 世纪 90 年代末遭遇了一个愈发严峻的问题，即生产过剩。具体表现为：世界范围内的产品产量及投资增速均出现下滑，不仅如此，利润与生产率、通货膨胀率亦呈现相同趋势（美国自 1997 年起利润陡然显著下滑即为典型案例）；员工薪酬的增速在 1995 年还能保持在 5.1%，四年后就下降至 4%，说明实际工资在持续下滑。生产过剩问题持续恶化的同时，宽松的宏观经济政策又一次为工业化国家所用。短期利率自 4.3% 下降了 0.9 个百分点，狭义货币从不足 5% 增加至 8.2%，这些都发生在 1996~1999 年的短短三年间。并且这些举措产生的影响具有复杂性，资本再次向以东亚国家为主的发展中国家流入，但依然对后者的结构改革与生产调整帮助有限，因此这些经济欠发达国家难以应对相应的债务增长。更糟糕的是，货币循环在宽松的经济政策与全球生产与商品循环受阻的影响下，愈发膨胀，助长了股票市场的投机性。在美国当时的高新技术产业这种现象尤为突出，如曾经备受资本热捧的 "dot-com" 浪潮。华尔街的市盈率在第二次世界大战后处于 16 的水平，而 1999 年时这个数值竟翻了一番，达到空前的 32。更惊人的是，纳斯达克的高技术指数在 2020 年 3 月竟超出其战后均值的 10 余倍。

国际资本循环中的货币量与实际生产所需之间相背离，最终在千禧年之际演化为尖锐的问题。科技网络泡沫在人们缓过神来弄清楚高科技股票的回报其实无法支撑其过高股价时迅速破灭，因而全球股市都笼罩在恐慌中。2002 年世界各国金融市场一片萧条，S&P、FT、恒生指数和欧洲综合指数几乎拦腰截断，日经指数也蒸发了将近 2/3，美国道琼斯股指市值只剩不到 1/3，德国 DAX 指数更是损失近 75%。世界股市市值损失逾 2/3，从繁荣走向惨淡。事实上 20 世纪 90 年代中期以后，是大幅增长的货币循环帮助全球生产及商品循环得以保持在当时的水平，此次金融崩溃依然是世界范围的生产过剩在作祟，同时世界经济在 2001 年遭遇 20 世纪 70 年代以来最严重的萎缩。2000 年世界实际 GDP 增长率在 3.9%，随后下滑逾 2/3，美国和东亚国家下降得更明显。不仅如此，全球固定资产投资和总需求也面临大幅下降的问题。经济衰退后全球贸易增长率迅速从 12.6% 跌至几乎零增长，世界利润也同样在下降，当时在美国该指标就已接近历史最低水平，与此同时失业率却在节节攀升。

美国 "9·11" 恐怖袭击导致地缘政治进一步发展，促使生产过剩问题愈加恶化，再加上 "反恐战争" 的不可预见性，重挫全球经济的信心，航空、旅游、保险业受到更大波及。为粉饰业绩，美国一些企业运用了过度举债、财务造假及对外宣扬高收入的手段，导致出现频繁的企业丑闻甚至破产清算。美国曾经最大的互联网运营商——世通公司，就因为过高的财务杠杆及实施惊人的金融诈骗案于 2001 年宣告破产。曾经位列美国第七大公司、世界能源巨头的安然公司也于同年申请破产清算，并且也造成公司聘请的安达信会计师事务所解体，从此世界五大会计师事务所变为四个。Global Crossing 公司破产，同样在账目和金融方面留下"一地鸡毛"。2001 年的短短半年内，美国公司爆出的种种丑闻就已超越过去十年的总和。

在问题愈演愈烈时，有国家想要借助宏观经济的改善和经济进一步自由化双管齐下的方法。然而这种情绪过于乐观，以至于一些问题很难被察觉。这些经济"复苏"表象的根基并不牢固，它所依靠的不是就业增长或生产方式的有效调整，而是对劳工进行更残酷的剥削、宏观经济政策的进一步宽松及高债务，而这些手段都无法从根源上解决问题。全球股票市场还具有很大的不确定性，导致其价值仍不能恢复至 2001 年初期的水平，世界经济的各个方面领域都处在困境中。美国与大部分欧洲国家还在经济萧条阴霾的笼罩中，以阿根廷和巴西为典型的整个拉美地区各种问题依然尖锐，虽然东亚部分国家似乎已走出经济低迷，日本却还陷在停滞中。况且它们还面临更严峻的问题，即它们所采取的恢复经济的措施事实上极大削弱了自身的偿债能力。

6.4　本章小结

技术革命对资本"经由时间消灭空间"的作用，贸易的"空间距离"由此就还原成了时间，因为"重要的不是市场在空间上的远近，而是商品到达市场的速度"。三次产业革命从生产力的角度拓展了国际贸易的空间属性，去工业化严重削弱中心国家依赖全球价值链体系实现资本掠夺性积累的路径。从 20 世纪 70 年代初起，美国进入了一个长达数十年的去工业化时期。所谓去工业化，就是从制造业转向服务业，特别是向金融业的转变成为经济发展中的新常态。进入 21 世纪，美国制造业的衰落不仅限于传统制造业，而且蔓延到了那些一直被视为美国经济实力"堡垒"的技术密集型产业。与此同时，资本谋求经济金融化积累，一方面，经济金融化相对于发达国家是一个去工业化的过程，是原有实力的弱化，逐渐失去现有价值链的控制；另一方面，对于外围国家，新自由主义主要推进市场自由化改革，资本国际自由流动，过剩资本不经过贸易体系，直接经过资本市场榨取剩余。但是，中心国家依然想通过贸易手段榨取全球剩余价值，必然导致贸易保护和贸易摩擦。

第 7 章

中美贸易摩擦实证分析

美国推行的贸易保护主义政策带有明显经济民族主义的逆全球化倾向和浓重的重商主义色彩。中国摆脱"技术—市场"依附式发展与美国维护既有的国际分工格局是一个充满冲突的过程。中美贸易摩擦正是这种冲突的集中表现,也是这种摩擦的必然结果。中国近年来对西方技术垄断的部分突破、在世界市场中驾驭能力的提高及在全球生产链分工中地位的改善表明中国正处在突破"技术—市场"依附式发展的过程中。这种突破与转型是中国实现第二个"百年目标"的基本物质基础,是中国必然经历的选择。然而,以美国为首的西方跨国公司认为这一过程"威胁"到其"链主"地位和既得利益,引发了包括美国在内的西方国家的焦虑与担忧。因为尽管中国的技术水平和在世界市场中的地位与美国相比还有一定差距,但是这种差距正在迅速缩小。让美国担忧的不仅是中国所取得的发展成就,更是支撑中国发展的具有中国特色的制度和模式,因为这是使中国取得让西方世界意想不到的发展速度和成果的制度性原因。因此,美国作为既有的国际分工的最大受益者,必然要将中国快速发展的势头遏制住以维护其原有的优势地位,继续保障自身利益的最大化,这是维护美国霸权的经济基础。

7.1 中美贸易发展总体状况及特征分析

7.1.1 中美贸易发展总体状况

2001 年 12 月 11 日,中国正式加入世界贸易组织(WTO)。成为 WTO

第 143 个成员方，中美两国的贸易关系纳入 WTO 多边贸易框架之内，中美两国间的最惠国待遇问题也开始得到彻底解决，中美贸易关系也由此进入到新的发展阶段，两国的贸易合作在各个领域中更加广泛。这一阶段，中美两国的贸易规模进一步扩大，但是随着中国对美国的贸易顺差不断增加，美国也开始通过关税和非关税的手段进行报复。中国海关总署公布的数据显示，截至 2019 年底，中美贸易额达到了 5412.23 亿元。在中美两国贸易规模不断扩大的同时，两国贸易摩擦也在不断增加。以 2013 年为例，在这一年中，美国针对中国出口发起了 5 起反倾销调查、6 起反补贴调查、19 起 "337 调查"。随着中美贸易程度的进一步加深，两国贸易摩擦的频率也会越来越高，手段也会更加多样化。从最初的 "双反" 手段到之后的知识产权，再到近年来的 "国家安全"，美国对中国出口贸易的刁难也更加具有隐蔽性和 "合法性"。

中美两国分别为发展中国家和发达国家中最活跃的经济体，国内需求旺盛，这促使两国经贸关系迅速发展。据中国海关总署统计，2006 年两国贸易额达到 2627.4 亿美元，是 1979 年的 107.3 倍，美国贸易代表办公室也承认，与中国的贸易是美国发展最快的部分。按美方统计，2006 年中国与美国的贸易总额达到 3430 亿美元，中国是排在加拿大之后的美国第二大贸易伙伴。美国对中国的贸易出口总额也达到 552 亿美元，比 2000 年增长了 240.7%。而同期相比，美国对加拿大的出口增长了 28.8%，对墨西哥的出口增长了 20.6%，而对日本的出口则减少了 8.1%，中国成为继加拿大、墨西哥和日本之后美国的第四大出口国。根据中国的统计，1993 年开始美方在中美贸易中出现逆差 62 亿美元，到 2006 年上升到 1442.9 亿美元，13 年增长了 23.3 倍；而根据美国的统计，美方从 1983 年开始就有 3 亿美元的逆差，到 2006 年上升到了 2326 亿美元。美方统计数据显示，中国从 1988 年起开始进入美国的前 10 位贸易逆差国行列，1989 年就从第 9 位发展到第 6 位，1990 年攀升到第 3 位。1991 年中国成为仅次于日本的美国第二大贸易逆差对象国。2000 年以后，中国对美贸易顺差超过日本，成为美国最大的贸易逆差国。此后贸易逆差持续攀升，到 2006 年，中国对美国贸易顺差占到美国全部贸易逆差的 32.4%。

中美经贸关系的迅速发展，既是国际经济合作和世界经济发展大趋势所致，也是建立在双方经济具有较强的互补性基础上的。这种关系的特征是两国经济处于水平较悬殊的发展阶段上，双方各自以对方作为主要贸易伙伴但并不发生重大的市场竞争，中国的劳动密集型产品和美国的资本技术密集型产品在双边贸易中都具有明显的比较优势，而且两国国内市场对对方的产品都存在着巨大的需求潜力。在这种高度商品互补性基础之上产生的美国对中国的投资动力和中国对美国资本的强烈需求，进一步扩大了双方的经济互补性，为双方扩大贸易往来和经济合作，提高双方各自的产出和经济效应提供了重要途径。

但是值得指出的是，这种高度互补性的经贸关系并不是对称型的，即双方的相对依存度是非对称的，这是妨碍两国经贸关系甚至双边总体关系进一步发展的主要障碍。在中美互补性的经济关系中，双方虽然都获益匪浅，但中国在目前受益较明显，这主要表现在中国对美国的贸易每年都有较大的顺差。中国对美国经济依存度也远远超过美国对中国经济的依存度，从 1993~2006 年中美贸易的累计统计值来看，中国出口商品总额中对美出口所占比重为 20.6%，而美国对中国出口仅占其出口总额的 3%；中国进口商品总额中从美国进口所占比重为 9%，而美国进口总额中从中国进口占到 10.5%。造成这种不对称性的主要原因：一是两国经济规模和相应的对外贸易规模存在着巨大的差异；二是两国的市场开放程度、贸易体制也存在着巨大的差异；三是美国是主要世界储备货币（美元）的发行国，可以通过输出美元来弥补巨额贸易逆差，而包括中国在内的发展中国家外汇储备的增加也主要是通过对美国的贸易顺差来实现。

由于中美经贸关系中存在着上述不对称性，美国政府对双边经贸关系的总体判断就有一种矛盾：一方面，美国感到自己在中美双边经贸关系中获益不大，从而试图通过各种政治、经济手段扩大对华出口，寻求中国市场进一步开放的机会，因此，在双边关系的一些分歧上常常会采取强硬的态度，以达到其经济目的；另一方面，中国经济持续高速增长使中国市场潜在的吸引力正向现实方向转化，这不仅对美国在亚太市场的长远目标十分重要，而且对美国的投资和出口都有积极影响。

7.1.2 中美贸易特征

1. 高度互补

中国和美国现阶段处于不同的发展时期：美国是发达国家，中国是发展中国家，两个国家经济上存在很强的互补性。第一，美国有先进的科学技术和较强的创新能力，在科学、技术和管理方面远远超过了中国；另外，两国科技对各国的经济增长贡献也不同，中、美两国技术对经济发展的贡献率分别是45%和70%。第二，从产业结构上看，美国通过对内产业结构调整和对外产业转移使国内产业结构一直领先，而中国凭借丰富的自然资源和劳动力，大量生产初级产品和劳动密集型产品，成为发达国家和新兴工业化国家产业转移的对象。第三，中国在制造业和劳动成本上存在竞争优势，而美国在技术和资本上存在竞争优势。美国通过产业转移与直接对中国投资发挥其资本和技术上的优势，而中国吸引外国资本，利用较低的人力成本和丰富资源，通过加工贸易等主要形式对外出口以发挥其比较优势。第四，从贸易结构来看，中国对美国出口的商品以低附加值的劳动密集型产品为主，集中在机电和轻工消费品。据我国海关统计，2017年，中国对美国出口的前三类商品分别是：机电、音像设备及其零件（1985亿美元，占比46%）；杂项制品（510亿美元，占比12%）；纺织原料及纺织制品（425亿美元，占比10%）。而中国从美国进口的商品则以高附加值的技术密集型产品和资本密集型产品为主，集中于机械行业、汽车行业、航空行业和光学、医疗设备行业等。2017年，中国从美国进口的前三类商品分别是：机电、音像设备及其零件（339亿美元，占比22%）；车辆、航空器、船舶及运输设备（293亿美元，占比19%）；植物产品（170亿美元，占比11%）。中美进出口互相排名第一的都是机电和机械这一个大类别，但其中的差异在于两国互相出口的技术含量差异。综合来看，美国作为发达国家，以服务业为主，轻工业已实现转移，所以只能依靠从中国进口。另外，由于商品的技术含量差异，美国从中国进口低端产品，出口中高端产品。

2. 一强一弱

改革开放以来，中国积极融入世界经济体系，但由于技术落后和缺乏市场控制力，长期处于国际分工的外围，与发达国家相比在国际分配中收益微薄。中国的经济发展曾是典型的依附式发展。为摆脱这种发展困局，近年来中国大力发展科技和开拓海内外市场并取得了不俗的成就，在国际分工中的地位明显提升。正因如此，才引起包括美国在内的西方国家的焦虑与担忧。这种紧张与焦虑的原因必须从生产全球化及由此带来的新的国际分工及其社会表现（即国际生产关系）的角度去寻找。要分析新的国际分工结构和国际生产关系，就不得不从理论上追溯至依附理论。依附理论是将历史唯物主义应用于国际层面的一种国际政治经济学理论。它曾深刻地分析了传统国际分工的"中心—外围"特征及不发达国家在其中的依附地位的表现形式和后果。

中美贸易高度互补的背后，则是中美贸易的另一个特征：一强一弱。即美国仍然处于一个相对强势的地位，而中国则处于一个相对弱势的地位。美国作为发达国家，向中国出口的商品多是技术密集型产品，这类技术密集型产品往往具有专利保护和难以复制的特性。而中国向美国出口的则是以劳动密集型产品为主，这类产品往往由中国的廉价劳动力生产，虽然能吸收大量的劳动力，但这种劳动密集型产品具有较大的可替代性，如越南、泰国等地能以更廉价的劳动力生产这些产品。因此，从中美贸易双方出口的产品上来讲，美国的产品更具有竞争力且难以被替代，美国在贸易上处于一个相对优势的地位；而中国的产品竞争力则偏弱，很容易受到美国"反倾销"等保障措施的制裁。此外，这个一强一弱还体现在除了贸易以外的其他方面。军事方面，美国仍然是当今世界上军事力量最强大、科技水平最发达的超级大国，而中国与之还有较大差距。经济方面，美国是发达国家，中国是发展中国家，尽管美国是第一大经济体，中国是第二大经济体，但是美国的人均 GDP 是中国人均 GDP 的 5 倍左右，中国要追上美国还要 30 年以上的时间。

7.2　中美贸易摩擦的根源分析

目前，中美贸易摩擦主要包括三条主线：首先，美方提高关税，直接挑起中美贸易摩擦，破坏全球多边贸易互惠互利共同增长的良好局势；其次，通过技术垄断等非关税壁垒措施压制中国高新技术产业的对外输出，试图阻断中国高端制造业的发展契机；最后，美国放弃全球贸易争端解决条例，单方面基于国内贸易法规出发，多次违背双方贸易协定，企图建立以美国单边主义为主导的全球贸易格局。

中美贸易摩擦的原因是多方面的，中美之间在贸易摩擦的"溢出效应"上也不可避免地波及意识形态和社会制度等领域，既有两国的政治因素也有两国的经济因素和贸易因素。一方面，中国的经济飞速发展和实力崛起使美国不得不改变对华战略，将中国作为主要竞争对手和打击对象，并希望通过一系列贸易和经济制裁，迫使中方妥协，从而为美方谋取更多的利益。另一方面，在经济全球化的大背景下，中国不断加强与国际的交流合作，不断扩大对外开放，这对美国奉行的单边贸易、保护主义造成了一定的冲击，因此美国希望通过中美贸易摩擦来反制中国。但总体而言，中美贸易摩擦的根源可以从以下四个方面进行分析。

7.2.1　中国崛起与经济全球化

中美贸易摩擦的根源之一，就是中国的崛起与经济的全球化。改革开放以来，中国的经济突飞猛进，一跃成为世界第二大经济体，从世界范围来看，除了在经济总量上取得的惊人成就，同时也取得了外汇储备第一、外资使用第二、对外投资第二、服务贸易第二的骄人成绩。从经济结构发展的维度来看，移动通信、现代核电、超级计算等高科技信息产业领域不断发展；工业产值稳步提升，配合"一带一路"的供给侧改革和产能输出，优化了工业的发展结构；以出口为经济增长发力点之一，不断扩大贸易领域，提高贸易数量，积极配合供给侧改革，优化产业结构，扩大产品受众，提升贸易产品的质量，成为全球货物贸易第一的国家，创造了世界经济增长的"奇迹"。与此同时，世界各国也逐渐消除贸易壁垒，新自由主义思潮盛行，各国不断扩大合作领域，互利共赢。在经济全球化的背景下，国家间的经济合作和物流运输等合作方式不断完善、经济联系更加紧密，世界经济从国家的单一经济发展转向经济全球化发展，资本的流动、技术的转移、信息的交流、服务的种类都能够在跨国跨地区的流动中实现。但这样的改变也对经济行为中的供给、需求方面产生了深刻影响。从供给的角度来看，自第三次科技革命以来，世界范围内的生产力有了极大提升，生产的产品种类和生产规模不断扩大，数量仍在急剧增加的状态之中。一些国家的国内市场不足以将产量完全消化，于是乎选择开拓更大的市场来完成对国内供给量的自我消化。从市场需求的角度来看，随着世界经济的发展，部分国家的经济状况看好，经济发展稳定，国民失业率低，社会福利较好，基本的温饱问题能够得以解决。其中中产及以上阶级拥有一定的消费能力，对未来预期消费信心强，对高端产品出现了更高的需求，对于这类高端商品，各国的情况不一，会出现本国没有相关高端领域的产品，以进口高端产品为主的现象，而这也造成了生产高端产品的国家不断出口相关产品的情况。同时，发展中国家因拥有更多的廉价劳动力、更低廉的生产成本，对于一些低端产品具有价格优势，更能够向国外进行出口，从而完成资本积累，改善经济状况，提高国民生活状况。因此，经济全球化的程度和国家之间的交流合作不断加深，在这种时代的大背景下，中美贸易也在不断地加深合作。

7.2.2 中美经济与政治的双重博弈

经济全球化的背景下，中美双方作为全球经济的"领头羊"，中美之间的贸易额不断提升，贸易领域不断扩大，分别在外汇、投资、产业互补等方面有着千丝万缕的关系，双方互利共赢，共同促进经济的发展，成为全球经济发展的一大重要引擎。但作为 GDP 最高的两个国家，在政治方面，美国政客和执政党以现实主义为主流，奉行"零和"主义的主张，向来对全球第二经济体采取压制措施，自从美国国会公开宣布把中国当作最大的战略对手以来，中国不断遭受来自全球舆论、贸易竞争、军事摩擦、政治干预、经济打压等方面的进攻。而随着改革开放和全球化的深入，中国的经济发展举世瞩目，凭借集中力量办大事的特色社会主义体制，在科技航天、交通运输、国际贸易方面取得惊人成就且长期保持高速经济增长能力，GDP 总量已到美国的 2/3。在经济领域，随着新兴产业领域的突破，人工智能、信息技术、生物医药、航空航天等尖端领域，经过多年努力，高精尖经济领域有了长足的发展。服务外贸、外汇、投资、产业结构改革等领域也获得了令世界瞩目的成绩。而对于奉行现实主义潮流，坚持"零和"博弈的美国来说，中国已然成为未来的头号对手，但与曾经的日本不同的是，中国的经济命脉并不能够轻易斩断，其中，中国在对外贸易、外汇、产业结构方面较之多年前有着更好的表现，抗风险和抗击打能力显著。

7.2.3　中美宏观经济失衡

中美两国的要素禀赋差异决定了两国在国际分工中的地位不尽相同。中国凭借低廉的劳动力资源从事劳动密集型产品的加工和生产，而具有绝对技术优势的美国主要从事服务业和高端制造业的生产。随着美国产业政策的调整，不断提高第三产业的发展比重，美国将大部分生产要素优先配置给了第三产业，而低附加值的劳动密集型产业转移到国外，从而导致美国国内实体经济的空心化。但是第三产业解决不了美国国内消费者的衣食住行等基本生存问题，这就使得美国向发展中国家出口具有高附加值的高端产业和服务业的同时，必须依靠进口低附加值的劳动密集型产品来满足国内消费者的需要。这就造成了现在的结果：就中美双边贸易而言，货物贸易上中国具有顺差，服务贸易上美国具有顺差。可见这种不合理的国际分工结构是造成中美货物贸易和服务贸易双重失衡的原因之一。

对于美国来说，宏观经济失调的表现在过去十年美国 GDP 上涨 36%，但债务增长了 110%，其次长期国债和短期国债收益率倒挂，这可能是已经处于金融危机的信号。按照合理水平，长期债券由于期限长、风险较高，收益率就会高一些；短期债券期限短，收益率就会低一些。但如果投资者对短期经济形势并不看好，就会偏向买入长期债券，卖出短期债券，导致短期债券收益率上涨，长期债券收益率下降。现在美国短期债券收益率已经比长期债券收益率更高，这就说明投资者对美国短期经济已经是非常不看好，认为短期投资风险更高。另外，股市熔断多次导致美联储开始"扩表"模式，但市场反应并不如预期，美股依旧无法挽回颓势，过去，美联储"扩表"的主要购买对象就是国债。但美联储把"扩表"对象扩大到了企业债券、商业贷款、信贷融资工具等。可以说，美联储在为美国金融市场上的一切兜底，且这个兜底是用疯狂印钞的模式进行的。无限印钞，必然导致美元大幅度贬值。作为世界货币的美元，是美联储可以无限印钞的最大底气。而美联储无限印钞之所以可以不引发恶性通胀，原因就在于，可以把钱洒向全世界，实际上是全世界在给美国买单，是把美国自身国内的经济危机转嫁到世界各国身上。在这种情况下，世界各国智库都会理智选择抛售美债，主动远离美元资产。因此，美联储开启"扩表"模式虽然可以暂时解决当前问题，但解决不了这次危机，甚至还可能把本次世界经济危机扩大化。

对于中国来说，首先，国民资产多集中于房地产，存在"泡沫"风险，目前化解这类"泡沫"有两种方法：第一种是采用美国、日本的经验，让房价大幅度下跌，此举中国行不通，一系列的连锁反应将会摧毁中国经济；第二种是用循环上升的通胀来冲抵"泡沫"，让国民为债务买单，让物价、收入上涨，而房价则不涨或者涨得比较慢，那么"泡沫"债务就被冲抵了，但是这一方案的弊端也很明显，就是物价很可能过快上涨，而收入上涨却很慢，同时人民币的国际信用进一步下跌，反而阻止中国对外发展的步伐，因此，在短时间内无法有效解决房地产问题。其次，国企由政府兜底，产能"泡沫"过大，当国企成为行业巨头，形成寡头格局，会使行业总体面临萎缩的风险。另外，经济结构上，内需因为收入占比的原因无法支撑经济发展速度，故而过度依赖外贸，在外贸领域没有主动权，当各国奉行保护政策时导致产能无法有效输出，陷入困境。债务方面，债务量庞大，国民投资低迷，基建的发展并不能有效地推动国家经济，但去债务会导致债务连锁反应，可能导致房地产抛售，刺破房地产的巨大"泡沫"。

综上，中美双方的经济都存在较大的"泡沫"和风险，在当下针锋相对的对抗过程中，局势变得更加严峻。

7.2.4 中美贸易逆差

美国多年持续贸易逆差，制造业就业持续低迷。普通民众支持特朗普贸易保护政策的重要原因，是不断扩大的贸易赤字与产业向外迁移导致的低迷不前的制造业就业。中国作为美国的主要贸易伙伴，最易成为政客们攻击的对象。在美国 2017 年 5500 多亿美元的货物贸易逆差中，对中国的逆差高达 3700 多亿美元，占比 2/3 以上，且不断升高。中美贸易逆差的不断扩大，使美国开始单方面对中国实施增加关税的贸易战，根据博弈论中著名的"胆小鬼博弈"（Chicken Game）：当双方实力相当时，要尽可能迫使对方产生惧怕心理，从而使自己获得更大的利益；当双方都选择不退让时，会出现双输的结果；而当双方都选择一定程度的让步时，将会出现双赢的结果。由于美方单方面施压，中方不得不进行反制措施，由此导致了中美贸易摩擦。

那么中美贸易逆差为何不断增加呢？很大程度上跟美国限制对中国出口高科技产品有关。尤其是随着中国的不断崛起，美国进一步严格地限制了对中国出口高科技产品，其中包括芯片、航空设备等。从美国每年对中国出口的高科技份额可以看出，美国单方面的对华限制和保护措施，其对中国出口的高科技产品占其高科技产品总出口额不足 10%。而中国每年要进口 5000 多亿美元的高科技产品，从美国的进口只有区区 300 多亿美元，如果美国愿意放开对中国的高科技产品出口，贸易逆差将瞬间变为顺差。

7.3 中美贸易摩擦对中国宏观经济的影响

中美贸易摩擦不会存在赢家，长久贸易摩擦的博弈结果最终往往是双输，会对中美贸易双方造成较大的经济冲击和经济损失。本节将从消费、投资、净出口、就业、经济增长这五个方面来分析中美贸易摩擦对我国宏观经济的影响。

7.3.1　中美贸易摩擦对中国消费的影响

　　首先，我们来看一下中美贸易摩擦发生前后，中国国内的消费支出对国内生产总值（GDP）增长贡献率的变化趋势。从表7－1可以看出：第一，与2018年相比，2019年各季度中国的消费对GDP增长的贡献率有所下降。第二，2018年各季度消费对GDP增长的贡献率呈下降趋势。第三，2019年各季度消费对GDP增长的贡献率呈先下降后上升的趋势。中美贸易摩擦发生的时间为2018年，并随着月份推进，双方的博弈逐步进入白热化阶段。从表7－1可以看出，中美贸易摩擦对于中国的消费在短期是存在抑制作用的，随着双方不断加码和增加关税，消费对GDP增长的贡献率从2018年第一季度的71.3%下降到了2018年第四季度的61.3%，共计10个百分点。这种影响还持续到了2019年，尽管2019年第一季度和第三季度的贡献率相比上个季度有所上升，但是仍然远低于2018年第一季度的贡献率，这说明中美贸易摩擦不仅在短期会对消费产生抑制作用，同时这种抑制作用还具有一定的时效性和延续性。

表7－1　　　　　　2018～2019年各季度消费对GDP增长的贡献率　　　　单位：%

项目	2018年第一季度	2018年第二季度	2018年第三季度	2018年第四季度
消费对GDP增长的贡献率	71.3	69.0	62.8	61.3

项目	2019年第一季度	2019年第二季度	2019年第三季度	2019年第四季度
消费对GDP增长的贡献率	63.3	51.2	58.8	57.9

注：数据中的百分比均为当季值。
资料来源：国家统计局。

　　那么，中美贸易摩擦为什么导致消费对GDP增长的贡献率下降呢？贸易摩擦为什么会导致中国居民减少自己的消费呢？一个直观的感受是：

贸易摩擦带来的后果实际上以某种形式强加在了本国的消费者头上，中美贸易摩擦的本质是中美两国拿自己的消费者进行博弈。因此，贸易战势必会带来消费者降低消费，从而影响宏观经济增长。但除此之外，中美贸易摩擦导致消费对 GDP 增长的贡献率下降还存在以下原因：第一，跟我国经济运行的大背景有关。我国现在正处于经济的转型时期，经济增长速度放缓，经济开始从重量发展转向重质发展，进入了经济发展的"新常态"时期，中美贸易摩擦的发生恰好是在中国经济处于进一步下行的压力之中的这个时间点。在经济下行的状况下，消费者的消费势必会有所降低。第二，跟我国消费者的消费习惯相关。与美国的消费者相比，中国的消费者最明显的一个特征就是储蓄率高，这个储蓄率高到什么程度？美国人均储蓄率大概在 5.8%～6.7% 的样子，而中国消费者的储蓄率普遍维持在 30% 以上。刘鹤早在 2008 年出版的《中国经济 50 人看三十年：回顾与分析》中即写道："我感到了真正的危机，……中国的确要建立起一道安全的防火墙，这就是真正扩大内需，稳步提高中等收入者比重，不断加强教育，推动城市化的有序发展，使中国成为市场规模巨大的创新型国家。"[①]其中，就提到了要扩大内需，提高消费者的消费水平，把消费者的储蓄转化为消费力量，从而促进经济增长。第三，与中国的消费结构相关。与美国不同，中国的消费者在年龄上可以分为年轻人和中老年人两大类型。年轻人逐渐成为消费主力，但这部分年轻人又普遍带着房贷、车贷和培养下一代的经济压力，可以说他们的收入中，有很大一部分因为房价的因素而无法消费或者被迫降低消费。而中老年人的消费观念则相对保守，相比之下也没有以上的经济压力，但这部分人却有着极高的储蓄率。这就使得中国出现一种现状：想消费的年轻人因为各种生活经济压力无法消费，没有经济压力的中老年人却缺乏消费意识。第四，与中国的消费市场相关。从表 7-1 可以看出，不管是 2018 年还是 2019 年，我国的消费都呈现出一定的节日性、季节性因素，第一季度的消费对 GDP 增长的贡献是最高的，除了第一季度拥有春节这个中国最重要的传统节假日以外，中国的消费者似

---

① 刘鹤. 没有画上句号的增长奇迹//吴敬琏等. 中国经济 50 人看三十年：回顾与分析 [M]. 北京：中国经济出版社，2008：263-278.

乎更喜欢在春季进行消费。与之相反的是，第四季度的消费对 GDP 增长的贡献是每年中最低的，尽管现在每年淘宝、京东等各大电商都会在该季度举行"双十一"之类的消费活动，但消费的潜力仍然没有完全释放出来，尤其是许多的国产类消费品。第五，与消费品的种类有一定关系。2019年，与居民生活息息相关的"猪肉价格上涨"，也挤压了国内消费者在其他板块的消费。尽管"猪肉价格上涨"只是一个代表性事件，但这也从侧面反映了当与居民生活相关的消费品价格上涨时，即必需品价格上涨时，消费者对于其他消费品（非必需品）的消费就会下降，其下降幅度甚至会超过必需品价格上涨带来的消费，从而对消费产生一定的抑制作用。

7.3.2　中美贸易摩擦对中国投资的影响

同样地，我们先来看一下中美贸易摩擦发生前后，国内投资对 GDP 增长的贡献率的变化趋势。从表 7－2 可以看出：第一，2018 年各季度投资对 GDP 增长的贡献率普遍高于 2019 年各季度投资对 GDP 增长的贡献率。第二，2018 年第一季度投资对 GDP 增长的贡献率最高，为 45.7%，第四季度投资对 GDP 增长的贡献率最低，为 36.7%，而 2019 年的情况则刚好相反，体现为第一季度的贡献率最低而第四季度的贡献率最高。第三，2018 年各季度投资对 GDP 增长的贡献率呈"倒 N 型"，即表现为"下降—上升—下降"。2019 年各季度投资对 GDP 增长的贡献率则呈"N 型"，表现为"上升—下降—上升"。

表 7－2　　　　　　**2018～2019 年各季度投资对 GDP 增长的贡献率**　　　　单位：%

项目	2018 年第一季度	2018 年第二季度	2018 年第三季度	2018 年第四季度
投资对 GDP 增长的贡献率	45.7	39.7	44.8	36.7

项目	2019 年第一季度	2019 年第二季度	2019 年第三季度	2019 年第四季度
投资对 GDP 增长的贡献率	14.5	34.5	27.0	44.3

注：数据中的百分比均为当季值。

资料来源：国家统计局。

由此可见，中美贸易摩擦对投资贡献率并没有特别显著的影响，或者说由于投资对 GDP 增长的贡献率的影响因素较多，贸易摩擦带来的影响并不显著。但是，整体而言，中美贸易摩擦还是对投资贡献率造成了短暂的冲击，这种冲击主要体现在从 2018 年第三季度到 2019 年第一季度投资对 GDP 增长贡献率的持续性下降，但从 2019 年第二季度开始，有回升趋势。

那么，为什么中美贸易摩擦对我国投资的影响不大呢？其原因主要包括：第一，中国的投资环境和美国的投资环境有所不同。根据中国商务部于 2018 年 3 月 15 日公布的数据显示，2018 年 1~2 月，全国新设立外商投资企业 8848 家，同比增长 129.2%；实际使用外资 1394 亿元人民币，同比增长 0.5%。在主要投资来源地中，新加坡、韩国、日本、美国、英国实际投入金额同比分别增长 62.9%、171.9%、10.2%、56.8% 和 10.5%。东盟实际投入外资金额同比增长 76.9%；"一带一路"沿线国家同比增长 75.7%。这表明中国的对外开放程度是在逐渐扩大的，再加上"一带一路"等政策倾向，使中国的投资环境逐渐改善、市场进一步开放，越来越多的外资企业愿意选择中国投资，中国对于美国的依赖在逐渐减小，因此，中美贸易摩擦尽管在短期可能会对中国的投资造成一定的影响，但长期来讲，贸易摩擦对中国的投资并不会产生太大的显著的影响。第二，中美贸易摩擦限制的商品对两国的投资影响有所差异。美国提高关税对我国的技术密集型产业、高端制造业的影响较大，而我国实行的反制措施对美国的农业造成的影响更大。第三，中美双方的经济体制有所差异。尽管美国提高关税对我国的技术密集型产业和高端制造业造成了较大的冲击，但同时，这也刺激了这些产业的转型升级，加大了对这些产业的创新研发投入，政府在政策上、补贴上也会更倾向于这些产业。因此，尽管中美贸易摩擦使我国的投资在短期内对 GDP 的贡献有所下降，但是经过一系列政府调控和财政政策的影响，这种冲击在逐渐减小。

7.3.3 中美贸易摩擦对中国净出口的影响

中美贸易摩擦影响最直接的就是净出口，从表 7-3 可以看出：第一，

2018 年四个季度净出口对 GDP 增长的贡献率呈上升趋势，2019 年四个季度净出口对 GDP 增长的贡献率呈下降趋势。第二，2018 年除第四季度净出口对 GDP 增长的贡献率为正以外，其余三个季度均为负贡献率；2019 年的情况则恰好相反，仅第四季度呈负贡献率而前三个季度均为正的贡献率。第三，2018 年第一季度到第二季度，净出口对 GDP 增长的贡献率有较大的变化，第二、第三季度的变化则相对较为平缓，而第三季度和第四季度又呈现出较大的变化；2019 年的前三个季度则相对较为平缓，仅第三季度和第四季度的差距较大。

表 7-3　　　　　　　2018~2019 年各季度净出口对 GDP 增长的贡献率　　　　单位：%

项目	2018 年第一季度	2018 年第二季度	2018 年第三季度	2018 年第四季度
净出口对 GDP 增长的贡献率	-17.0	-8.6	-7.6	2.0
项目	2019 年第一季度	2019 年第二季度	2019 年第三季度	2019 年第四季度
净出口对 GDP 增长的贡献率	19.2	14.3	14.2	-2.2

注：数据中的百分比均为当季值。
资料来源：国家统计局。

由于 2018 年前三个季度净出口为负，且绝对值在逐渐减小，到第四季度的时候已经开始转负为正。说明在中美贸易摩擦期间，我国在增加出口减少进口，这说明我国在逐渐减小对美国商品的依赖，减少了从美国进口的商品，转而从其他可以替代的国家进行进口，如从俄罗斯进口天然气等。另外，由于对外开放的趋势扩大及与其他国家的贸易往来，使我国加大了对其他国家的出口力度，这个现象一直持续到了 2019 年第三季度，直到 2019 年第四季度净出口才呈现负数。

进一步地，我们再来看一下商务部和中国海关公布的进出口数据（见表 7-4），2018 年中美贸易摩擦期间，我国的出口并没有受到太大的影响，同比还上升了两个百分点。而进口同比相对 2017 年基本保持不变，说明中美贸易摩擦在双输的情况下，中国受到的冲击并没有想象中那么大。

表 7 − 4 　　　　　　　　　　2017 ～ 2019 年货物进出口年度统计

年份	出口		进口	
	金额（亿美元）	同比（%）	金额（亿美元）	同比（%）
2017	22634.90	7.9	18409.80	15.9
2018	24874.00	9.9	21356.40	15.8
2019	24984.00	0.5	20768.90	−2.8

资料来源：商务部。

7.3.4　中美贸易摩擦对中国就业的影响

由于中美贸易摩擦提升的关税以某种形式强加在了两国消费者的身上，当这种负担超过消费者承担能力的时候，就会造成失业。表 7 − 5 反映了 2018 年 1 月至 2019 年 12 月中国城镇调查的失业率。总体来看 2018 ～ 2019 年中国城镇失业率维持在 5.0% 上下不断波动，中美贸易摩擦对于中国国内的就业形势影响就短期来说并没有想象中那么大。但是仍然需要警惕，尽管 2018 ～ 2019 年我国的就业率相对稳定，但是不排除中美贸易摩擦对中国的就业具有时滞影响。因此，还需时刻关注就业形势，尤其是关注重点地区和重点企业，如与美国出口联系紧密的区域、企业等。

表 7 − 5 　　　　　　　　　　2018 ～ 2019 年城镇调查失业率　　　　　　单位：%

项目	2018 年 1 月	2018 年 2 月	2018 年 3 月	2018 年 4 月
城镇调查失业率	5.0	5.0	5.1	4.9
项目	2018 年 5 月	2018 年 6 月	2018 年 7 月	2018 年 8 月
城镇调查失业率	4.8	4.8	5.1	5.0
项目	2018 年 9 月	2018 年 10 月	2018 年 11 月	2018 年 12 月
城镇调查失业率	4.9	4.9	4.8	4.9
项目	2019 年 1 月	2019 年 2 月	2019 年 3 月	2019 年 4 月
城镇调查失业率	5.1	5.3	5.2	5.0
项目	2019 年 5 月	2019 年 6 月	2019 年 7 月	2019 年 8 月
城镇调查失业率	5.0	5.1	5.3	5.2
项目	2019 年 9 月	2019 年 10 月	2019 年 11 月	2019 年 12 月
城镇调查失业率	5.2	5.1	5.2	5.2

资料来源：国家统计局。

其原因主要在于，2018 年，国内外形势错综复杂，尤其是中美贸易摩擦频繁，双方不断加码进行博弈，在这种大背景下，我国将"稳就业"放在了宏观经济调控的首要位置；到了 2019 年，国家在稳定就业方面的相关政策更是有增无减；即便是到了 2020 年，由于新冠肺炎疫情在全球蔓延，导致全球经济出现明显衰退，我国随机颁发了众多稳定就业的相关措施。

（1）降费减税，即降低社会保险费率和劳动力、企业的税率。社会保险费率的降低，从短期来看，有助于稳定国内就业，因为企业和劳动力都会考虑社保费率，社保费率的降低更容易使劳动力市场达到相对均衡的状态。从长远看，社会保险费率的降低有助于提高中国劳动力市场效率，并使养老制度体系实现可持续发展。该比例在未来还可能进一步调整，更加符合市场需要，更符合养老制度体系可持续性的需要，同时兼顾税收收入方和支出方的公平。从制度建设方面看，这一举措将增进个人、企业和世界对中国投资的信心，确保劳动力市场实现健康、有效、公平和可持续的发展，为经济长期增长注入信心。此外，劳动力和企业税率的降低，一方面，能够促进企业尤其是劳动密集型企业扩大招聘岗位，创造更多的就业机会；另一方面，劳动力税率的降低能够增加劳动力的实际收入，从而降低整个社会的失业率。

（2）提高企业的创新补贴，促进产业转型升级。我国处于经济转型时期，产业转型升级成为重中之重，如何将产业从传统型、高污染型产业过渡到高技术型、清洁型产业，是产业转型升级的一大难题，而在这个过程中，企业的创新发挥着不可磨灭的重要作用，而创新的主体则是高素质、高技能的人力资本。提高企业的创新补贴，一方面可以加大企业对创新方面的研发投入、更新换代已有的陈旧设备、更换已有的信息系统等；另一方面可以加大企业对创新型人才的需求，从而满足高素质、高技能人力资本的要求，进一步扩大就业。

（3）城镇化发展和产业结构调整。城镇化的高速发展带来的一个优势就是产业结构中服务业的比重持续上升，由于服务业是以"人"为主体的产业，因此，伴随着城镇化，许多城市开始进入"后工业化""去工业化"的阶段，并转向服务业的发展，从而增加城镇的就业率。

（4）针对具体行业准备短期预案。中美贸易摩擦，受到冲击最大的肯定是以向美国出口为主的企业，这些企业在短期内很有可能面临出口停滞、资金周转困难、员工放假并逐渐导致失业率上升等问题。在这种情况下，中国政府制定了相关政策措施和短期应急预案，将这种负面影响减到了最小，把风险控制到最低。

7.3.5 中美贸易摩擦对中国经济增长的影响

前面分析了中美贸易摩擦对消费、投资、净出口、就业的影响。由于消费、投资、净出口是拉动经济增长的"三辆马车"。总体来看，中美贸易摩擦短期会造成中国消费者降低消费的趋势，而投资方面和净出口方面略有波动，中美贸易摩擦带来的影响没有消费那么显著。

从我国经济增长的数据来看，2018 年全国国内生产总值为 900309 亿元，比上年增长 6.6%。2019 年全国国内生产总值为 990865 亿元，相比 2018 年增长了约 6.1%，增长速度下降了 0.5 个百分点，中国经济增长速度持续下行，但开始有趋于稳定的趋势。中美贸易摩擦在短期确实对中国的经济增长造成了一定的抑制作用，根据 GDP 的支出法核算方式，这种抑制作用主要来源于消费，反映在消费上就体现为 2018 年、2019 年消费对经济增长的贡献率有所降低。

此外，还需值得警惕的是中美贸易摩擦带来的持续性影响和时滞性影响。由于美国国内已经达成一致协议，要将中国作为头号竞争对手。因此中美贸易摩擦很可能要做好进入"长期贸易战"的准备，中美贸易摩擦可能会持续对中国经济增长带来冲击。此外，中美贸易摩擦很可能还没有完全发挥作用，尤其是在 2020 年新冠肺炎疫情带来的全球性经济冲击下，中国的经济增长很可能还面临着潜在的威胁。

要想维持中国经济增长的长期性和稳定性需重点做好以下几点：

第一，要对"长期贸易战"做好充足的准备。一方面，要加大中国的对外开放程度，扩大对外市场，尽可能地降低中美贸易摩擦过程中因为美国单方面制裁、毁约带来的损失；另一方面，要进一步激发国内市场潜能，以市场经济为主导作用，稳定市场环境，带动微观经济主体。第二，要稳步发展国内经济，抓住经济增长新动力。如今国内外严峻的经济形势对中国而言，既是机遇又是挑战。要坚持以"经济建设"为主，在发展中解决问题，实现中国经济的高质量发展；要善于抓住经济增长的新动力，释放其活力，促进经济发展。第三，在中美的贸易摩擦中，美国始终处于强势地位而中国始终处于弱势地位，一强一弱的格局始终没有发生改变，因此中国在未来可能还需要进一步加大在国际上的宣传，充分发挥制度优势，取得国际上的信任和合作。

7.4 中美贸易摩擦下中国经济增长新动力

7.4.1 新基建与经济增长

从历史的长河来看，18 世纪 60 年代的第一次工业革命到 20 世纪下半叶的第三次工业革命，人类的每一次工业革命都使整个经济社会发生了翻天覆地的变化，如社会生产方式从以前的手工逐渐向机器转变等。而如今以"5G、物联网、人工智能、大数据、VR 和 AR 技术、生物技术、航天宇宙技术"等为核心的第四次科技革命的浪潮袭来，中国的经济社会正处于前所未有的变化之中。无论是"新型冠状病毒"疫情防控期间各座城市的封闭式社区、居住区管理；还是平时生活中各类外卖的定点配送、菜鸟驿站等快递定点取件；抑或解决从地铁到居住地这类短途距离而停在每个地铁口的共享单车，都充分体现出技术带来的效率提升和经济增长的潜在动力。加大"新基建"的投资，一方面要加大对这类产业的投资，对该类产业的中小企业在政策上进行一定的扶持和放宽入市条件；另一方面要加大对该类人才的培养并扩大相应的就业岗位，通过"新基建"的建设实现知识溢出，从而实现智能化、数字化，成为经济增长的新动力。本节将从"5G"、物联网、人工智能、大数据四个方面简要阐述新基建作为新时代中国经济增长的动力之一的重要性。

1. 中美 5G 之争

所谓 5G，是指第五代移动通信技术，是继 2G、3G、4G 之后的最新一代蜂窝移动数据技术，其主要特点是高速度、低延迟、低消耗、低成本。同时 5G 技术也是无人驾驶、外科手术、智能驾驶等技术的基础技术之一，其对提高整个社会的运行效率和促进经济增长有着举足轻重的作用。如果说 4G 带来的是整个通信业的变革，那么 5G 将会给整个经济社会带来翻天覆地的变化。

得益于过去十多年来中国在移动通信领域的持续不断的大量人力和资金投入，移动互联网在中国高速发展、快速渗透，我国已拥有全球规模最大的 4G 用户数，截至 2019 年底，4G 用户总数达到 12.8 亿户。4G 智能手机的普及，促进了移动互联网的爆炸式发展，国内的消费者开始使用支付宝、微信等移动扫码支付方式替代现金支付方式，抖音、哔哩哔哩等视频类 App 开始受到青睐且市值大幅上升，此外还兴起了诸如直播、网游电竞一类的新兴职业。2019 年中国 4G 基站总数为 544 万个，美国 4G 基站只有 40 万个，人均数量不到中国的 1/3。美国的 4G 设备不仅数量少，而且因为政府对中国设备商的排挤，竞争不充分，中国厂商的质优、价廉的设备被排除在外。

5G 的重要性是不言而喻的，谁能够优先进入 5G 领域，谁就拥有了未来科技的主导权。5G 的重要性，也使得中美两国出现了 5G 之争，甚至在美国内部，中美 5G 之争直接上升到了军备竞赛的高度。更有学者认为，中美贸易摩擦的导火线就是美国为了抑制中国 5G 在全球的推广，从而对中国的华为公司进行排挤并将其列入"黑名单"，并希望通过贸易摩擦的方式来减缓中国 5G 的进程，阻止中国的进一步发展。

中美贸易摩擦和中美 5G 之争或多或少存在一定的关系，其背后不管是美国出于政治因素对于中国的制裁还是出于经济因素对于中国的限制。中国发展和开放的道路始终在进行，要想进一步释放经济增长的动力，加大 5G 建设是必不可少的。5G 应用，除了移动互联网，还有更广阔的万物互联的物联网和工业互联网。5G 的实力，在这次新冠肺炎疫情中已经开始初显身手，远程诊断、远程 B 超、远程手术、无人护理、无人消毒、无人机送货等，无一不是通过 5G 赋能。例如，5G 远程医疗的出现能够实现医疗资源在中心城市和中小城市的共享，一定程度上避免了农民工就医必须到中心城市三甲医院进行排队挂号的问题，提高了整个城市的运行效率，保障了城市居民和农村居民的生命安全；而课程直播、慕课等数字视频则在一定程度上避免了城市教育与农村教育差距过大的问题。5G 在工业领域更是有着广泛的应用，中国是制造大国，随着"中国制造 2025"的推出，我国在工业上逐步开始实现智能化、效率化、高速化。5G 基建的投入将使我国从工业大国逐步迈向工业强国。

加大对 5G 的投资和建设力度，主要可以从以下几个方面进行：第一，加大对 5G 基站的建设和资金投入，要想使 5G 覆盖全中国，建立 5G 基站形成 5G 网络是必不可少的环节，可以说 5G 基站的建立将关系着我国进入 5G 时代的快慢。第二，加大对 5G 相关人才的培养，由于 5G 的广泛应用性，必然会催生出更多的新兴专业和新兴人才。一方面，国家要在相关高校开设 5G 及其相关应用的相应专业；另一方面，要加大对企业在 5G 建设方面的人力投入和人才培训，顺应时代发展的要求。第三，将 5G 技术与生产相结合。提高生产效率，促使生产进步，使我国的产业变得更加智能化、信息化、效率化。

2. 物联网

物联网是指通过各种信息传感器、射频识别技术、全球定位系统、红外感应器、激光扫描器等各种装置与技术，实时采集任何需要监控、连接、互动的物体或过程，采集其声、光、热、电、力学、化学、生物、位置等各种需要的信息，通过各类可能的网络接入，实现物与物、物与人的泛在连接，实现对物品和过程的智能化感知、识别和管理。物联网是一个基于互联网、传统电信网的信息承载体，它让所有能够被独立寻址的普通物理对象形成互联互通的网络。总体而言，物联网最重要的三个作用就是感知、识别、管理。

物联网已经被广泛应用在经济社会的各个产业中。在农业领域，物联网主要应用在农业种植等方面，通过一系列信息的捕捉、识别和管理，应用各种仪器有效地调节农作物生长的最佳环境，如光照、二氧化碳浓度等，从而增加农业产量。在工业领域，物联网能够应用在工业生产、产品制造的各个环节，能够有效提高生产效率，降低环境污染，实现经济的高质量发展。在服务业领域，物联网也涉及许多领域，如在自动停车场通过仪器可以直接识别车牌号码和统计停车时长等，我们在日常生活中用到的微信支付、支付宝支付、共享单车等需要进行二维码识别的操作，也都是物联网在发挥相关的作用。

尽管物联网与我们的生活息息相关，但中国的物联网建设还存在一系列问题，物联网技术对经济增长并没有发挥出足够的潜力作用，这些问题主要体现在：第一，成本过高，物联网平台建设的成本极高，基本上只有大型企业或者具有充足资金支撑的企业才能够建立物联网平台。第二，安全性存疑。物联网对信息的感知、识别和管理的过程，容易遭到环境暴露和黑客攻击等风险，从而造成信息泄露、隐私泄露等社会问题。第三，缺乏统一性。不同的物联网平台，其背后的运算法则和平台标准可能不一样，使物联网平台与平台之间的合作存在技术性难题。因此，加大对物联网的研究和建设，将有助于解决物联网现阶段发展存在的问题，促进经济增长。

3. 人工智能

人工智能是研究、开发用于模拟、延伸和扩展人的智能的理论、方法、技术及应用系统的一门新的技术科学。其涵盖的领域主要包括自动机器人、数据算法、图像识别、信息汇总、语音识别、指纹识别等。2020年，新冠肺炎疫情发生以来，人工智能大显身手，诸如体温测量机器人等服务机器人在医疗、配送、巡检等方面都有着极高的效率，儿童陪伴机器人、扫地机器人等家用服务机器人也加速落地。人工智能在新型冠状病毒疫情防控期间的表现充分说明随着科技社会的发展，未来将有着不容忽视的发展。例如，在未来，当我们的城市发生突发性公共卫生事件时，人工智能能够迅速做出相关反应，如警报反应等，将有助于提高整个城市的运转效率。

人工智能在工业和制造业领域也发挥着重要作用，越来越多的企业开始采用人工智能等方式进行生产。工业机器人、计算机正在不断冲击着传统的生产方式，例如，会计最开始是采用手工做账，其工作量大，而且错误率高，还容易发生会计人员因缺乏职业道德而出现财务犯罪等现象。随后，计算机的普及使会计电算化开始在各个企业普及，电脑做账逐渐替代手工做账。如今，已经有部分企业开始尝试人工智能做账，采用全新的系统和算法，不仅提升了财务工作效率，也降低了财务风险。

然而，值得注意的是，人工智能在为我们的生活带来便利的同时，也带来了前所未有的冲击。这种冲击表现在：第一，人工智能体现出的高效性会增加失业率。举一个比较具有直观感受的例子：现在许多超市都开始普及自动扫码结账系统，这就使超市不再需要那么多收款的员工。人工智能的高效性开始逐渐替代低端劳动力，使低端劳动力缺乏竞争优势，而我国多数劳动力的教育水平还赶不上发达国家，因此，人工智能的过快普及很有可能造成社会失业率的增加。尽管每一次科技革命的初期，都会造成短暂失业，随后顺应时代会出现新的职业，从而弥补失业率。但是人工智能的迅速发展，使部分学者认为第四次科技革命的浪潮似乎远比前三次科技革命还要来得猛烈，新型职业的出现可能赶不上人工智能的发展。第二，人工智能的伦理性问题。2016 年由 Google 团队开发的 AlphaGo 机器人战胜了世界围棋冠军，使得人们开始思考人工智能的智能性到底能达到多高，要不要对人工智能的发展进行一定的限制，未来人工智能的科学发展会不会存在一些违背伦理道德方面的问题。

尽管人工智能技术是一把"双刃剑"，但不可否认的是，这项技术会提高中国广大民众的生活质量，提高整个经济社会的运行效率。在经济全球化和国外形势错综复杂的今天，发展人工智能毫无疑问会成为我国经济增长的一个引擎，这个引擎有助于我们在今后遇到更为严峻的中美贸易摩擦时，经济仍然能够保持动力和活力。

4. 大数据

除了 5G 技术、物联网、人工智能以外，还需要加大投入的则是大数据。所谓大数据是指无法通过常规方式捕捉、处理的数据集、信息集，而是需要通过某些特殊的方式才能捕捉、处理的海量的数据库、信息库等具有高度决策意义、高度信息概括的信息资产。其应用主要体现在城市规划、数据整合、模型演算、医疗信息化等各个方面。在城市规划方面，可以利用手机数据更加准确地模拟城市内部的人口空间分布，从而对城市进行更加有效的规划，实现资源的合理配置。在数据整合方面，大数据能够有效将各类零散的数据整合在一起，提高数据的使用效率和信息的高速汇总。在模型演算方面，许多高校和研究机构都开始建立自己的数据库，用于相关的科学研究。在医疗信息化方面，大数据能够分析海量数据并实现相应的医疗追踪。以此次新冠肺炎疫情为例，百度迁徙数据能够有效反映一段时间内中国人口的流向，这将对疫情的防控做出重要指示，人口流入地的疫情管控措施应该比人口流出地的疫情管控措施更加严格。另外，大数据还可以进一步追踪人口流动的具体轨迹，这对疫情防控期间寻找感染者的密切接触者，从而进行医学观察有着至关重要的作用，能更快发现相关病例并将其隔离起来，降低流行传染病的扩散风险。

此外，大数据还具有以下优势：第一，对数据的及时分析，有助于消费者和生产者做出更准确的决策，使市场实现供需平衡。生产者可以利用大数据分析消费者的购买偏好、服务偏好，从而实现精准销售、精准服务。生活中一个比较常见的例子就是：当大家在淘宝浏览某一类物品或者在浏览器浏览某些网页的时候，下次淘宝会自动推荐该类物品，浏览器也会推荐相关的网页，这其实就是大数据带来的自动营销手段。第二，对信息的及时反馈，有助于决策者及时了解信息，在最短的时间内做出决策，从而降低损失。以中美贸易摩擦为例，当贸易摩擦发生时，通过统计局、海关、商务部等数据，利用大数据的模型演算能力，能够在最短的时间内了解中美贸易摩擦对中国和美国带来的影响，这对中国下一步行动的采取具有重要作用。第三，提高整个经济社会的运行效率，实现资源的合理分配。例如，早高峰的车辆路线规划能够有效减少大城市的拥堵，提高城市的通勤效率。综上所述，加大对大数据的投入力度，不仅有助于实现市场的供需平衡，使我国的供给侧结构性改革获得最大收益，同时还能让高新企业都实现资源的有效配置，降低损失，让传统企业利用大数据的价值实现转型升级，从而释放经济的潜在动力，促进经济增长。

7.4.2 城市体系建设与经济增长

习近平总书记在《推动形成优势互补高质量发展的区域经济布局》一文中提到要"增强中心城市和城市群等经济发展优势区域的经济和人口承载能力"，明确指出我国未来城镇化的发展方向是以中心城市为核心的城市群发展。中国不仅是一个国土辽阔的大国，更是一个人口大国，然而中国目前还没有城市群达到纽约城市群、伦敦城市群、东京城市群等人口、经济都高度集聚的世界级城市群的级别。而我们的大城市在未来各种技术的支撑下还有很大的发展空间，中小城市的发展空间可能是有限的。城市群的建设，一方面顾及了大城市自身的发展潜力，使之成为城市群经济增长的动力核心；另一方面当资源向大城市不断集聚，形成具有强大辐射力的中心城市之后，可以带动周边中小城市的发展，实现资源在空间上的合理配置，形成完善配套的城市体系。如果说5G、物联网、大数据等基建是中美贸易摩擦下经济增长的动力源之一，那么合理的城市体系就是另一个动力源。因此，从城市建设过渡到城市群建设并形成完善的城市体系将对中国的经济、社会产生深远的影响。

1. 放宽中心城市户口，允许人口自由流动

没有人的地方无法称作城市，城市与劳动力的流动息息相关。按照空间均衡的思想，理性的消费者为保证效用最大化，将会在房价和其他消费品之间做出选择，当市中心的房价过高时，人们不得不选择在外围区域进行定居，以获得更高的消费，从而得到更高的效用。换句话说，房价对劳动力具有一定的挤出效应，通过市场的需求配置，房价所占收入的比重应该是相对稳定且合理的。但是，生活在中国城市的我们，会觉得目前中国的房价较高，认为中国的房价存在"泡沫"，即需求方具有非理性行为，这种非理性行为主要体现在城市的居民对于住房的需求不仅仅是为了满足居住的需求，更有投机的需求在里面，希望握有房屋这类固定资产，并通过增值赚取更多的收入。因此，这些年管理房地产的一个思路就是从政策上进行限购，但是限购政策所取得的成效似乎并不尽如人意。

从市场的价格机制来讲，房价的本质其实也是供给和需求同时作用的结果，而城市房价在需求方面的最重要的因素就是城市人口想要在城市落户定居，也就是人口流动，就我国人口流动情况看可以概括为从农村流向城市、从小城市流向大城市、从中西部流向东部地区。但是，中国的大城市开始出现一系列"城市病"，如就业饱和、交通拥堵、环境污染等，大城市过多的人口使我国实行了严格的人口管制措施——户籍制度，但户籍

制度并没有阻碍农民工进城的意愿，反倒引起了诸如留守儿童一类的社会问题。根据刘传江、徐建玲（2007）的研究，第二代农民工愿意留城的比例比第一代农民工高了 28% 左右。人口从农村流向城市，是空间集聚的必然阶段，毕竟大城市的工资收入、教育、医疗、交通、公共服务都要比乡村好。从世界级城市群的几个中心城市来看，中国的大城市具备的辐射能力还远远不够，根据集聚与经济增长的倒 "U" 形关系，中国城市的空间集聚与经济增长还处于曲线的左侧，并未越过拐点，因此，提高大城市的人口承载能力将非常重要。比起通过户籍制度限制人口流动，不如进一步发展城市，使我们的大城市在空间上进一步集聚。

未来中国的城镇化应该是全世界更大规模的一次城镇化的尝试，毕竟中国这样的人口体量是世界上任何一个国家都无法比拟的，如何将 14 亿人口合理地布局在各个城市，对于完善城市体系是至关重要的。以日本东京为例，日本的整体人口密度可能并没有我们国家高，但为什么东京的人口密度比我国的所有城市都要高，而我国的许多中心城市还没有达到这样的人口密度级别就已经开始通过户籍制度进行城市的人口管控了，这其实值得我们深思，我们既要参考发达国家的城镇化道路，也要符合国情，制定出符合我国城市群发展规律的相关政策。

尽管我国采取了一系列的户籍制度、房地产管控措施，一定程度上遏制了城市群中心城市人口的进一步集聚，但事实上，人口流动始终是受到市场潜力、产业发展等市场推动作用的影响。根据百度迁徙数据可以看出过去这些年，中国人口的流动规律并没有发生太大的改变。这也就是说，中国的城市目前还处于倒 "U" 形曲线的左半侧，需要进一步集聚。城市群需要考虑的并不是如何限制人口流动，而是应该考虑如何发展中心城市，提高其人口承载能力，如何提升城市群中小城市的功能，减少其人口的流出，成为中心城市合理疏散人口的一个保障。根据规模效应，当中心城市的人口规模越来越大的时候，公共服务的增长效率也就更高、更快，而与人息息相关的服务业也能迅速发展起来，从而自然而然地带动产业结构优化。因此，城市群的中心城市、全国的一线城市应该适当放宽户籍制度的限制，迎接人口的城镇化。同时，也要根据人口的流动，来进行城市建设用地的管理，土地的供应要能够顺应经济发展的客观规律，要增加中心城市的经济体量和人口承载力。

2. 合理规划产业布局，加快产业转型升级

俗话说"人随产业走"，产业发展良好的城市其城市竞争力也就越强。但是我国的许多城市在产业发展上存在问题。

其一是产业结构不合理。不同的城市应该具有不同的产业结构，而不能笼统地"去工业化"，提升服务业的占比。毕竟每个城市的发展阶段是不同的，拿我国的大城市和中小城市来说，多数大城市已经进入"去工业化"的阶段，这时就要以服务业为主，提高城市的就业吸纳能力、人口承载能力等。而少部分大城市和绝大多数的中小城市还未进入"去工业化"的阶段，应该保证工业化的进程。此外，当人口不断向发达的大城市集聚，其人口承载能力趋于饱和，在这种情况下，大城市的工业园区应该要进行适当的产业转移，尤其是转移到还处于工业化发展阶段的中小城市，而不单单是把工业园区从城市转移到郊区。合理的产业转移将有助于加强城市与城市之间的联系，形成完整的产业链，进而在地理空间上形成城市体系。

其二是城市群内的多数城市与城市之间的产业竞争大于合作。这就导致了城市与城市之间各自为战，没有合作与分工，从而导致了整个城市群的空间效率低下，没有形成完善的城市体系，发挥出应有的作用。城市与城市之间的产业竞争主要体现在选取相同或相近的主导产业，而没有根据城市自身的资源禀赋和发展需要选择合适的产业，这点尤其体现在地理位置上比较相邻或相近的城市。就目前中国的19个城市群而言，除了长三角城市群的各城市之间，特别是中心城市上海和周边中小城市之间的产业合作分工相对完善以外，其余的城市群中心城市辐射能力仍然较弱，中小城市之间更多是竞争关系大于合作关系，从而导致整个城市群区域难以协调发展。

其三是产业转型升级困难，无法适应经济社会的发展需要，这类问题主要集中在城市群中依赖传统型产业的中小城市。对于中心城市而言，其良好的招商引资环境和庞大的经济体量，很容易吸引新兴产业和技术型产业，并通过产业集聚产生技术分享、劳动匹配和知识溢出等正外部性，降

低生产成本，提高产业的创新效率，从而达到产业的转型升级，提高城市的生产率。但对于中小城市而言，一方面既要面临人口流出的问题；另一方面其投资环境相对较差，没有足够的资金投入进行研发和创新，其产业转型升级的进程就相对缓慢。

产业发展是区域经济发展的核心，城市群要成为经济增长的新动力，就必须要在城市群的各个城市之间合理规划产业布局，调整每个城市的产业结构，同时加快产业的转型升级。

首先，要系统地对城市群的整体进行合理的产业规划和布局，根据福利经济学的原理，单个城市的帕累托最优与整个经济系统的帕累托最优往往并不是相同的，这就说明，如果城市各自为战，各自发展自身的产业，那么整个城市群实际上就是一盘散沙，产业的规划没有全局性和统筹性。合理地规划城市群的产业布局往往要以整个城市群的发展为基准，这种情况下，中心城市扮演着产业集聚中心、创新中心、人才中心的角色，而周边的城市更多的则是中心城市部分产业转移的承接地，尤其是工业和部分产业链的一环，城市群合理的产业规划布局能建立适应区域发展条件的产业体系，促进产业的可持续发展能力的形成，还能促进产业集聚及规模效应的形成，从而加快城镇化发展，有效解决"三农"问题，提高农村经济发展竞争力，促进城乡协调发展。而要想实现产业的合理布局，一方面要加强城市群内部各城市之间的产业分工合作及信息共享；另一方面根据每个城市自身的资源禀赋和发展状况，从全局的角度选择合适的产业，在整个城市群形成一套或多套产业体系。

其次，每个城市要根据自身状况，从内部调整产业结构。中心城市要在人口集聚的推动作用下，逐步实现"去工业化"，并根据自身的比较竞争优势，选择合适的服务业进行发展，提高服务业的多样性和质量。对于中小城市，还未进入"后工业"时期的城市，要主动承接中心城市的工业产业转移，而对于限制开发区，则要保证农业发展和生态平衡，可发展农业或者旅游业，从而带动经济增长。

最后，无论是中心城市还是中小城市，都要逐步从传统产业过渡，实现产业的转型升级。对于这个过程，城市之间不能盲目过渡，而是有一定的先后顺序。对于中心城市而言，无论是经济体量、投资环境还是人才落户政策都肯定比中小城市更有优势，因此，产业的转型升级要从中心城市开始，通过技术在城市的集聚实现知识的溢出效应。当溢出效应足够大的时候，中小城市再通过中心城市的溢出效应进行产业转型升级，而对于离大城市特别近的周边小城镇，往往还可以通过"规模借用"实现产业在区域上的一体化发展。

3. 加强基础设施建设，促进区域协调发展

如果说城市体系最终的形态是城市网络，那么交通就是连接城市与城市的"网线"。尽管我们国家拥有全世界最发达的铁路交通网络，但城市与城市之间的通勤效率似乎并不高，东京城市群的通勤效率大概是我国最发达的长三角城市群的 1.8 倍。通勤效率的低下会带来城市群内城市与城市之间缺乏联动性，城市各自为战，自己发展自己的，整个城市群缺乏全局发展，从而造成区域协调发展难以进行，城市只是在地理位置上相互靠近，并没有形成城市体系。以成渝城市群为例，成渝城市群内部仅成都和重庆两个中心城市因为开通高铁的缘故，通勤效率相对较高。但城市群内部中心城市与周边城市之间、中小城市与中小城市之间则主要依靠高速公路进行通勤，效率整体偏低，这不仅导致了城市群内部发展不协调，还导致了城市群与城市群以外的外部城市联系相对偏弱。根据克鲁格曼的第一地理定律，城市之间的联系强度与地理距离成反比，而要加强这种联系程度，就必须要以交通网络打破时空限制。

首先，要提高城市内部的通勤效率，尤其是城市群的中心城市。中心城市在未来肯定还会吸引更多的人口，城市的边界还会比现在更加广阔，而如何构建合适的大城市交通网络对于解决交通拥堵，提高城市效率有着非常重要的意义，如修建城内数字型高速公路和城内快速公交、地铁等。其次，要完善城市群内各城市之间的交通网络，除了中心城市和周边城市，中小城市之间的交通网络也要相对完善，这样城市群内的城市联动才不会局限于中心城市与周边城市，而是整个区域内的整体联动，这一点主要可以通过修建城际高速、取消收费站或采用 ETC 替代人工收费的方式、修建城际高铁等来实现，而对于在地理位置上特别相近的城市，还可以打通公共汽车、轨道交通的服务，实现同城化、区域一体化。最后，城市群

还要打通通往外部城市的交通，进一步扩大城市的影响力和辐射力，从而在全国形成多个完善的城市体系。

7.5 中美贸易摩擦对区域经济的影响：以四川省为例

中美贸易摩擦对区域经济有什么样的影响，这里我们选择四川省进行分析，第一，在中国经济面临下行的压力期间，四川省的经济增长速度在全国所有省份当中处于中等偏上的位置，且高于全国平均经济增长速度；第二，四川省的省会城市成都是国家级中心城市，根据《中国城市竞争力报告》一书，成都的城市竞争力在全国各大城市中排名比较靠前，但四川省其他城市的城市竞争力则相对较弱，其城市体系表现为"一个超级大城市和众多中小城市"；第三，东部沿海地区和中部长江游地区由于具有先天的临港优势，其进出口贸易相对较为完善，而四川省作为西部内陆城市，仅个别城市临江临港，如泸州等，其进出口贸易相对处于发展阶段，研究中美贸易摩擦对它的影响更具有现实意义。由于第 7.3 节我们从拉动经济增长的"三辆马车"：消费、投资、净出口，分析了中美贸易摩擦对宏观经济的影响，并进一步分析了中美贸易摩擦对劳动力就业市场和中国经济增长的影响。按照这个思路，在分析中美贸易摩擦对区域经济的影响时，我们仍然从消费、投资、净出口、就业、经济增长这五个角度进行分析，进一步我们还对中美贸易摩擦对区域产业的影响进行了相应分析。

7.5.1 中美贸易摩擦对四川省居民消费的影响

1. 短期影响

居民的人均可支配收入一定程度上代表了居民的潜在消费力，对于理性的消费者而言，其可支配收入越高，一般其消费水平越高；其可支配收入越低，则消费水平也相对较低。如表 7-6 所示，根据国家统计局统计的四川省居民人均可支配收入数据显示：第一，2018 年第一季度至第三季度，四川省居民的人均可支配收入在逐渐降低，反映其消费水平也在逐渐降低，到了 2018 年第四季度有所回升。2019 年的情况完全一样。这说明中美贸易摩擦在短期内确实对消费者的消费水平造成了一定的抑制作用，贸易战的关税最后落在了每一位消费者的头上。第二，不管是 2018 年还是 2019 年，四川省居民的人均可支配收入均体现为第一季度最高，第三季度最低。不排除消费者消费具有季节性、节日性偏好。第三，2018 年第四季度和 2019 年第四季度的人均可支配收入有所提高，居民的消费也有所提高。可能有以下两方面的原因：一方面，职工的年终奖往往落在每年的最后一个季度，会造成居民的人均可支配收入提高；另一方面，每年年末四川省省内各大商家都具有促销活动和打折活动，再加上淘宝、京东等各大电商的"双十一"消费活动等，居民的消费相对于第二季度和第三季度有所回升，但是仍未达到第一季度的消费水平。

表 7－6　　　　2018～2019 年各季度四川省居民人均可支配收入　　　　单位：元

项目	2018 年第一季度	2018 年第二季度	2018 年第三季度	2018 年第四季度
居民人均可支配收入	6169	5261	5191	5840

项目	2019 年第一季度	2019 年第二季度	2019 年第三季度	2019 年第四季度
居民人均可支配收入	6753	5795	5699	6457

资料来源：国家统计局、四川省统计局。

2. 长期影响

从长期来看，中美贸易摩擦对四川省居民消费的影响总体来讲取决于两个力量的共同作用。第一个力量就是中美贸易摩擦到底会进行到什么程度？如果中美贸易摩擦在未来能够有所好转，那么最终落在消费者头上的消费就会有所减少，四川省的居民消费自然就会上去。但是如果中美贸易摩擦的情况进一步严峻，那么两国实际上就是在拿双方的消费者进行对垒，四川省的居民消费自然而然也会有所下降。第二个力量就是四川省扩大内需究竟能扩大到什么程度？扩大内需其实就是让省内的消费者有能力、有勇气消费，从需求端来调整市场供需平衡。首先，四川省消费者的储蓄率和美国居民相比仍然是很高的，而且从 2018 年和 2019 年的短期数据来看，居民的人均可支配收入在第一季度比第二季度高了将近 1000 元，这就说明在第一季度出现过高消费之后，为保证消费的平滑和储蓄的稳定，四川省的广大消费者会自然而然地降低消费。如何通过扩大内需进一步释放消费者的消费能力，是未来面对中美贸易摩擦的一个重要环节。其次，根据支付宝花呗数据显示，四川省花呗使用者有 60% 以上的年龄是低于 35 岁的，这也体现了具有消费观念的年轻人想消费没有足够的收入消费，只能通过增加负债和透支未来来满足当期消费。而没有消费观念的中老年人，其储蓄率又相当高。最后，扩大内需，释放消费潜能不仅是四川省，也是整个中国需要采取的措施。但是这些年来不管是四川省还是整个中国，扩大内需进行了很多年似乎消费者的潜能始终没有完全释放出来。这除了跟居民消费观念相关以外还和工资收入和房价有一定的关系。以四川省为例，成都的工资收入和其他中小城市相比高一些，但是其房价水平也更高，而且房价很大程度上挤压了消费者的消费空间。而中小城市的房价虽然低，但工资收入也相对较低，并且从四川省的人口流动数据来看，成都始终是流入地，也就是说即便有很多在中小城市工作的人，也会选择在大城市成都进行买房，在这种情况下，房价对其消费空间的挤压就更大了。因此，不仅要从需求端扩大内需来释放市场的消费活力，通过供给侧结构性改革从供给端进行市场调控，对于释放消费者消费潜能，激发市场活力也是有重要的推动作用。

因此，中美贸易摩擦对四川省居民消费水平的长期影响可以简要用表 7-7 进行表示：当中美贸易摩擦情况继续恶化且国内扩大内需、供给侧改革等措施效果不显著的时候，四川省的居民消费会降低；当中美贸易摩擦情况有所改善且国内扩大内需、供给侧改革等措施效果显著的时候，四川省的居民消费会增加。当中美贸易摩擦的情况继续恶化且国内扩大内需、供给侧改革等措施效果显著或者中美贸易摩擦情况有所改善且国内扩大内需、供给侧改革等措施效果不显著的时候，对四川省居民消费的长期影响未知，取决于谁的影响作用更大。

表 7 - 7 中美贸易摩擦对四川省居民消费的长期影响

指标描述	变动趋势			
中美贸易 摩擦情况	恶化（-）	恶化（-）	改善（+）	改善（+）
扩大内需/供给 侧改革效果	显著（+）	不显著（-）	显著（+）	不显著（-）
对居民消费 的长期影响	未知	降低消费（-）	增加消费（+）	未知

7.5.2 中美贸易摩擦对投资的影响

1. 短期影响

先来看一下四川省 2018 年和 2019 年固定资产投资的相关状况，根据四川省国民经济和社会发展统计公报公布的相关数据，2018 年四川省固定资产投资 28065.3 亿元，同比增长 10.2%。分产业看，第一产业投资 1053.6 亿元，比上年增长 10.1%；第二产业投资 7287.1 亿元，增长 7.3%；第三产业投资 19724.6 亿元，增长 11.2%。全年制造业高技术产业投资 1531.2 亿元，增长 12.0%。分经济区看，成都平原经济区比上年增长 11.2%；川南经济区增长 9.3%；川东北经济区增长 10.8%；攀西经济区增长 0.3%；川西北增长 12.7%。2019 年四川省固定资产投资 29315.3 亿元，同比增长 10.2%。分产业看，第一产业投资比上年增长 6.2%；第二产业投资增长 6.9%；第三产业投资增长 11.7%。全年制造业高技术产业投资增长 21.3%。分经济区看，成都平原经济区全社会固定资产投资比上年增长 10.3%；川南经济区增长 12.5%；川东北经济区增长 8.0%；攀西经济区增长 12.2%；川西北生态示范区增长 9.8%。

根据统计公报公布的数据可以发现：第一，连续两年四川省固定资产投资的同比增长都维持在 10.2% 的水平；第二，第三产业的投资增长与第一产业和第二产业相比遥遥领先，是投资增长的主要来源，说明四川省的服务业投资取得了较好的成就；第三，分经济区的投资增长有一定波动，但成都平原相对稳定。

接下来我们进一步看看四川省的固定资产累计投资额增长速度的相关数据。从表 7-8 可以看出：首先，2018 年四川省固定资产累计投资额增长速度在前半年并没有发生太大的变化，基本维持在 10.8% 左右；2018 年下半年，四川省固定资产累计投资额增长速度和上半年相比，波动幅度稍微大一点，但仍保持在 10.5% 上下。上半年的平均增长速度要高于下半年。其次，与 2018 年相比，2019 年四川省固定资产累计投资额增长速度仅在第一季度出现较大波动，后面三个季度的增长速度更为稳定。最后，跟全国的影响一样，中美贸易摩擦在短期内对四川省投资的影响并没有造成太大的冲击。总体而言，2018 年在中美贸易摩擦下，四川省固定资产累计投资额增长速度在放缓，2019 年整体增长速度低于 2018 年，但增长速度在缓慢上升。中美贸易摩擦之所以对四川省投资短期影响不大，是因为美国限制的出口商品往往和制造业、工业相关。而四川省的投资来源主要是服务业，服务业的典型特征就是就近服务原则和以人为本。

表 7-8　　2018～2019 年四川省固定资产投资累计完成额增速（月度）　　单位：%

项目	2018 年 1 月	2018 年 2 月	2018 年 3 月	2018 年 4 月
固定资产投资累计投资额增速	—	10.8	10.8	10.9
项目	2018 年 5 月	2018 年 6 月	2018 年 7 月	2018 年 8 月
固定资产投资累计投资额增速	10.6	11.0	10.8	10.7
项目	2018 年 9 月	2018 年 10 月	2018 年 11 月	2018 年 12 月
固定资产投资累计投资额增速	10.6	10.4	10.3	10.2
项目	2019 年 1 月	2019 年 2 月	2019 年 3 月	2019 年 4 月
固定资产投资累计投资额增速	—	5.9	7.6	8.5
项目	2019 年 5 月	2019 年 6 月	2019 年 7 月	2019 年 8 月
固定资产投资累计投资额增速	8.3	8.4	8.6	8.8
项目	2019 年 9 月	2019 年 10 月	2019 年 11 月	2019 年 12 月
固定资产投资累计投资额增速	8.9	8.9	8.7	8.6

资料来源：国家统计局、四川省统计局。

2. 长期影响

尽管中美贸易摩擦在短期对四川省的投资并没有太大的影响，但是由于中美贸易的长期性，需要时刻关注贸易摩擦带来的投资影响。总体而言，中美贸易摩擦对四川省投资的长期影响与以下几个因素相关：第一，四川省的对外开放程度和招商引资能力，从这个层面来讲，由于成都在四川省一家独大，拥有较大的对外开放程度和较强的招商引资能力，且成都的产业结构多以服务业为主，能够被国内广大居民内部消化。因此未来较长时间内，成都受到的长期影响应该也不会太大。但其他中小城市尤其是那些跟美国限制出口的商品有关联产业的中小城市，未来可能会受到一定的影响。第二，四川省内各个城市间的合作分工。由于不同城市具有不同的主导产业和投资环境，像绵阳科技城以高科技产品为主，未来很长一段时间内很有可能会受到相对较大的影响。因此城市间的分工合作能不能减低或者消除这种负面影响，还要看具体的相应政策措施。第三，四川省与除美国以外的其他国家的合作。得益于"一带一路"等政策，未来四川省如果能得到除美国以外的其他国家的合作和投资，那么中美贸易摩擦带来的影响也会减小。

7.5.3 中美贸易摩擦对四川省净出口的影响

1. 短期影响

2018 年，四川省货物进出口总量（进口 + 出口）达到 5947.9 亿元，同比增长 29.2%。其中，出口增速位列全国第一。2019 年，四川省货物进出口总量达到 6765.9 亿元，同比增长 16.9%。从短期来看，中美贸易摩擦对四川省的净出口（出口 – 进口）的影响并不显著。首先，从进口方面看，中美贸易摩擦美方限制出口高端技术、高端装备、高端材料，但这些产品并不是四川省的主要进口货物来源。其次，从出口方面看，得益于"一带一路"倡议和西部的区位优势，四川主要出口软件、电子信息产品、白酒等，这些出口货物在国际上具有许多合作伙伴，不会单方面因为美国的经济限制而受到太大的影响。

2. 长期影响

从长期来看，中美贸易摩擦是否会对四川省的净出口造成显著的影响取决于以下因素：第一，不管是四川省还是中国，我们的对外开放始终是在不断开放、不断扩张的，四川省在未来肯定还会进一步加强与国际上的合作，拓宽自己的海外销售渠道，争取更大的海外市场。就这一点来说，即便中美贸易摩擦会持续进行，只要四川省乃至全国的开放道路永不停歇，那么贸易摩擦带来的影响就不会太大。第二，由于中美贸易摩擦实质上是中美两国在经济、政治上的交锋，从目前来说国际上的许多国家还没有开始站阵营，更多的是选择"鹬蚌相争渔翁得利"的观望态度，但是未来很长一段时间，中美关系可能会一直保持着这种局面，而一旦国际上的其他国家开始选择站队美国的时候，我们的贸易进出口渠道就会受到非常大的限制。因此，未雨绸缪，我们不仅要持续对外开放，还要在国际上尽可能地树立良好的形象和贸易榜样。第三，这次中美贸易摩擦给我们一个最直观的感受就是：我们看似繁荣的产业发展背后，其实还存在着很大的不足。四川省的电子信息产业作为一个主导型支柱产业，其核心技术和创新研发还远远赶不上美国，这也是为什么在这次贸易战中高端技术型产品成为美国主要的狙击对象。因此，从长远的角度来说，除了对外开放和树立国际形象之外，冲破美国在技术上的禁锢枷锁，加大在企业核心技术和高端制造上的投入，对于未来四川省的净出口增长有着至关重要的意义。只有不断开放、不断创新，才能在经济全球化和国内外形势错综复杂的情况下，冲破黑暗，走出自己的经济发展道路。

7.5.4 中美贸易摩擦对四川省就业的影响

1. 短期影响

根据四川省统计年鉴和国家统计局的数据，2018 年和 2019 年四川省的城镇失业率大概维持在 3.9% 的水平，低于全国平均水平 1 个百分点以上。短期来讲，中美贸易摩擦对四川省的就业也没有造成较大的冲击。从四川省的几个区域来讲：成都平原区域以服务业为主，而服务业往往能够增加区域范围内的就业，因此该区域受到来自中美贸易摩擦的短期就业冲击较小，仅部分高新技术产业可能会受到短暂的冲击。川南经济区以白酒等产业为主，短期受到的就业冲击也相对较小；川东北经济区以天然气化工业、汽车汽配、建材、机电、纺织、食品加工、商贸物流等为支柱产业，其中机电作为四川省出口的重点商品，其受到中美贸易摩擦的影响也相对较小；攀西经济区则主要是以丰富的自然资源禀赋出名，常常作为工业、制造业的原材料加工环节，相对而言接触到的与高科技相关的东西较少，受到中美贸易摩擦的就业冲击也就相对较小；川西北生态示范区则主要是以旅游业等服务业为主，同成都平原一样，中美贸易摩擦在短期内对其就业并不会造成太大的冲击。

2. 长期影响

尽管中美贸易摩擦有着进入长期拉锯战的趋势，但是贸易摩擦对四川省就业在短期内并未造成较大冲击。那么在长期，贸易战带来的就业冲击可能更是微乎其微。其原因主要在于：第一，四川省的产业结构主要以第三产业为主，而中美贸易摩擦的就业冲击，主要是广大高新技术产业受到首要冲击，在短期内可能会对这些产业造成商品出口困难、资金周转出现问题，进而导致员工休假或者裁员。但是长期来看，这些产业会随着劳动力市场的供需平衡而重新达到就业稳定的局面。第二，由于我国长期关注民生问题，"保就业"在近两年的宏观调控中也位于重中之重的地位。因此，从长期来看，除了劳动力市场的自发调控外，政府的宏观调控也可以最大限度地降低来自中美贸易摩擦的就业冲击。

7.5.5 中美贸易摩擦对四川省经济增长的影响

1. 短期影响

根据四川省统计局和国家统计局的数据，2018年四川省地区生产总值为40678.1亿元，经济增长率为8.0%，其中第一产业、第二产业和第三产业增加值分别增长3.6%、7.5%、9.4%，第一产业、第二产业和第三产业对四川省经济增长的贡献率分别为5.1%、41.4%、53.5%；2019年四川省地区生产总值为 46615.8 亿元，经济增长率为 7.5%，其中第一产业、第二产业和第三产业的增加值分别增长 2.8%、7.5%、8.5%，第一产业、第二产业和第三产业对四川省经济增长的贡献率分别为 4.0%、43.4%、52.6%。从短期来看，2019 年四川省的经济增长速度相较 2018 年有所放缓，但两年的经济增长速度均高于全国整体的经济增长速度。经济速度的放缓一定程度上受到了中美贸易摩擦的冲击。就四川省而言，这种冲击主要来自消费者消费的降低和一些高新技术产业受到的冲击。

2. 长期影响

尽管中美贸易摩擦在短期对四川省的经济增长呈现出抑制作用。但其长期影响还受到多种因素的共同作用，这些因素同消费相比会相对复杂一些：第一，四川省扩大内需与供给侧改革等政策能否释放消费者消费潜力，对未来经济增长有着显著的影响。第二，中美贸易摩擦的形势将进一步影响四川省经济增长的趋势。第三，四川省的产业结构调整与产业转型升级，将影响四川省长期的经济增长，当服务业所占的比重越高、产业对美国高新技术的依赖越低，企业自身的创新研发和人力资本吸引能力越强，受到来自贸易摩擦的负面影响也就越小。第四，以 5G、人工智能、物联网、大数据为核心的第四次科技革命将进一步促进经济增长，这就要求四川省要加大在这方面的投入。第五，城镇化与城市体系的建立。目前来说四川省是成都"一城独大"的局面，一个中心城市成都和众多中小城市，如何平衡成都与这些中小城市的关系，建立完善的城市体系，与周边的大城市尤其是重庆建立良好的区域合作体系，将对四川省整个区域的经济发展有着重要的影响。第六，加强民营企业的活力。从领军企业数量上看，四川省入围全国 500 强的民营领军企业不断减少，许多民营企业仍以第二产业为主，缺乏足够的创新和转型升级的动力。加强民营企业活力，将有助于推进经济增长，释放市场活力。

7.5.6 中美贸易摩擦对四川省区域产业的影响

谈到中美贸易摩擦对区域经济的影响就不得不谈到对区域产业的影

响。由于篇幅原因，这里只对四川省的五大支柱产业进行分析。四川省的五大支柱产业分别是：电子信息产业（包括软件）、食品饮料产业、装备制造产业、能源化工产业和先进材料产业。

1. 短期影响

从短期影响来看，电子信息产业在一定程度上受到了中美贸易的冲击，尤其是需要进口美国高科技电子产品如高通公司的芯片等企业，受到了一定程度的冲击，由于中美贸易摩擦导致的关税上升使这些企业在生产环节的生产成本上升。由于企业的创新研发和寻找替代品对生产环节进行替代等在短期内无法完成，因此，这部分企业在中美贸易摩擦中，更多的是需要通过政府的扶持和帮助渡过难关。但是四川的电子信息产业并不全是这类企业，由于经济全球化的发展成都成为全国最著名的软件园之都，电子信息产业的许多企业都始终保持着良好的市场优势，在国内和欧洲都具有较大的市场，并且其生产链也相对较为完善，企业的自主创新能力与过去相比也有了明显的提升。

食品饮料产业受到的冲击则相对较小，原因是四川省的食品饮料产业大多具有比较完整的生产链条，而且与中美贸易摩擦涉及的相关商品联系较小，因此短期来看，食品饮料产业受到的主要冲击可能是来源于消费者在这方面消费的降低，但这类产业往往可以通过各种促销方式吸引消费，渡过难关。

装备制造产业情况和电子信息产业几乎一样，由于美国限制出口高端设备，使部分依赖进口设备的企业在生产上会出现停滞，受到的短期影响较大，主要也是通过政府扶持来渡过难关。但对于生产链条完整、国际合作广泛的企业来讲，影响相对较小。

能源化工产业受到的影响相对较大，其原因在于四川省的能源化工产业和美国处于不同的生产链条，两者是高度互补的，中国对能源化工产品的进口需求较大，而美国能源化工产品有很大的出口能力。对进口美国原油、液化天然气（LNG）、乙烯/乙烷、丙烷/丙烯等产品存在较大依赖，中美贸易摩擦后，许多产业可能要转从其他国家进行替代进口，如从俄罗斯进口天然气等。

先进材料产业受到的冲击相对较大。在制造强国战略下，尽管我国逐渐攻克了多项新材料技术"瓶颈"，助力产业实现了技术升级和转型。然而中兴事件暴露出我国许多产业仍然缺乏核心技术和先进的高科技材料，众多关键材料仍然受制于美国。在中美贸易摩擦，美国为阻碍中国崛起的情况下，这些先进材料的进口成本将会越来越大，而且这种影响就算在短期体现不明显，但随着中美进入贸易持续摩擦阶段，这种影响将会长期持续。

2. 长期影响

尽管四川省的上述五大支柱产业在 2018 年和 2019 年都取得了不错的增长和发展，原本部分产业在短期内会因中美贸易摩擦受到较大的影响，但是这些产业毕竟是四川省的支柱产业，在政府的大力支持下，这种影响在短期似乎体现得并不明显。然而，除了食品饮料产业和能源化工产业以外，电子信息产业（含软件产业）、装备制造产业和先进材料产业这三大支柱产业在长期势必会受到来自中美贸易摩擦的持续影响，要想把这种负面影响降到最低或者摆脱这些负面影响，最重要的就是完成产业的转型升级和自主研发创新，这将成为这些产业在未来能否走出一条不依赖美国高端技术、高端装备、高端材料道路的关键。而食品饮料产业和能源化工产业，前者在目前来说与中美贸易摩擦相关商品联系较少，后者由于国际化和全球化，再加上四川省内自身具有一定的资源禀赋的原因，在长期受到的冲击相对较小。

7.6 本章小结

中国实行改革开放以来，在贸易领域借鉴了欧美发达国家的资本空间生产模式，同时又因为自身内在广阔的地域和世界第一的人口，产生出巨大的自我空间生产的能力，中国摆脱"技术—市场"依附式发展与美国维护既有的国际分工格局注定是一个充满冲突的过程。从中美贸易的总体特征来看，中美两国分别为发展中国家和发达国家中最活跃的经济体，国内需求旺盛，这促使两国经贸关系迅速发展，表现出高度互补、美强中弱的特点。中美贸易摩擦的具体根源包括中国的崛起与经济的全球化、中美经济与政治的双重博弈、中美宏观经济失衡及中美贸易逆差等四个方面。中美贸易摩擦对中国宏观经济的影响短期会对消费产生抑制作用，对投资贡献率造成了短暂的冲击，对中国净出口产生短期影响。中美贸易摩擦下中国经济增长新动力在哪？本章认为加大"新基建"的投资、加强城市体系建设都能为中国经济增长注入新动力。此外，本章还探讨了中美贸易摩擦对区域经济的影响，以四川省为例，发现贸易摩擦对消费、投资、净出口、就业、经济增长都产生了短期的不利影响，但长期来看这种影响正逐步减弱。

第 *8* 章

主要结论与政策建议

8.1　主要结论

8.1.1　资本空间生产的限度

资本空间生产是有极限的，但是资本主义为了满足自己的利益将其作为不断向外扩张和缓解空间危机的手段，从而导致资本主义更加趋近于空间极限，创造出更大的空间危机并不断循环。资本的空间生产不仅加剧了资本主义更大范围的扩张和更深层次的拓殖，还带来了更为普遍的空间危机和更具有社会隐患的"空间爆炸"。为此，他们采取了两项主要措施是：一是趋向于资本的大规模集中，目的是通过金融权力、经济规模和市场地位来谋求支配地位；二是通过专利权、许可权和知识产权来严密地保护其技术优势。这种空间生产呈现扩张形态的全球化随着空间扩张边界的结束必然带来空间的复垦和纵向等级的拉大。

列斐伏尔提出，"资本主义得以存在很大程度上就是因为资本主义生产方式不顾空间极限无序扩张和自我强化，他们通过占有空间的方式来生产空间，并以此来解决社会矛盾"。哈维提出，空间的收缩和时间的加速是资本主义运动的基本规律，这种"时空修复"能够有效缓解资本主义生产过程中遇到的危机。所谓时空修复，是指资本主义以某种形式完全固定在国土之中或之上，通过时间加速和空间收缩来解决存在的矛盾。然而，

"显然的是，新一轮的时空压缩充满着危险，跟它所提供的在特定场所生存的可能性和解决过度积累的问题的可能性一样多"。这说明，资本主义用来解决危机的方式无法从根源上解决资本主义生产关系的基本矛盾。无论列斐伏尔的空间生产极限理论，还是哈维的时空压缩修复理论，都反映了资本主义无法从根本上解决矛盾，反而陷入了"死循环"，无限逼近空间极限，为今后的社会种下了具有更大危机的种子。

8.1.2 马克思主义有关自由贸易与贸易摩擦的思考

马克思认为在单个资本主义国家内部，利润率下降的趋势是难以克服的。基于资本的逐利性，资本自产生以来就以惊人的速度在时间和空间两个向度展开，必然促使资产阶级在全球范围内不断扩大再生产，国际贸易对缓解资本主义世界的资本积累限度具有重要的意义。但是国际贸易受诸多因素影响，国际分工是对外贸易的基础，一方面，国际分工促进了包括落后国家在内的生产力的发展和文化科学技术的进步；另一方面，工业发达的资本主义国家利用国际分工把资本主义剥削制度扩大到国外，利用自己在科学技术和资本等方面的优势，建立资本控制下的国际秩序，并通过对外贸易的方式（同时也包括战争）来剥削和掠夺落后国家。因此，资本主义国家对自由贸易的态度是动态的过程，占据优势地位的国家支持自由贸易，马克思、恩格斯从理论上揭示了资产阶级自由贸易的本质上是资本的自由。但自由贸易要消除诸多障碍，如地理空间、社会空间和思想空间障碍，要经由时间去消灭空间，就是说实现商品转移时间缩减到最低时间。然而，资本主义国家构建的贸易体系，不过是通过国际价值分配实现资本主义生产国际化过程中富国剥削穷国的手段。

大卫·哈维认为货物和服务的交换过程，是跨越空间的相互交换过程。资本主义活动造成了不均衡的地理发展，也导致资本积累的不均衡。因此，资本主义由此按照它自己的面貌建立和重建地理，实现空间生产。但在领土范围内，总存在资本剩余和劳动剩余，要求新空间的生产、全新的区域性劳动分工的组织、更便宜的新资源综合体的开发、作为资本积累动态空间的新地域不断被开拓。而开拓的关键在于不断进行技术创新，技术进步尽管具有显著的时空压缩效应，但反过来空间障碍越小，资本对空间差异就越敏感，各地也就越有动机去打造差异来吸引资本。地区力量的崛起正是这种差异化发展的结果，将加剧外围国家与中心国家的竞争关系。

8.1.3 发达国家主导的世界贸易体系并不是建立在自由贸易基础上

发达国家主导的世界贸易体系是否建立在自由贸易基础上？自由贸易的理论和实践本身反映了资本的时空扩张和时空压缩。例如，自由贸易的理论依据是绝对优势理论、比较优势理论和要素禀赋理论，这些理论都拓展了资本积累的空间。亚当·斯密认为各国都应按照本国的绝对优势形成国际分工格局，各自提供交换产品，产生国际贸易，该理论拓展了贸易往来的绝对空间。大卫·李嘉图提出各国在不同的产品上具有比较优势，使国际分工和国际贸易成为可能，进而获得比较利益，他的理论进一步支持不具备技术优势的国家进行自由贸易的合理性，拓展了资本扩张的相对空间。赫克歇尔－俄林提出了要素禀赋论，用生产要素的丰缺来解释国际贸易产生的原因，并且要素的禀赋会随着生产力的提高而改变，说明贸易空间拓展的动态过程。但实践上，所有发达国家都是在资本时空压缩的基础上推行自由贸易，以英国为例，18 世纪至 19 世纪初期，英国处于资本积累初期，推行的是贸易保护主义以保护本国的产业。而 19 世纪初期之后，其国力雄厚且资本积累足够多，便开始积极推行自由贸易政策，通过自由贸易获取更大的利益。李斯特提出的幼稚产业保护理论，就是典型的保护国家的新兴产业的理论。幼稚产业又可以称作新兴产业，其产业规模和产业技术等都比不上成熟产业，产业竞争力也相对较弱，因此在新兴产业出现的初期应该避免其与外国成熟产业竞争，并通过一系列国家政策对其进行保护和扶持，从而保证幼稚产业的生命活力，直到它具有强大的国际竞争力。

8.1.4　中心国家主导的世界体系下的贸易依附与剥削

世界市场建立以后，在自由贸易框架下的资本的空间积累逐渐陷入困境。推动贸易体系的动力，是建立在中心国家主导的世界体系上。依附理论认为历史上存在三种依附关系：殖民地依附、"金融—产业"依附、"技术—工业"依附。世界体系理论由美国社会学家沃勒斯坦首次提出。他认为，世界体系是资本主义生产内在逻辑充分展开的结果，当今国际事务、国家行为和国际关系都是这一逻辑的外在表现。资本主义的延续性质是由它的深层社会经济结构的基本因果联系所决定，并规定了世界面貌的形成。世界体系的形成同世界范围的资本积累有密切关系。国家互相作用体系是世界范围资本积累的政治结构。当原有的结构不能容纳世界商品生产和剩余价值分配的规模时，就会发生国家之间的冲突。世界体系的构建过程是资本积累的空间拓展过程，但也产生着固化资本积累空间的矛盾，全球价值链是固化这种矛盾的主要力量。资本创造和使用从地方扩大到国家和全球范围，然而全球市场新的空间有限，资本和市场已基本分割完毕，经济全球化无法继续开拓空间，加之这是一种"层级"分明的体系，价值链上土地、劳动、资本、知识等创造的财富不是共赢的，产业分工建立在发达资本主义国家所塑造的经济格局和制度环境之下，现有的体制无力解决空间桎梏矛盾，必然会固化原有分利机制。例如，在以美国为首的全球价值链体系中，资本会选择全球产业链中利润率较高的行业，在全球产业链分工中主导了设计、研发、营销和售后服务等环节，维持了在价值链"微笑曲线"两端获取大量附加值。全球生产链分工的形成是跨国垄断资本在全球范围内大规模扩张的必然产物，跨国公司作为这种新的分工方式的组织者和缔造者，自然地成为其主导者，因而全球生产链分工本身就是一种不平等的分工体系。跨国公司主导的全球价值链分工体系尽管细化了分工领域，拓展了贸易空间，但其分工的不平等性，也决定资本的时空扩张将面临巨大的阻力和挑战，新兴力量的崛起，会冲击旧的全球价值链分工的固化体系。在此背景下，美国政府热衷于贸易保护主义来获取更多的时空价值，以缓解资本主义发展的内部矛盾。

8.1.5　中心国家资本空间生产中孕育的自我否定矛盾削弱了全球控制力，加剧了贸易摩擦

技术革命对资本"经由时间消灭空间"的作用，贸易的"空间距离"由此就还原成了时间，因为"重要的不是市场在空间上的远近，而是商品到达市场的速度"。三次产业革命从生产力的角度拓展了国际贸易的空间属性，去工业化严重削弱中心国家依赖全球价值链体系实现资本掠夺性积累的路径。自 20 世纪 70 年代初起，美国进入了一个长达数十年的去工业化时期。所谓去工业化，就是从制造业转向服务业，特别是向金融业的转变成为经济发展中的新常态。进入 21 世纪，美国制造业的衰落不仅限于传统制造业，而且蔓延到了那些一直被视为美国经济实力"堡垒"的技术密集型产业。与此同时，资本谋求经济金融化积累，一方面，经济金融化相对于发达国家是一个去工业化的过程，是原有的实力的弱化，逐渐失去对现有价值链的控制；另一方面，对于外围国家，新自由主义主要推进市场自由化改革，资本国际自由流动，过剩资本不经过贸易体系，直接经过资本市场榨取剩余。但是中心国家依然想通过贸易手段榨取全球剩余价值，必然导致贸易保护和贸易摩擦。

8.2　政策建议

8.2.1　构建新型全球治理体系

人类第一次认识到全球性危机是 1968 年在"罗马俱乐部"发表的《增长的极限》（1972）和《人类处于转折点》（1974）两篇报告性文章，这也是第一次"以坦率的形式提出了不是一个国家或人民，而是全球所有国家和所有人民面临的选择，这使得广大读者关注的社会性问题从国家层面扩大到了全球层面"；并认为"现在世界的首要问题已经关系到地球上整个人类的生死存亡，而不再是简单的党派斗争等政治争端""这要求我

们的目光要全球化、长远化、可持续化，并实现世界范围内的全球合作，否则我们根本无法解决面临的存亡危机"。所以，"地球上的每一位公民及其子孙后代的命运都取决于我们的行为"。第一份报告通过对人口、粮食、资源、污染（环境）、经济增长五大变量的全面分析，得出了以下五个结论：第一，地球的资源是有限的。这说明地球上的人口和各个国家的经济增长也是有极限的；第二，陶醉于取得的成就和无限制的增长将瓦解全球体系；第三，科学技术无法从本质上解决资源的有限性，只能缓解有限与无限的矛盾；第四，任何一个动态系统中都存在滞后现象，因此，要未雨绸缪，准备好应对各种突发状况的相应计划，等到滞后现象发生时才采取措施将造成不可弥补的重大损失；第五，人类的明智选择是从过度增长转向全球均衡。作者在第二报告中指出：其一，当前的全球危机并非暂时性，反而具有持续性，是传统模式发展的结果；其二，必须以全球背景考虑问题，建立一个新的全球经济秩序和全球资源分配系统；其三，解决危机的方法要从全球各国的关系中逐步探索，要尽可能考虑人类演进中的方方面面，如个人价值观、国家利益、生态环境、技术水平等；其四，要通过加强国家与国家之间的合作来解决危机。也就是说，各个国家要具有长远的目光，要避免短期的收益和狭隘的民族主义，建立一个新的国际基本结构；而个人必须树立一种全球化意识，一种适用物质资源的新价值观，一种敬畏自然、与自然和谐相处的新观念，一种与后代休戚与共的新目标。

经过多年的探索与实践，新型全球治理体系初见端倪，其基本内涵包括以下四个要素。

1. 全球治理的责任化

新兴国家、发展中国家在国际上关于相关事务的话语权和投票权不断增加，这说明单靠发达国家来处理全球事务的时代已经离去，新兴国家、发展中国家开始逐渐登上历史的舞台并承担应有的责任和义务。这也意味着新兴国家、发展中国家在经济全球化的时代背景下将承担起制定未来改革蓝图的重要责任。值得注意的是，近年来，由于新兴国家、发展中国家在国际舞台上所处的地位越来越不可忽视，也导致了发达国家与新兴国家、发展中国家围绕权利与义务、公平与效率、利益与均衡等方面的摩擦越来越多。

就现阶段的全球治理体系而言，占据主导地位的仍然是传统发达国家，如美国、英国、法国等，而新兴国家、发展中国家要想取得任何实质性权力，基本上都要同这些发达国家进行多场围绕利益的博弈。由于新兴国家、发展中国家的筹码相对较少，因此尽管博弈结果使这些国家的权力有所增强，但往往存在着权力与所承担的责任和义务不匹配的不公平状况。新兴大国、发展中国家的崛起必然激起现有大国的反应，崛起和遏制崛起将是未来很长一段时间内国际社会的主要矛盾之一。

而责任问题的处理结果又关系着传统发达国家与新兴国家、发展中国家的相处状况。因此，推动治理主体间的责任化是迈向新型全球治理体系的第一步也是重要的一步。现有发达国家、新兴大国可根据自身经济社会综合实力和国际社会影响力的不同，在不同的空间区域和不同的国际事务中承担起分量不同的责任和义务，从而化解国家间的矛盾，处理好国际或地区问题，维护世界和平与稳定。例如，"G20"峰会、欧盟在瑞典召开的碳排放会议、金砖国家等都是典型的拉动全球经济和合作的例子，均是平衡能力与责任的成功经验和范例。但美国等国家对应的责任还需要联合国等国际组织的监督，从而避免一些国家对自己应有的责任不管不顾。要在全球治理和制度改革上实现发达国家与新兴国家、发展中国家真正意义上的相互平等、问责、节制、包容，责任化是一种有效的选择。

2. 体系内各要素的多极化和多元化

不同于以往以美国为首的西方发达国家主导的单边治理体系，全球治理的主体、客体和价值取向等要素越来越多极化、多元化。即使是美国这样的超级大国在全球化中也无法独自应对，而需要与国际社会、新兴国家和发展中国家进行合作，从而解决面临的矛盾和危机，世界正在逐步由"单边控制"走向全球共同治理的新格局。

治理客体或对象的多元化包括了全球层面、区域层面、次区域层面、其他多边与双边层面、国家层面和地方层面各种问题的治理。一方面，全球开始联合应对世界经济、恐怖组织以保障经济的稳定运行和世界的和平稳定；另一方面，各区域对移民、区域贸易、区域竞争进行了一定的合作和分工。多边组织成为每个国家维护自身利益的最优选择，也成为全球治理体系的主要内容。

3. 治理方式的共同化

新型全球治理的一个重要特点是突出共同治理，共同治理的内涵是发达国家、新兴国家和发展中国家就政治、经济、军事问题进行协商，涉及的内容包括：经济危机应对、核武器限制、环境污染责任协议等各个方面，其特点主要是多元化、公平化、合作化。而共同治理的原因主要包括以下四点：第一，经济全球化的时代背景下，全人类已经成为人类命运共同体，一荣则荣，一损俱损，人类正面临着前所未有的挑战，这种挑战要求国家与国家之间必须加强合作。第二，国际关系趋于民主化，国际关系的民主化意味着应对国际问题的合作深化，在重大国际问题上，需要由多个国家共同协商确定，而不能单由几个国家决定，国家与国家之间不分大小、强弱和贫富。第三，合作关系越来越多元化、多样化，如G20、中美"G2""法德轴心"、中俄战略协作伙伴关系等。第四，随着第四次科技革命的到来，科技创新为人类带来的利益通过合作产生的知识溢出效应正在逐渐放大，从而达到互利互惠、共同发展的目的。而传统的"零和博弈"理论则是拆东墙补西墙，就算解决了短期矛盾，长期来讲，不仅增加了国家和社会的成本，还为经济发展埋下了一颗"地雷"。

4. 发展趋势的集团化

全球治理体系的多极化在不断的发展过程中出现了一种新的趋势：集团化。集团化主要体现为全球治理体系开始分成两个团体，其中一个是以发达国家为主体的一大集团，另一个则是以新兴国家和发展中国家为主体的集团。前者往往为了自身利益开始破坏全球治理体系中的责任性和公平性；而后者为了应对来自谴责的施压，往往采取抱团的方式进行共同对抗。

从现实来看，各集团内部均由一些中坚力量形成凝聚力和号召力，而能成为中坚力量的国家一般须具备下列条件：一是具有较强的综合国力，特别是经济、科技和军事实力；二是具有一定的地缘政治优势；三是具有较强的国际影响力和凝聚力，能吸引和团结不同程度的国家并获得他们的支持。集团之间往往相辅相成，对立依存，竞争合作。集团化的出现是多极力量重组改变的必然结果，它是不同价值理念、不同文明、不同治理模式国家和集团的重新组合。集团化发展的三个显著特点是长期、复杂和曲折。此外，这种集团化趋势与"冷战"时期美苏两大集团之间围绕意识形态和国家利益竞争的对抗不同，它是在保障共同利益的前提下通过不断探索、合作、谈判的方式来确保自身的利益。换句话说，由美国主导的全球治理体系是失衡的单轨制，获益的只是少数发达国家，而发展中国家和贫穷落后国家的利益则受到严重损害，不利于整个国际社会的公平和稳定发展。而在集团化状态下，世界因为新兴国家、发展中国家集团的出现及与传统发达国家的共存性、伙伴性而变得更趋均衡、公平、合理。

8.2.2　在贸易领域坚持多边贸易机制，改善中美非对称依赖关系

在当前国际形势下，世界贸易组织作为国际经济秩序治理最重要的"稳定器"，对促进全球资源自由流动发挥了无可替代的作用。世贸组织的争端解决机制框架下，成员方依法可采取磋商、成立专家组、上诉等方式，将国家间的贸易摩擦控制在经济领域内，避免了贸易争端的泛政治化。从这个角度看，世贸组织特别是争端解决机制的存在对单边贸易保护措施也有一定程度的抑制作用。因此，中国仍应在积极推进世贸组织改革的前提下，充分利用世贸组织争端解决机制处理中美经贸问题，并按照世贸组织规则开展经贸磋商。中国可以利用世贸组织多哈回合谈判、世贸组织部长会议、G20 等形式及其他国际组织和平台来捍卫全球多边体制，反对单边主义。例如，2017 年世贸组织第 11 届部长级会议签署的《布宜诺斯艾利斯宣言》重申了多边贸易机制是面对国际贸易的机遇和挑战的最佳应对之策，坚决维护多边贸易机制至关重要。

中美经贸关系发展主轴不应局限在双边贸易赤字问题，而应着眼于如何寻求中美未来经贸的发展新空间，逐步消除中美双边贸易的结构性矛盾。中美两国作为世界最大和第二大的经济体，同时中美两国国内的产业经济结构存在巨大差异，潜在的合作领域还有很多，双方应该积极扩展经贸合作领域，同时也在客观上为亚太地区乃至全球经济增添动力。中国应

加快经济体制改革，着力平衡对美国金融市场和消费市场的不对称依赖，可以在一定程度缩减中美贸易顺差。为此，一是充分发挥亚投行等多边开发投融资体系的作用，完善投资担保机制和资本项目的外汇管理机制，鼓励中国企业走出国门，特别应面向"一带一路"沿线国家加大对外投资；二是应特别关注对内需市场的开发，特别是在中美贸易摩擦频发的当下，促进和扩大国内市场应该成为今后中国经济成长的战略重点；三是目前美国在金融、教育医疗等第三产业对中国市场仍具有相当的优势，中国应推进金融业改革，促进中国实现经济转型升级，加快价值链提升；四是中国虽已通过了《外商投资法》，但该法并未对国家安全审查等制度作出具体安排，在开放市场、保障国家安全的同时，也可以利用国家安全审查制度对本国的幼稚产业和敏感行业进行充分保护。

8.2.3　坚持制造强国战略，提升贸易质量

要想提升贸易质量，就要提高进出口商品尤其是高端制造业产品的质量。要通过加大高端产品的技术含量来逐步改善我国商品进出口的结构比例，从而实现国际市场的供需匹配。而要想提高产品质量，首先要保证外贸业务的稳定性，在稳定中提高质量。下面从稳政策、稳主体、稳市场三个方面来阐述"稳中求质"。第一，稳政策。从宏观政策方面来讲，要继续推进稳定外贸相关政策的落实，同时要有备用政策以应对各种突发外贸情况，顺应国际环境的不断变化。此外，要理顺我国的进出口审批流程，规范各外贸部门工作的相应流程，同时建立合适的规章制度，营造良好的对外贸易政策环境。通过降低进出口环节的制度性成本，来完成进出口业务的效率提升；通过推动国家间的高标准自贸协定和区域间自贸协定，来消除贸易壁垒，提升外贸业务的稳定性和便利性。第二，稳主体。稳定进出口业务主体可以从以下两个方面进行，一是发挥民营企业在国际贸易中的主要角色作用，鼓励他们加大 R&D 投入，保持创新活力，通过减税降费、金融贷款低利率等一系列扶持政策保障民营企业的生命活力，从而提高民营企业的国际竞争力；二是要通过相关政策吸引外商投资和跨国公司的入驻，使进出口商品具有一定的前瞻性和完整性，使经营主体更加多元

化、成熟化，以便实现进出口业务的可持续发展。第三，稳市场。稳定进出口业务市场，就要加大对外开放力度，把国内市场做大，通过市场经济的决定性作用，保障外贸市场的经济活力。

在想要平稳发展、保证质量的前提下，问题的关键就在于如何优化进口产品的结构和提高出口行业的水平，而这一过程的重中之重还是产品的优化——不断优化高新技术产业相关产品的构成结构，提高产品在国际市场上的地位，增加相关产品的附加值，逐步满足多样化的消费需求。重视企业的自我提升，加强企业内部的制度创新，提升创新技术的水平，探索行业发展的新动态、新模式，保证行业能够健康可持续发展，最终推动中国外贸经济的发展和壮大，不断拓展行业的多元市场。

第一，从产业优势和中国高端技术产业的角度来看，中国的高端制造业中最具产业优势的是通信设备制造和终端制造。因此，要利用中国高端制造业中的现有优势，坚持国家方针的战略性方向，把握相关领域的自主创新和研发，统筹资源不断完善产业链，提升产品国际地位，增加产品的附加值，真正完成从"中国制造"到"中国智造"的转变。

第二，对于未来引领世界的高端新兴技术产业，如 5G 通信技术、人工智能产业，要不断加大投入和相关研究。在当今全球大环境下，要不断深度推进相关的行业研发，促进产学研融合，将先进的研究成果引入市场，提升相关产品的质量，推动产业的发展，保证商品原料、运输、批发、零售等各个环节顺利进行，逐渐完善产业链，提高产业水平和产品附加值，提升效率，发展技术，促进经济结构的健康发展。

第三，对我国出口贸易的比较优势和各行业发展状况进行深度了解。将出口的产品和服务进行精准优化，特别是对当地需求进行深度调研，因地制宜，满足其他国家多样化的需求，更好提高产品和服务质量。在出口相关产品和服务的同时，迎合出口业务的发展大方针，协同资源的整合，优化结构。在进行区域合作的同时，要注重产业的扩散性效应，巩固合作关系的同时不断延伸业务的范围，将贸易范围延伸到更多的国家，例如，在国家去产能的大环境下和继续帮助亚非拉地区基础建设的过程中，不断扩大高速铁路、隧道桥梁相关合作的范围，与更多的国家建立互利共赢的合作关系，同时协同产业发展，将国内的过剩钢铁产业进行输出，更好地优化我国的贸易水平。

第四，要寻求贸易领域新的突破口，对贸易种类、贸易模式进行有益创新。在全球化经济的背景下，我国依然有部分出口产品存在附加值低、服务质量不具有优势的问题，基于这些长时间未曾得到改变的问题，在未来的贸易领域中，要引导企业向着价值链的提升而发力，开创外贸的新模式，在软性的制造领域当中优化水平，培养新的贸易增长点，提升产品在国际市场的综合竞争力，有效地优化产品的结构和创新贸易领域的模式，为经济发展提供新的增长极。

8.2.4 谋求更深入的中美合作应对美国政府的"脱钩"与对抗

从长期来看，中美贸易摩擦不利于中国经济的稳定与发展，同时，额外的关税负担也会给美国农业、科技产业等发展带来较大负面效应。改革开放 40 多年来，在全球供应链、产业链、价值链上，中美两国形成了"你中有我，我中有你"的利益联结体，"脱钩"只会导致两败俱伤，扰乱世界经济秩序。值得注意的是，中美经济和战略"脱钩"的格局虽然尚未完全形成，但随着中美战略竞争关系的确立，"脱钩"是政策趋向，中国将在未来面对一个更加强硬的美国。但是，这种趋向并不意味中美不再合作，未来中美的互动将是竞争与合作的矛盾统一体。中国是全球唯一拥有联合国产业分类中全部工业门类的国家，也拥有世界上规模最大的制造业，供应链和配套优势明显，并且拥有规模庞大的相对低成本的劳动力资源。美国则拥有全球领先的科技实力、超群的创新能力、高度发达的服务业。中美拥有各自的比较优势，形成高度互补的经贸关系。基于中美两国经济和政治深入交往的基础，要继续加强中美经济与战略对话，以中美共同利益为突破点，努力保持并扩大双边经贸的互补性，谋求更深入的中美合作。近年来，中美能源领域合作持续深化，双方互补性增强，加大与美国的能源贸易合作是缩小中美贸易逆差的途径之一，中美能源贸易起点基数低、发展时间短，未来能源贸易合作潜力空间巨大。利用扩大中美能源合作的同时，要鼓励中国能源企业与美国能源企业构建"利益共同体"，建立长期友好经贸合作，开拓能源贸易合作市场。尽管在诸如经贸、科技等领域中美竞争愈加激烈，但在国际社会的公共领域内，中美可以展开密切合作，如国际金融安全、国际网络安全、能源资源安全、粮食安全等全球性问题上，中国可以凭借自身逐步增强的全球影响力，以"中国姿态"维护国际贸易秩序，推动形成人类命运共同体和利益共同体。

参 考 文 献

[1] 曹明福，李树民．全球价值链分工：从国家比较优势到世界比较优势 [J]．世界经济研究，2006 (11)：11－15，10．

[2] 陈继勇．中美贸易战的背景、原因、本质及中国对策 [J]．武汉大学学报（哲学社会科学版），2018，71 (5)：72－81．

[3] 陈泰锋．中美贸易摩擦根源的反思 [J]．国际经济合作，2005 (9)：40－43．

[4] 陈勇．国际产业转移背景下的中国对外贸易摩擦 [J]．东北财经大学学报，2007 (3)：32－36．

[5] 崔连标，朱磊，宋马林，郑海涛．中美贸易摩擦的国际经济影响评估 [J]．财经研究，2018，44 (12)：4－17．

[6] 戴翔，张二震．互利共赢新内涵与我国应对贸易摩擦新思路 [J]．天津社会科学，2014 (3)：88－91．

[7] 邓路，刘帷韬．技术进步是否引发他国对华贸易摩擦：基于行业层面的研究 [J]．广东财经大学学报，2019，34 (2)：4－16．

[8] 董红，林慧慧．"一带一路"倡议下我国对外贸易格局变化及贸易摩擦防范 [J]．中国流通经济，2015，29 (5)：119－124．

[9] 樊海潮，张丽娜．中间品贸易与中美贸易摩擦的福利效应：基于理论与量化分析的研究 [J]．中国工业经济，2018 (9)：41－59．

[10] 范云芳．全球价值链分工的特征及其对中国的启示 [J]．长安大学学报（社会科学版），2008 (3)：59－62，68．

[11] 冯国钊，刘遵义．对美中贸易平衡的新估算 [J]．国际经济评论，1999 (Z3)：3－5．

[12] 弗朗索瓦·沙奈，等．金融全球化 [M]．北京：中央编译出版社，2001：54．

[13] 傅瑜，徐艳，何泽荣. 论全球经济失衡 [J]. 经济学家，2006 (6)：103 – 109.

[14] 高运胜，陆宝群. 中国对美出口与美国 GDP 增长的相关性分析 [J]. 上海经济研究，2003 (7)：46 – 51.

[15] 郭美新，陆琳，盛柳刚，余淼杰. 反制中美贸易摩擦和扩大开放 [J]. 学术月刊，2018，50 (6)：32 – 42.

[16] 郭晴，陈伟光. 基于动态 CGE 模型的中美贸易摩擦经济效应分析 [J]. 世界经济研究，2019 (8)：103 – 117，136.

[17] 郭艳琴. 美国国家安全战略报告与对华政策：文本解读与分析 [J]. 当代美国评论，2018，2 (2)：33 – 51，122 – 123.

[18] 韩晶. 租金、收益与产业升级：对全球价值链下收益分配不均问题的思考 [J]. 财经问题研究，2008 (10)：44 – 48.

[19] 韩秀成，王淇. 知识产权：国际贸易的核心要素：中美经贸摩擦的启示 [J]. 中国科学院院刊，2019，34 (8)：893 – 902.

[20] 郝宇，赵明远，高尚. 新贸易形势下中国能源经济预测与展望 [J]. 北京理工大学学报（社会科学版），2019，21 (2)：12 – 19.

[21] 何泽荣，徐艳，傅瑜. 中美贸易失衡的经济理论分析：以马克思的经济理论为基础 [J]. 财经科学，2009 (10)：43 – 50.

[22] 胡方，彭诚. 技术进步引起国际贸易摩擦的一个模型 [J]. 国际贸易问题，2009 (9)：61 – 67.

[23] 胡方. 日美经济摩擦的理论与实态分析 [M]. 武汉：武汉大学出版社，2001.

[24] 胡方. 中美贸易摩擦及其对海峡两岸经济的影响 [J]. 亚太安全与海洋研究，2020 (2)：58 – 71，3.

[25] 胡静寅. 中美贸易摩擦的政治经济学分析 [J]. 经济论坛，2006 (21)：48 – 50.

[26] 华民. 如何才能跨越经济增长的陷阱 [J]. 国际经济评论，2018 (1)：72 – 85，6.

[27] 黄礼健. 中美贸易战升级的原因、影响及趋势分析 [J]. 北京金融评论，2018 (3)：40 – 48.

［28］黄鹏，汪建新，孟雪．经济全球化再平衡与中美贸易摩擦［J］．中国工业经济，2018（10）：156－174.

［29］黄晓凤．基于产业博弈视角的国际贸易摩擦分析［J］．国际经贸探索，2008（11）：60－65.

［30］黄族胜．全球经济失衡与美国宏观经济利益［D］．北京：中国人民大学，2008.

［31］贾怀勤．中美贸易平衡问题综论［M］．北京：对外经济贸易大学出版社，2004：63－64.

［32］贾玉成，吕静韦．经济周期和经济政策不确定性推动了贸易摩擦吗［J］．经济学家，2020（3）：75－86.

［33］蒋思坚，邓祥征，周晓雪，王国峰．中美贸易摩擦对我国小麦出口贸易隐含碳影响的预测分析［J］．农业环境科学学报，2020，39（4）：762－773.

［34］蒋亚杰．台湾代工企业品牌升级问题研究［J］．世界经济与政治论坛，2009（2）：85－91.

［35］焦慧莹．中美贸易摩擦的制度分析［J］．宏观经济管理，2018（9）：86－93.

［36］杰奥瓦尼·阿瑞基．漫长的20世纪［M］．南京：江苏人民出版社，2001：280.

［37］蓝庆新．产业国际转移视角下的中美贸易摩擦研究［J］．国际经济合作，2007（8）：58－61.

［38］郎咸平，渝京．郎咸平新论：工商链条时代的产业整合［J］．新财经，2009（2）：26－28，4.

［39］黎峰．全球价值链分工视角下的中美贸易摩擦透析［J］．南方经济，2019（7）：1－15.

［40］李春顶，何传添，林创伟．中美贸易摩擦应对政策的效果评估［J］．中国工业经济，2018（10）：137－155.

［41］李春顶．技术溢出与国际贸易摩擦的形成［J］．南京财经大学学报，2008（4）：27－30.

［42］李春顶．中美贸易摩擦成因中的心理、制度和政治因素分析

[J]. 财贸研究, 2007 (3): 50 – 56.

[43] 李春顶. 中美贸易战的进展、影响和应对措施 [J]. 中国市场, 2018 (24): 1 – 3.

[44] 李东阳. 对外直接投资与国内产业空心化 [J]. 财经问题研究, 2000 (1): 56 – 59.

[45] 李丽. 全球技术性贸易壁垒发展的新特点、趋势及对我国的启示 [J]. WTO 经济导刊, 2013 (Z1): 119 – 121.

[46] 李丽. 中美贸易摩擦的政治经济分析 [J]. 世界经济研究, 2005 (1): 37 – 41.

[47] 李庆四. 特朗普对华贸易战的原因及影响 [J]. 现代国际关系, 2018 (6): 12 – 15.

[48] 李淑俊. 美国贸易保护主义的形成机制及其对中美贸易的影响 [J]. 美国问题研究, 2007 (0): 273 – 291, 396.

[49] 李昕. 贸易总额与贸易差额的增加值统计研究 [J]. 统计研究, 2012, 29 (10): 15 – 22.

[50] 梁军. 中美贸易摩擦的经济学困惑及其政治经济学解释 [J]. 国际观察, 2005 (4): 59 – 65.

[51] 林宏宇. 西方民粹主义是国际贸易摩擦升级的根源 [J]. 人民论坛, 2019 (5): 113.

[52] 林毅夫. 美国巨额贸易逆差根源在美国 [N]. 中华工商时报, 2018 – 04 – 17 (3).

[53] 刘冰, 陈淑梅. RCEP 框架下降低技术性贸易壁垒的经济效应研究: 基于 GTAP 模型的实证分析 [J]. 国际贸易问题, 2014 (6): 91 – 98.

[54] 刘建江. 美国: 逆差与增长并存 [J]. 招商周刊, 2005 (8): 45 – 46.

[55] 刘建江. 特朗普政府发动对华贸易战的三维成因 [J]. 武汉大学学报 (哲学社会科学版), 2018, 71 (5): 82 – 90.

[56] 刘元春. 中美贸易摩擦的现实影响与前景探究: 基于可计算一般均衡方法的经验分析 [J]. 人民论坛·学术前沿, 2018 (16): 6 – 18.

[57] 刘志彪. 经济国际化的模式与中国企业国际化的战略选择 [J].

经济理论与经济管理，2004（8）：11 – 17.

[58] 柳剑平，张兴泉. 产业内贸易、产业结构差异与中美贸易摩擦：与中日贸易摩擦的比较分析 [J]. 世界经济研究，2011（5）：27 – 32，63，87 – 88.

[59] 龙强，周吉，黄慧敏. 中美经贸摩擦全面升级对江西的影响及应对措施 [J]. 价格月刊，2019（12）：42 – 46.

[60] 卢根鑫. 国际产业转移论 [M]. 上海：人民出版社，1997：25.

[61] 鲁道夫·西法亭. 金融资本 [M]. 北京：华夏出版社，2013：64.

[62] 鲁晓东，刘京军. 不确定性与中国出口增长 [J]. 经济研究，2017，52（9）：39 – 54.

[63] 吕剑亮. 全球价值链视角下中国加工贸易升级影响因素探讨 [J]. 商业时代，2014（35）：32 – 34.

[64] 吕越，娄承蓉，杜映昕，屠新泉. 基于中美双方征税清单的贸易摩擦影响效应分析 [J]. 财经研究，2019，45（2）：59 – 72.

[65] 罗能生，洪联英. 全球化条件下文化冲突的贸易效应分析 [J]. 世界经济研究，2006（10）：18 – 23.

[66] 马锦生. 资本主义金融化与金融资本主义研究 [D]. 天津：南开大学，2013.

[67] 苗迎春，周茂荣，杨继梅. 美国政府应对金融危机的机制及启示 [J]. 财政研究，2009（12）：69 – 72.

[68] 苗迎春. 对中美贸易不平衡问题的重新审视 [J]. 同济大学学报（社会科学版），2004（4）：99 – 104，123.

[69] 那振芳. 中国制造业竞争力与中美贸易摩擦研究 [D]. 沈阳：辽宁大学，2019.

[70] 倪红福，龚六堂，陈湘杰. 全球价值链中的关税成本效应分析：兼论中美贸易摩擦的价格效应和福利效应 [J]. 数量经济技术经济研究，2018，35（8）：74 – 90.

[71] 倪红福. 全球价值链测度理论及应用研究新进展 [J]. 中南财经政法大学学报，2018（3）：115 – 126，160.

[72] 欧内斯特·孟德尔.《资本论》新英译本导言 [M]. 仇启华，

杜章智，译．中共中央党校出版社，1991：1－2.

　［73］潘安，郝瑞雪．全球价值链分工视角下日韩贸易摩擦的原因分析［J］．现代日本经济，2020，39（2）：33－44.

　［74］潘悦．国际产业转移的四次浪潮及其影响［J］．现代国际关系，2006（4）：23－27.

　［75］蒲华林，张捷．产品内分工与中美结构性贸易顺差［J］．世界经济研究，2007（2）：29－35，8，88.

　［76］蒲华林，张捷．产品内国际分工与中国获取的价值：基于零部件进出口的分析［J］．财贸研究，2012，23（1）：70－76.

　［77］秦卫波，王庆龙．中美贸易摩擦背景下我国外汇储备变化对"一带一路"地区OFDI的影响［J］．吉林大学社会科学学报，2020，60（3）：86－95，237.

　［78］曲越，秦晓钰，黄海刚，夏友富．中美贸易摩擦对中国产业与经济的影响：以2018年美国对华301调查报告为例［J］．中国科技论坛，2018（5）：128－135.

　［79］屈有明，李江鑫，张克勇．考虑风险偏好的中美贸易多阶段动态博弈分析［J］．统计与决策，2020，36（5）：173－176.

　［80］沈斐．资本内在否定性：新方法与新典型［M］．天津：天津人民出版社，2016：11.

　［81］盛斌．中国经济改革的政治经济学分析［J］．开放时代，2001（12）：98－106.

　［82］盛毅．西方发达国家"产业空心化"质疑［J］．产业经济研究，2003（4）：7－12.

　［83］石磊，寇宗来．美国的贸易逆差及中美贸易摩擦成因探析［J］．复旦学报（社会科学版），2004（4）：23－27.

　［84］史长宽．中美贸易摩擦对我国产业结构升级的影响及对策［J］．中国流通经济，2019，33（6）：46－57.

　［85］史沛然．中美贸易摩擦下的拉丁美洲：基于贸易数据的发现和思考［J］．国际经贸探索，2019，35（10）：71－90.

　［86］宋国友．贸易增长、利益集团与国家间冲突［J］．现代国际关

系，2004（6）：18 - 23.

[87] 王厚双，付煜. 日本处理日美贸易摩擦的经验及其启示 [J].
日本研究，2018（2）：1 - 11.

[88] 王领. 中美贸易摩擦的理论研究与实证分析 [D]. 上海：复旦
大学，2006.

[89] 王荣军. 美国为何挑起对华贸易摩擦 [J]. 人民论坛，2018
（13）：116 - 118.

[90] 王瑞峰，李爽. 中美贸易摩擦背景下中国外贸高质量发展的评
价 [J]. 中国流通经济，2019，33（12）：16 - 24.

[91] 王瑞峰，李爽. 中美贸易摩擦对中国大豆进口贸易成本的影响
研究 [J]. 当代经济管理，2020，42（8）：47 - 53.

[92] 王思璇. 中欧贸易摩擦的趋势预测及其对双边关系的影响：基
于引力模型的实证研究 [J]. 国际贸易问题，2009（6）：37 - 46.

[93] 王霞. 中美贸易摩擦对全球制造业格局的影响研究 [J]. 数量
经济技术经济研究，2019，36（6）：22 - 40.

[94] 王孝松，谢申祥. 发展中大国间贸易摩擦的微观形成机制：以
印度对华反倾销为例 [J]. 中国社会科学，2013（9）：86 - 107，206.

[95] 王亚飞. 大国兴起与国际经济摩擦：兼论中美贸易摩擦 [J].
世界经济与政治论坛，2009（1）：42 - 47.

[96] 王艳. 中美贸易对中国经济增长的影响分析 [J]. 消费导刊，
2008（13）：56 - 57.

[97] 王允贵. 贸易条件持续恶化：中国粗放型进口贸易模式亟待改
变 [J]. 理论参考，2005（2）：33 - 34.

[98] 吴红蕾. 中美贸易摩擦对我国的影响及对策研究 [J]. 经济纵
横，2018（12）：96 - 102.

[99] 吴韧强，刘海云. 垄断竞争、利益集团与贸易战 [J]. 经济学
（季刊），2009，8（3）：829 - 848.

[100] 夏胤磊. 中美贸易摩擦及对策研究：来自日美贸易战的启示
[J]. 国际商务财会，2018（4）：58 - 60，78.

[101] 肖志敏，冯晟昊. 中美贸易摩擦的经济影响分析：基于增加值

贸易视角［J］. 国际经贸探索，2019，35（1）：55 – 69.

［102］谢地，张巩. 中美贸易摩擦的政治经济学分析［J］. 政治经济学评论，2018，9（5）：121 – 143.

［103］徐清海. 现阶段中国面临的世界经济摩擦原因分析及战略应对［J］. 经济界，2008（3）：79 – 87.

［104］许莎雯. 经济全球化与国家产业安全［J］. 中国乡镇企业，2010（12）：73 – 79.

［105］杨成玉. 中美贸易摩擦下中欧贸易转移与承接研究［J］. 国际经贸探索，2020，36（4）：21 – 37.

［106］杨翠红，田开兰，高翔，张俊荣. 全球价值链研究综述及前景展望［J］. 系统工程理论与实践，2020，40（8）：1961 – 1976.

［107］杨慧玲，甘路有. 国际垄断资本积累逻辑中的美国对华"贸易争端"［J］. 政治经济学评论，2019，10（2）：142 – 161.

［108］杨军，周玲玲，张恪渝. 中美贸易摩擦对中国参与区域价值链的重构效应［J］. 中国流通经济，2020，34（3）：93 – 103.

［109］杨培强，张兴泉. 贸易保护政策对异质性企业影响的实证检验：兼论中美产业内贸易摩擦传导机制［J］. 国际贸易问题，2014（1）：120 – 130.

［110］易波. 中美贸易摩擦持续升级的多重原因研究［J］. 新疆社会科学，2018（3）：18 – 25，156.

［111］尹翔硕，李春顶. 国际贸易摩擦中的"南北不对称"问题解析［J］. 中央财经大学学报，2007（1）：60 – 65.

［112］尹翔硕. 试论技术进步与贸易失衡［J］. 世界经济研究，2007（02）：23 – 28，87 – 88.

［113］余永定. 见证失衡：双顺差、人民币汇率和美元陷阱［J］. 国际经济评论，2010（3）：7 – 44，3.

［114］余永定. 中美贸易战的回顾与展望［J］. 新金融评论，2018（3）：1 – 28.

［115］余振，周冰惠，谢旭斌，王梓楠. 参与全球价值链重构与中美贸易摩擦［J］. 中国工业经济，2018（7）：24 – 42.

[116] 约翰·贝拉米·福斯特，王年咏，陈嘉丽. 资本主义的金融化 [J]. 国外理论动态，2007（7）：9 - 13，32.

[117] 张二震，马野青. 我国贸易顺差的成因分析及对策建议 [J]. 江苏行政学院学报，2010（2）：50 - 55.

[118] 张冠华. 中美贸易摩擦对两岸经济关系及台湾经济影响 [J]. 台湾研究，2020（1）：12 - 22.

[119] 张红侠. 中美贸易摩擦背景下的中俄农业合作 [J]. 俄罗斯东欧中亚研究，2020（2）：38 - 49，155.

[120] 张丽娟. 试论贸易与政治的相互渗透及实现途径 [J]. 太平洋学报，2005（9）：57 - 63.

[121] 张伟. 中美贸易战之政策博弈 [J]. 经济研究参考，2018（66）：44 - 46.

[122] 张文婷，徐瑞慧，王清. 从不确定性看中美贸易摩擦对我国出口的影响 [J]. 金融理论与实践，2020（3）：111 - 118.

[123] 张亚珍. 基于欧盟板块经济特征的中欧贸易摩擦分析 [J]. 国际贸易问题，2009（4）：45 - 52.

[124] 张幼文. 从廉价劳动力优势到稀缺要素优势：论"新开放观"的理论基础 [J]. 南开学报，2005（6）：1 - 8，61.

[125] 张幼文. 中美贸易战：不是市场竞争而是战略竞争 [J]. 南开学报（哲学社会科学版），2018（3）：8 - 10.

[126] 张云，李湘黔，廖进中. 基于产品内分工的中国出口贸易扩张实证分析 [J]. 财经理论与实践，2007（6）：100 - 105.

[127] 赵放，冯晓玲. 从内部经济失衡和产业转移看中美贸易失衡 [J]. 世界经济与政治论坛，2006（3）：17 - 23.

[128] 赵建. 国际贸易摩擦背后的产业结构和政治因素 [J]. 世界经济与政治论坛，2004（3）：48 - 51.

[129] 赵瑾. 建立定期磋商机制：加入 WTO 后中日经济摩擦走势与化解 [J]. 国际贸易，2002（6）：24 - 27.

[130] 赵学清，陈冠伶. WTO 后过渡期的对外贸易摩擦及应对措施 [J]. 重庆大学学报（社会科学版），2008（1）：88 - 92.

[131] 郑辉, 张捷. 中美贸易结构性失衡: 基于赫克歇尔－俄林模型的分析 [J]. 财贸研究, 2009, 20 (1): 61－66.

[132] 郑适, 李睿, 王志刚. 中美贸易摩擦对中国农业的影响: 机遇与挑战 [J]. 教学与研究, 2019 (6): 33－44.

[133] 周政宁, 史新鹭. 贸易摩擦对中美两国的影响: 基于动态 GTAP 模型的分析 [J]. 国际经贸探索, 2019, 35 (2): 20－31.

[134] 朱福林. 中美货物贸易全球格局演变与中美贸易战的内在逻辑 [J]. 上海经济研究, 2019 (7): 102－114.

[135] 朱有为, 张向阳. 价值链模块化、国际分工与制造业升级 [J]. 国际贸易问题, 2005 (9): 98－103.

[136] Akamatsu K. Trade of Woolen Products in Japan [J]. Studies of Commerce and Economy, 1935, 13 (1): 129－212.

[137] Amiti M R, Weinstein D. The Impact of the 201S Trade War on US Prices and Welfare [Z]. National Bureau of Economic Research, 2019.

[138] Arrow K. The Organization of Economic Activity: Issue Pertinent to the Choice of Market Versus Nonmarket Allocations [J]. Analysis and Evolution of Public Expenditures, 1969, 23 (5): 17－49.

[139] Baldwin R E, Forslid R. The Core-periphery Model and Endogenous Growth: Stabilizing and Destabilizing Integration [J]. Economica, 2000, 67 (267): 307－324.

[140] Baldwin R, E, Agglomeration and Endogenous Capital [J]. European Economic Review, 1999, 43: 253－280.

[141] Borusyakk J. The Distributional Effects of Trade: Theory and Evidence from the United States [Z]. Avail-Ahle at SSRN3269579, 2018.

[142] Charbonneauk B, Landry A. The Trade War in Numbers [Z]. Bank of Canada Staff Working Paper, 2018.

[143] Coase R. The Problem of Social Cost [J]. Journal of Law and Economics, 1960, (3).

[144] Dixit A K, Grossman G M, Trade and Protection with Multistage Production [J] The Review of Economic Studies, 1982, 49 (4): 583－594.

［145］Fajgelbaum P, Goldberg P, Kennedy P, et al. The Return to Protectionism［J］. Socialence Electronic Publishing.

［146］Feenstra R C, Hanson G H. Globalization, Outsourcing, and Wage Inequality［J］. American Economic.

［147］Fujita M, Thisse J F. Economics of Agglomeration: Cities［J］. Industrial Location, and Regional Growth, Cambridge, 2002.

［148］Gomory R E, Baumol W J. Global Trade and Conflicting National Interests［M］. Mit Press Books, 2009.

［149］Guo M, Lu L, Sheng L, et al. The Day After Tomorrow: Evaluating the Burden of Trump's Trade War［J］. Asian Economic Papers, 2018, 171): 101 – 120.

［150］Jacobsen E N, Andreas P, Hisashi, Y. Comprehensive Asymmetric Catalysis: Supplement 1［M］. Springer Science & Business Media, 2003.

［151］Kaplinsky R, Moris M. A Handbook for Value Chain Research［R］. Prepared for IDRC, 2001: 25 – 40.

［152］Martin P, Ottaviano G I P. Growing Locations: Industry Location in a Model of Endogenous Growth［J］. European Economic Review, 1999, 43 (2): 281 – 302.

［153］Martin P, Rogers C A. Industrial Location and Public Infrastructure［J］. Journal of International Economics, 1995, 39 (3): 335 – 351.

［154］Noguera, G. Trade Costs and Gravity for Gross and Value Added Trade［J］. Journal of International Economics, 2012, 34 (1): 52 – 102.

［155］North D C. Structure and Change in Economic History［M］. Norton, 1981.

［156］Penrose E T. The Theory of the Growth of the Firm［M］. Oxford University Press, USA, 1995.

［157］Porter M E. Competitive startegy: Technigues for Analyzing Industies and Competitors［M］. IEEE, 1980.

［158］Porter M E. The Competitive Advantage［M］. New York: Free Press, 1985.

［159］Posner M V. International Trade and Technical Change ［J］. Oxford Economic Papers, 1961, 13 (3): 323 – 341.

［160］Prahalad C K, Hamel G. The Core Competence of the Corporation ［M］. Strategische Unternehmungsplanung. Springer Berlin Heidelberg, 2006: 275 – 292.

［161］Pättiniemi P. Work Integration Social Enterprises in Finland ［R］. Working Papers Series, 2004.

［162］Ricardo D. Principles of Political Economy and Taxation ［M］. G. Bell and Sons, 1891.

［163］Romer P M. Endogenous Technological Change ［J］. Journal of political Economy, 1990, 98 (5, Part 2): S71 – S102.

［164］Scott S V, Wagner E L. Networks, Negotiations, and New Times: The Implementation of Enterprise Resource Planning into an Academic Administration ［J］. Information and Organization, 2003, 13 (4): 285 – 313.

［165］Smith A. An Inquiry into the Nature and Causes of the Wealth of Nations ［M］. Рипол Классик, 1817.

［166］Vernon R. International Investment and International Trade in the Product Cycle ［J］. The Quarterly Journal of Economics, 1966: 190 – 207.

［167］Wernerfelt B. A resource-based View of the Firm ［J］. Strategic Management Journal, 1984, 5 (2): 171 – 180.

图书在版编目（CIP）数据

基于资本时空限度视角的贸易摩擦研究：理论与实践／
陈姝兴著．—北京：经济科学出版社，2021.3
（马克思主义政治经济学青年论丛）
ISBN 978 - 7 - 5218 - 2424 - 7

Ⅰ.①基⋯　Ⅱ.①陈⋯　Ⅲ.①中美关系－双边贸易－
研究　Ⅳ.①F752.771.2

中国版本图书馆 CIP 数据核字（2021）第 041613 号

责任编辑：宋艳波
责任校对：刘　昕
责任印制：李　鹏　范　艳

基于资本时空限度视角的贸易摩擦研究：理论与实践
陈姝兴　著
经济科学出版社出版、发行　新华书店经销
社址：北京市海淀区阜成路甲 28 号　邮编：100142
总编部电话：010 - 88191217　发行部电话：010 - 88191540
网址：www.esp.com.cn
电子邮箱：esp@esp.com.cn
天猫网店：经济科学出版社旗舰店
网址：http://jjkxcbs.tmall.com
北京季蜂印刷有限公司印装
710×1000　16 开　16.25 印张　280000 字
2021 年 10 月第 1 版　2021 年 10 月第 1 次印刷
ISBN 978 - 7 - 5218 - 2424 - 7　定价：72.00 元
（图书出现印装问题，本社负责调换。电话：010 - 88191510）
（版权所有　翻印必究　举报电话：010 - 88191586
电子邮箱：dbts@esp.com.cn）